성경에서 가장 궁금한 101가지 질문

101 Most Puzzling Bible Verses

Published by Harvest House Publishers
Eugene, Oregon 97402
www.harvesthousepublishers.com

※ 본문의 성경은 한글개역개정을 사용하였습니다.

101 Most Puzzling Bible Verses

성경에서 가장 궁금한 101가지 질문

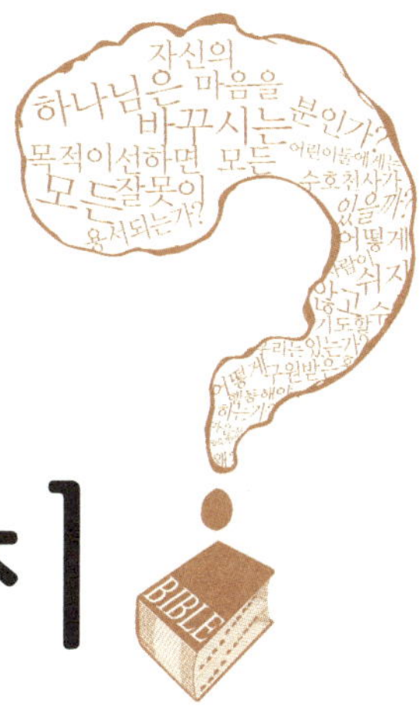

티모시 J. 데미
게리 P. 스튜어트 지음
이은영 옮김

디모데
Timothy Publishing House

충성스런 우정으로 늘 주님을 섬겼던

웨이랜드 브로일즈(Wayland Broyles, 1953-1990)를 추억하며.

"당신의 지혜와 그 웃음소리가 매일 그립습니다."

- 티모시 J. 데미 -

크리슨 에일린 르윈스키(Kristen Eileen Lewinski, 1970-2005)를 추억하며.

"당신의 미소와 목소리가 그리울 겁니다.

당신이 보여준 용기와 믿음을 결코 잊지 않겠습니다."

- 게리 P. 스튜어트 -

차례

성경을 읽는 것은 즐거워야지 스트레스를 받아서는 안 된다! "이게 무슨 뜻이죠?" "왜 이런 얘기를 하는지 모르겠어요." "이 말이 왜 여기 나온 거죠?" 만일 당신이 성경을 읽으면서 이런 비슷한 질문을 해본 적이 있다면 이 책은 당신에게 필요한 책이다. 성경은 그 안에 쓰여진 모든 구절이 일일이 하나님의 영감을 받았을 뿐 아니라, 당신에게 유익하다고 가르친다(딤후 3:16-17).

당신이 일상적으로 말씀을 읽어내려가든, 몇 구절을 잠시 훑어보거나 자세히 성경 연구를 하든, 이러한 모든 상호작용은 개인적이고 영적인 유익을 낳는다. 성경을 읽는 것은 중요하다. 하지만 성경을 읽을 때마다 우리가 원하는 대로 분명하고 즉각적인 이해를 얻는 것은 아니다.

때때로 성경의 한 구절, 한 단락 또는 한 장을 누빌 때, 우리는 영적 과속방지턱에 걸려 어쩔 수 없이 속도를 늦추고 멈춰 서거나 더 자세히 들여다보아야 한다. 이런 과속방지턱은 여러 가지 이유로 인해 즉각 분명한 뜻이나 해석이 떠오르지 않는 구절들을 뜻한다. 성경을 이리저리

누비는 여행에는 그러한 과속방지턱이 어디나 존재하지만, 그것들은 도로에 있는 보통의 장애물들처럼 기술과 도움이 있으면 쉽게 극복할 수 있다.

하나님이 우리에게 성경을 주신 것은 우리를 혼동시키기 위함이 아니라 우리의 일상생활에서 우리를 격려하여 그분과 동행할 수 있도록 돕기 위해서다. 이 책에 선택된 구절들은 우리가 가장 흔히 마주치는 혼동되는 구절들 가운데 일부를 선택한 것이다.

이 책의 목적은 이렇게 골치 아픈 구절에 대한 분명하고 올바른 설명을 제공함으로써 당신이 하나님과 함께하는 여행을 자연스럽게 계속해 나가도록 돕는 것이다. 이 책은 자세한 연구보다는 그 구절에 대한 간략한 의견과 개요를 제공한다. 우리를 혼동시키는 구절들에 대해 전체를 망라하는(또는 진력나는) 답이 아니라 간략하지만 요점을 제공하려고 노력할 것이다. 하나님은 우리가 성경을 읽으며 혼란스러워하지 않고, 만족함을 누리기 원하신다!

1

하나님의 형상으로 창조되었다는 것은 무슨 의미인가?

"하나님이 자기 형상 곧 하나님의 형상대로 사람을 창조하시되 남자와 여자를 창조하시고"(창세기 1:27).

창조주와 피조물 사이의 뚜렷하고 건널 수 없는 간극은 성경의 가장 주된 가르침이다. 그 구별이 희미해질 때 인간은 언제나 지적으로 대단히 위험해지기 마련이다. 그럴 때면 우리는 세상에 속한 존재가 아니라 신과 같은 존재가 되어간다. 창세기 1장 27절은 하나님과 인간이 상당 부분 비슷한 점을 공유하고 있음을 우리에게 일깨워준다.

성경은 하나님이 만드신 모든 피조물 가운데 단지 인간만이 그분의 형상으로 만들어졌다고 말한다. 고대 근동 지역의 가짜 신과 우상들의 신체적인 특징을 살펴보면, 그들이 했음직한 활동과 영역을 쉽게 알 수 있다. 돌과 나무로 만들어진 이런 이교의 우상과는 대조적으로, 창세기 1

장 26-27절은 참 하나님은 인간을 그분의 형상대로 놀랍게 창조하셨다고 진술한다. 우상들은 종종 인간의 모습으로 만들어졌지만, 하나님은 이를 반대로 뒤집으시며(그분이 모든 세속적인 관점을 다루실 때처럼) 사람을 그분의 형상으로 창조하셨다.

하나님의 형상으로 창조되었다는 것은 사람들이 어떤 면에서 그분과 닮았다는 것이며(하지만 결코 그분과 동일하지는 않다) 사람들이 세상에서 하나님의 모습을 나타낸다는 것을 뜻한다. 인간성에 내재된 하나님의 형상은 다면적인 것으로 영적, 도덕적, 정신적, 관계적인 면을 지닌다.

모든 사람은 하나님의 형상을 동등하게 소유한다. 하나님은 영이시므로 형상이란 육체적으로 나타나는 것이 아니다. 오히려 이것은 도덕적이고 윤리적인 결단, 양심, 정서, 영성 같은 인간의 잠재력 가운데 발견된다. 자녀들의 성격, 가치, 인성, 감정, 관점 등이 그들의 부모와 많이 닮아 있는 것처럼, 인간들은 하나님이 소유하신 많은 특성들을 공유한다. 비록 불완전하지만 삶, 성격, 사랑, 정의, 거룩함 등은 하나님이 주신 특성이다.

성경이 인간의 삶에 높은 가치를 두고, 인간 생명을 무분별하게 파괴하는 것을 그토록 심각한 죄로 치부하는 까닭은 인간이 하나님의 형상대로 창조되었기 때문이다.

비록 에덴동산에서 인간의 타락으로 인해 인간 안에 존재하는 하나님의 형상이 왜곡되긴 했지만, 모두 잃어버린 것은 아니다. 아직 우리 각자의 내면에 남아 있다. 모든 사람은 타고난 위엄과 무한한 가치가 있으며 이런 특징은 종족과 성, 민족, 경제적 경계를 가로지르는 공통적인 것이다. 출생 전후, 남녀노소, 빈부 격차를 막론하고 다른 사람보다 더 높은 가치를 지닌 사람은 없다.

현대 문화는 이미지를 대단히 의식한다. 우리는 할리우드와 패션 그리고 대중 우상들의 피상적인 현란함과 매력에 현혹된다. 유명인들과 스타들의 영향력은 그야말로 대단하다. 콘서트 무대에서 스포츠계까지 우리는 찬탄을 보내고 모방할 사람들을 찾는다. 최고의 것을 추구하는 것은 당연한 일이다. 하지만 이런 모든 것이 하나님께는 아무것도 아니다. 당신의 소유, 외모, 능력, 한계에 관계없이 하나님은 당신이 이미 최고의 것을 소유하고 있다고 말씀하신다. 당신은 하나님의 형상으로 창조되었으며 형언할 수 없을 만큼 귀한 존재다.

2

창세기에 나오는 "하나님의 아들들"은 누구인가?

"하나님의 아들들이 사람의 딸들의 아름다움을 보고 자기들이 좋아하는 모든 여자를 아내로 삼는지라"(창세기 6:2).

창세기 6장 2-4절은 고대 인류의 역사적 측면에서 눈에 띄는 구절로 학자들은 이 구절의 해석을 놓고 논쟁하곤 한다. 이 말씀은 하나님이 세상에 만연한 인간의 사악함을 애통해 하시고, 그 결과 노아의 홍수로 이어지는 맥락에서 나타난다(창 6:1-13). 하나님에 대한 인간의 반역의 깊이와 넓이가 너무 컸기에 하나님은 노아와 그의 가족 외에는 모든 인류를 멸망시키셨다. 이 구절은 홍수 이전 세상과 노아의 운명을 대비시킨다. 세상은 심판을 받았고 노아는 은혜를 입었다. 홍수 이전의 타락상에는 "하나님의 아들들"과 "사람의 딸들"의 결혼과 연합이 포함되어 있다.

성경에서 히브리어로 "하나님의 아들들"이라고 번역된 구절은 사람들(신 14:1, 32:5, 시 73:15, 호 1:10)이나 천사들(욥 1:6, 2:1, 38:7, 시 29:1, 89:6)을 의미한다. 이 구절은 창세기 6장 2-4절에서 두 번 나타나는데, 그 해석은 4절에 나오는 네피림(민수기 13장 33절에 유일하게 다시 쓰인 단어로, 그 구절에서는 명백히 인간을 지칭한다)의 정체를 확인하는 데 도움이 된다. "하나님의 아들들"은 타락한 천사가 지배하거나 깃든 독재적인 지배자, 혹은 인간의 몸을 입은 타락한 천사들일 가능성이 있다. 이 구절에서 "하나님의 아들들"이 천사들로 해석된다면(이것이 여러 세기를 지배했던 관점이다), 그들은 하나님께 반역했던 사탄을 추종한 타락한 천사들의 무리에 속한 자들일 것이다(사 14:12-20, 겔 28:16, 유 6).

사탄과 마찬가지로 이런 천사들은 자신의 것이 아닌 것을 움켜쥠으로써 그들이 지켜야 할 경계선을 침범했으며, 이 경우에 그들이 침범한 것은 인간의 아내였다. 이와 마찬가지로 어떤 인간들은(얼마나 되는지는 모르지만) 금지된 열매(창 3:1-7)를 나눈 아담과 하와처럼 그들의 경계를 넘어 천사와 동거까지 했다. 인간의 몸을 입은 천사들은 피조물의 일부를 장악하려 했고, 인간들은 신성을 얻으려 했다. 타락한 천사와 인간들이 연합한 결과 가운데 하나가 바로 지상에 출현한 고대의 영웅인 네피림이었다(창 6:4). 이런 여타의 행동으로 인해 하나님은 인간을 보호하는 일을 제한시하고 결국은 노아와 그의 가족을 제외한 모든 피조물을 심판하심으로써 널리 만연한 악에 대응하셨다(창 6:5-8, 예수님은 마태복음 22장 30절에서 천사들은 결혼하지 않는다고 가르치셨지만, 말씀의 요지는 천국에는 결혼이란 것이 없다는 것이다. 결혼은 이 땅에만 제한된 것이다. 그러나 이렇게 땅에서의 왜곡된 결혼을 말씀하시는 것은 아니었다).

이 구절에서는 얼마나 그런 관습이 만연했는지 알 수 없지만, 창세기 6장 1절에서 언급된 인구의 성장에서 암시되는 바는, 하나님의 아들들이 자신이 좋아하는 모든 여자를 취하였다는 것이다. 악과 인간의 가계는 모두 배가되는 중이었다.

네피림이 오늘날까지도 전해오는 전설과 신화의 소재가 되었음은 당연한 일이다. 홍수 후의 세상은 홍수 이전과는 대단히 달랐다. 홍수 후에 수세기에 걸쳐 여러 세대가 바뀌는 동안 이전 세상의 기억은 왜곡되었고, 강한 남자요 신화적 인물이었던 네피림은 신으로 간주되기에 이르렀다. 하지만 그들은 신이 아니다. 이 구절은 왕들과 강한 전사들이 신으로부터 유래되었다는 고대 이교의 믿음에 대해 반론을 제기한다. 성경의 진리가 아니라면, 역사를 비롯한 삶의 모든 것이 왜곡되기 마련이다.

3

하나님은 자신의 마음을 바꾸시는 분인가?

"땅 위에 사람 지으셨음을 한탄하사 마음에 근심하시고"(창세기 6:6).

성경에 나타나는 하나님의 주된 성품 가운데 하나는 그분의 변함없으신 본성이다(삼상 15:29, 시 110:4, 말 3:6, 약 1:17). 이 진리는 개인적인 갈등과 급변하는 세상 속에 살고 있는 우리에게 큰 위로가 되고, 어떤 일이 일어나든 그와 상관 없이 우리를 향한 하나님의 사랑은 굳건하며, 그분의 약속은 참 되다는 확신을 준다. 이 거룩한 특성에 대한 신학적 용어는 '불변성(immutability)' 이다.

하지만 다른 구절(출 32:14, 삼상 15:11, 렘 26:3, 13, 욘 3:10)은 하나님이 때로 마음을 바꾸시며 인간의 기도나 행동에 의해 설득당하실 수도 있다고 지적하는 듯하다. 어떻게 그런 일이 가능한가? 하나님이 우유부단하시다거나 그분이 틀리셨다는 말인가? 만약 그렇다면 그분의 성품에 결함이 있을지도 모르고, 우리는 더 이상 그분을 신뢰할 수 없게 된다.

아담과 하와가 에덴동산을 떠난 뒤 그들의 후손은 대부분 하나님을 떠나 유리했으며 세상을 불순종과, 악 그리고 타락으로 가득 채웠다. 이렇게 인간의 반역이 만연했던 까닭에 하나님은 노아에게 방주를 짓고 그곳을 동물들과 그의 가족으로 채우라 명하셨고, 그런 후에 홍수로 세상을 심판하셨다. 이 문맥에서 우리는 하나님이 처음으로 후회하거나 슬퍼하셨다는 말씀을 보게 되는데, 이 경우에는 인간을 창조하셨음을 후회하셨다.

하나님의 존재와 근본적 본질, 즉 그분의 약속과 목적 그리고 완전성은 불변하시다. 그분의 행동은 결코 모순이 없으시며 성품 또한 달라지거나 변하지 않으신다. 하지만 하나님은 로봇이 아니시며 비인격적인 분도 아니시다. 하나님은 감정을 소유하신 인격적인 분이며, 우리와 함께 상호작용하시고 상황에 따라 다르게 반응하신다.

물론 하나님은 어떤 일에 대해 약속을 하시기도 하고, 때때로 방침과 행동 또는 결과를 정해놓으신다. 그분은 그런 말이나 약속을 취소하지 않으시며 선포된 사건의 진행을 철회하지도 않으실 것이다. 하나님의 명령이나 의도 가운데 상당 부분은 무조건적이며 분명히 일어날 일이다(창 22:16-18, 26:3, 시 89:3-4). 세상과 각 사람들을 향한 하나님의 큰 계획은 결코 꺾을 수 없다.

그러나 다른 경우에, 하나님은 인간의 반응에 대한 응답으로 자신의 마음을 기꺼이 바꾸신다. 출애굽기 32장 12-14절에서 모세는 황금 송아지를 숭배한 이스라엘 백성들을 멸절하시려는 하나님께 이스라엘 백성들을 대신해 중재에 나선다. 요나서 3장 9-10절과 4장 2절에서 니느웨 사람들이 회개하자 하나님은 그들을 멸망시키려고 하셨던 마음을 누그러뜨리셨다. 하나님이 어떤 행동의 향방이나 결과를 선포하시면 그 결과는 바뀌지 않을 때가 많다. 그러나 어떨 때는 참고 기다리시며 인간의 반응과 기도에 사랑과 자비로 응답하신다.

창세기 6장 6절은 상황에 따라 반응하시는 하나님의 심정이 엿보인다. 여기서는 당시 존재했던 사람들의 전체적인 면모를 포착해낸다. 만일 그들이 변했다면, 하나님은 그분의 태도나 거취를 표현할 방법을 달리 하셨을 것이다. 하나님은 결코 부당하거나 모순되지는 않으시지만 상황이 달라지면 다르게 반응하신다. 이 구절은 인간의 죄악을 당면하시고 그 노여움을 표현하신 것이다.

이 말씀은 세상 모든 사람들이 혼자가 아님을 생각하게 한다. 우리에겐 각 사람을 아주 세심하게 돌보시는 하나님이 계신다.

4

하나님은 살인자에게 사형을 허용하시는가?

"다른 사람의 피를 흘리면 그 사람의 피도 흘릴 것이니
이는 하나님이 자기 형상대로 사람을 지으셨음이니라"(창세기 9:6).

사형 문제는 기독교 공동체 안팎에서 뜨거운 쟁점이 된다. 사형의 역사에 대해 조금만 아는 사람이라면 알겠지만, 지금껏 숱한 오심과 폐해가 있었고 안타깝게도 그 효과 면에서는 그다지 실속이 없었다. 하지만 이런 실패는 형벌 자체의 결점이라기보다는 인간의 약점을 나타내는 징후라고 볼 수 있다. 이를 남용하면 인간의 잘못을 바로잡기보다는 형벌에 대한 환멸감만 불러일으키게 된다.

이 구절의 맥락은 하나님이 인류에게 스스로를 단속하도록 부여하신 의무를 이해하는 데 필수적이다. 아담 이후로 신적인 능력과 명성을 바라는 인간의 갈망은 줄지 않았다. 타락한 인류는 여전히 하나님께 돌아

가는 대신 본능적으로 자기 마음대로 하려는 경향을 갖고 있다. 오랜 세월 동안 인류가 하나님께로부터 너무 멀리 떠나 있었던 까닭에 하나님은 "사람의 죄악이 세상에 가득함과 그의 마음으로 생각하는 모든 계획이 항상 악할 뿐"(창 6:5)이라고 선언하셨다. 뒤따르는 구절들(창 6:6-8:22)은 대홍수에 의한 전 인류의 멸망을 묘사한다. 죄가 온통 세상을 둘러싸자 하나님은 결국 인간을 창조하셨음을 후회하셨다(창 6:6). 그리고 다가올 세대를 위해 그분은 여덟 명만을 제외하고 이 타락한 세대를 모두 멸절시키실 수밖에 없었다. 그리하여 노아와 그의 가족은 살아남았으며, 하나님은 그들과 더불어 새 언약을 수립하셨다(창 9:1-17).

노아와 맺으신 새 언약에서 우리는 인류를 비롯한 피조물들에 대한 하나님의 관심과 사랑을 보게 된다. 이 언약은 홍수 후에 하나님과 인류의 관계를 재진술하고 재확립한다. 하나님은 "모든 생물"(창 8:21-22)을 멸하지 않겠다는 약속의 표징으로 사계절을 정해주셨다. 노아와 그의 가족들은 장차 다가올 세대의 부모가 되어 인류의 "형제애"를 새롭게 확립하게 될 것이다(창세기 9장 1절, 5절에 나오는 "형제"라는 말에 주목하라).

하나님은 다시금 동물 왕국을 인간이 지배하게 하셨다(창 9:2-3). 무지개는 하나님이 다시는 이 땅을 물로 심판하시지 않겠다는 영원한 약속의 표징이 되었다(창 9:8-17). 그리고 궁극적으로 우리의 논지에 가장 잘 부합하는 부분은 하나님이 인간의 생명을 대단히 가치 있게 여기시므로, 어떤 동물이나 인간이나 이를 빼앗으면 곧 자기 자신의 생명도 잃게 될 것이라는 사실이다(창 9:4-6).

창세기 9장 6절은 사람이 하나님의 형상으로 창조된 이상, 인간의 손으로 집행되는 사형은("그 사람의 피도 흘릴 것이니") 필요하다고 분명히 말한다. 하나님은 더 이상 홀로 모든 사람의 마음에 "어려서부터"(창 8:21) 존재하는 악을 제어할 책임은 지지 않으실 것이다. 이스라엘의 사회처럼 가족 성원이나 성읍 장로들의 보복을 통해서든(신 19:11-13, 수 20장), 현대의 분별 있고 정의로운 정부를 통해서든(롬 13:1-6, 벧전 2:13-14), 감히 살인을 저지르는 자들은 자신의 비열하고 오만한 행동이 실제로 목숨으로 갚아야 할 자살 행위임을 깨달아야 한다. 인류는 인간의 생명을 가장 귀하게 여기고 존중해야 할 책임이 있다.

하나님이 홍수로 인간을 멸망시키신 것을 두고 그분이 인간의 생명을 평가절하하신 것으로 오해해서는 안 된다. 하나님은 노아에게 주신 언약을 통해 인류가 피조 영역에서 인간의 생명을 영예로운 위치에 둘 것을 확실히 해두신다. 하나님은 인간을 사랑하시기에 인간의 "어두운 부분"이 통제되지 못한 채 궁극적인 멸절에까지 이어지지 않도록 간섭하셨다. 그리고 누군가의 생명을 빼앗으려는 사람들을 벌하기 위해 사형법을 정착시킴으로써 인간 생명의 신성함을 보호할 것을 요구하신다.

살인과 같은 파괴적이고 야비한 행동을 받아들인다면 자연히 다른 부적절하고 이기적인 행위도 참고 받아들이게 된다. 이혼, 간음, 낙태, 동성애는 이제 수용 가능한 행위가 되었고, 권력과 통제, 사리사욕 등을 당연하게 인정하는 것은 하나님을 슬프게 하는 악한 욕망을 모두 만족시키려는 인간의 천성이 반영된 결과다. 죄란 악성 종양과 같아서 저지하지 않으면 사회 전체를 오염시킬 때까지 퍼져나간다. 인간의 본성에 도덕적 경계가 없다면 더욱 타락해서 자유를 악에 대한 허용으로 재정의하게 된다. 부당한 행위에 대한 형벌은 주로 부당한 행위를 억제하기 위해 집행된다. 그러나 우리 각자가 마음속 깊은 곳에 인간의 가치를 떨어뜨리며, 생명을 파괴하려는 암덩어리 같은 사악함을 지녔다는 사실을 상기시키는 역할도 한다. 또한 형벌은 필요하다면 감금이나, 처형을 통해 인간의 관계와 생명을 파괴하고 훼손하는 행동을 한 이들을 사회에서 제거하기도 한다(구약 성경은 신명기에서 비의도적인 살인을 이야기한다. 신 19:3-7, 수 20:1-9).

사형은 창세기 9장 6절에만 국한되지 않는다. 구약의 다른 해당 구절로는 출애굽기 21장 12절("사람을 쳐죽인 자는 반드시 죽일 것이나")과, 민수기 35장 30-34절("사람을 죽인 모든 자 곧 살인한 자는 증인들의 말을 따라서 죽일 것이나 한 증인의 증거만 따라서 죽이지 말 것이요")이 있다.

신약 성경에서도 사회를 악으로부터 보호하고 사형을 통해 처벌을 집행하는 정부의 역할을 받아들인다. 사실 국가에서 시행하는 형벌의 집행은 예수님이 "악한 자를 대적하지 말라" 하시고 "저 뺨도 돌려대라"고 말씀하신 산상수훈의 가르침을 일반 시민들도 따를 수 있게 해준다(고후 10:4-5). 필요할 때 실력을 행사해서 평화를 유지하는 것은 국가의 의무며, 여기에는 사형 제도도 포함된다(눅 19:27, 20:9-16, 행 25:11, 롬 13:1-7). 이런 구절들은 개인 윤리와 사회 윤리 사이의 차이점을 분명히 묘사하는데, 이 윤리들은 모든 사회의 안전과 개선을 위해 협력하게끔 의도된 것이다.

사형 제도에 관련해서 불의가 존재하며 무고한 희생자가 처형당해왔다는 사실은 아무도 부인할 수 없다. 하지만 우리의 목표는 옳은 처벌을 없애는 것이 아니라, 죄를 입증하는 데 사용되는 증거와 방법들을 개선하는 것이다. 확실성은 유죄 평결에 필수 조건이다. 증거와 의혹을 충분히 검토하기 위해서라면 요청이 있을 때 모든 시민들은 배심원으로 재판에 참석해야 할 의무가 있다. 확실성을 담보할 수 없다면, 형량을 적게 하거나 무죄 방면해야 한다. 그리고 유죄 평결이 내려지고 사형이 언도된다면, 어떤 종류의 축하도 전적으로 부적절하다. 비록 사악하고 비열하며 살인을 저지른 악당의 죽음이라 해도 생명을 잃는 것을 기뻐할 수는 없다. 죽음은 우리 모두의 적이다.

5

하나님은 왜 사랑하는 사람들을 시험하시는가?

"여호와께서 이르시되 네 아들 네 사랑하는 독자 이삭을 데리고 모리아 땅으로 가서 내가 네게 일러 준 한 산 거기서 그를 번제로 드리라"(창세기 22:2).

하나님은 아브라함을 우르 땅(오늘날의 이라크)에서 불러내셨을 때, 그의 후손이 큰 민족이 되리라 약속하셨다(창 12:1-3). 하지만 하나님은 아브라함에게 그의 아내 사라에게서 낳은 아들을 죽여 제물로 바치라고 명령하신다.

가나안과 페니키아인들 같은 고대 근동의 이교도들은, 풍요의 신들을 숭배하면서 어린아이를 제물로 바치는 의식을 행했다. 이런 신들에게는 아마 곡물이든, 동물이든 혹은 어린아이든 모든 생산물의 일부가 바쳐졌을 것이다. 하지만 하나님은 명백히 어린아이를 제물로 바치는 것을 꾸짖고 금지하셨으며(레 18:21), 이를 행하는 사람은 누구든 돌로 치라고 하셨다(레 20:2-5). 그럼에도 이러한 불순종과 우상숭배가 이스라엘 사람들 사이에서 행해졌다(왕하 16:3).

왜 하나님은 아브라함에게 그런 끔찍한 행위를 하라고 명령하셨을까? 오랜 기다림 끝에 아브라함과 사라는 아들 이삭이라는 복을 받았다. 이삭은 하나님의 선물이었으며, 큰 민족의 조상이 될 것이라고 약속하신 무조건적인 약속이 성취되는 출발점이기도 했다. 그러나 그것도 잠시 아브라함의 인생에 가장 큰 시험이 닥쳤다. 하나님은 그에게 아들을 다시 내놓으라고 요구하셨다. 하나님은 아무 논리도 통하지 않는 일을 그에게 요구하심으로써 아브라함을 시험하시는 중이었다. 창세기 22장 1절은 이 사건이 시험이라고 독자에게 알려주지만, 그렇다고 아브라함도 이 사실을 알았다는 뜻은 아니다.

여기에서 '시험'에 쓰인 히브리 단어는 구약 성경에서 하나님의 법이나 계명과 관련하여 여덟 번이나 나타난다(출 15:22-26, 16:4, 20:18-20, 신 8:2, 16, 삿 2:21-23, 3:1-4, 대하 32:31, 시 26:2). 하나님이 이 단어를 사용하실 때는 함정이나 책략의 의미가 전혀 없다. 오히려 언제나 순종과 신실함의 결과가 된다. 하나님은 아브라함의 순종과 믿음을 은밀히 시험하고 계셨다. 그분은 아브라함이 자신의 믿음을 실행에 옮기고 그의 말을 행동으로 옮기도록 그를 부르시는 중이었다.

하나님은 이 시험을 통해 아브라함의 믿음과 하나님과의 관계를 더욱 굳게 하셨다. 아브라함이 이삭을 사랑하고 그와 특별한 관계를 맺었듯이, 하나님도 아브라함을 아들로서 사랑하시고 그와 특별한 관계를 맺으셨다. 시험은 하나님이 그분의 목적과 계획을 이행하시는 방법 중 하나다. 하나님은 그분이 사랑하는 사람들만 시험하시는데 그렇게 하시는 것은 그들을 다치게 하거나 시험에 들게 하려는 것이 아니라 강하게 하시려는 것이다. 하나님은 우리를 해롭게 하려는 것이 아니라 돕기 위해서 우리를 시험하신다.

아브라함은 이 시험에 합격했다. 하나님은 이삭의 죽음을 막으시고 대신 희생 동물을 내어주셨다(창 22:12-13). 그의 인생에서 가장 큰 시험을 통과함으로써 아브라함은 야고보서 1장 3절에서 말한 진리를 몸소 증명해보였다. "너희 믿음의 시련이 인내를 만들어 내는 줄 너희가 앎이라."

6

하나님은 사람의 마음을 악하게도 하시는가?

"그러나 여호와께서 바로의 마음을 완악하게 하셨으므로 그들의 말을 듣지 아니하였으니 여호와께서 모세에게 말씀하심과 같더라"(출애굽기 9:12).

당신은 건물의 기반이나 보도에 새로 부은 콘크리트가 천천히 굳어가는 것을 관찰한 적이 있는가? 그렇다면 하나님이 이스라엘 백성들을 노예 상태에서 자유케 하실 때, 애굽의 통치자가 자신과 자신의 나라에 닥친 열 가지 재앙을 겪으면서 겪은 변화가 어떤 것인지 느낄 수 있을 것이다. 매분마다 천천히 굳어가는 콘크리트처럼 바로의 완악함과 하나님을 대적하는 반발심은 새로운 재앙이 나타날 때마다 더욱 굳어져갔다. 매번 재앙이 일어나면서 강퍅한 완악함은 지속되었다.

구속의 놀라운 이야기와 재앙의 기적은 출애굽기 7장 14절-12장 36절에 기록되어 있다. 여섯 번째 재앙 직후에 성경은 처음으로 하나님이 바로의 마음을 완악하게 하셨다고 기록한다. 그러나 성경에는 왕이 자신의 마음을 굳게 하여 하나님이 원하시는 바를 완강하게 거절했다고 말하고 있기에 특히 당혹스럽다(출 7:13-14, 22, 8:15, 19, 32, 9:34-35, 13:15). 이때 무슨 일이 일어났는가?

재앙이 시작되기 전에, 하나님은 모세에게 그분이 바로의 마음을 굳게 하실 것이라고 말씀하셨고(출 4:21, 7:3), 재앙이 덮치는 동안 성경은 여덟 번이나 하나님이 말씀하신 것과 같이 되었다고 진술한다(출 9:12, 10:1, 20, 27, 11:10, 14:4, 8, 17). 언뜻보면 하나님이 악을 조장하시고 사람에게 책임을 전가하시는 것이 아닌가 의아할 수도 있지만, 그런 것이 아니다. 새로운 재앙이 닥쳐올 때마다 하나님께 대항하여 마음을 더욱 굳게한 것은 바로였다. 하나님의 기적적인 역사를 보면서 회개하기는커녕, 더욱 하나님을 거부하겠다고 마음먹었다. 그때 하나님은 사실상 '내버려두라'고 말씀하셨다. 하나님은 바로의 도덕적 자유를 침범하지 않으셨다. 하나님은 억지로 바로 자신의 갈망이나 타고난 충동에 반하는 행동을 하게 만들지 않으셨다. 하나님은 바로가 시작했던 일을 끝내신 것이다. 하나님이 바로의 마음을 굳게 하신 것은 그가 히브리 노예들을 혹사시켰기 때문에 초래된 심판의 결과였다. 하나님이 변덕스럽거나 성급하시거나 독단적이어서 그렇게 행하신 것이 아니다.

하나님이 애굽인들에게 재앙을 내리신 이유는 무엇보다 능력을 보여주시고 이를 보는 모든 사람들이 하나님을 믿도록 하려는 것이었다(출 6:7, 7:5, 9:16, 10:1-2, 11:9, 14:4, 17-18). 비록 인간적인 유익을 따지자면 그 재앙의 목적이 노예들을 해방시키는 것처럼 보였지만 말이다. 하나님의 행하심과 그분의 계획과 목적은 인간이 이해하는 것보다 훨씬 위대하시다. 그리고 재앙을 통해 하나님의 뜻은 이루어졌다. 바로의 주술사들은 재앙의 배후에 계신 분이 하나님이심을 깨달았고, 이스라엘 백성들이 애굽을 떠날 때 다른 많은 사람들이 그들과 함께 동행했다(출 12:38).

하나님이 바로를 조종하시기 위해 그를 완악하게 하신 것이 아니었다. 바로 자신의 책임은 여전히 남아 있다. 바로가 하나님 앞에서 자신의 행동과 믿음에 책임을 져야 하듯 우리도 마찬가지다. 하나님은 우리 모두가 하나님과 하나님이 거저 주시는 구원을 받아들이길 원하신다(벧후 3:9, 요일 1:9). 하지만 그 선택은 우리의 몫이다.

C. S. 루이스(C. S. Lewis)는 「천국과 지옥의 이혼(The Great Divorce, 홍성사)」에서, 두 종류의 사람이 있다고 말했다. 바로 하나님께 "당신의 뜻이 이루어지이다"라고 말하는 사람들과, 하나님이 "네 뜻이 이루어지리라"고 말씀하시는 사람들이다. 후자가 바로와 같은 사람들이다. 그는 반역했고 자신의 반역죄를 끝까지 고수했으며 하나님은 그의 바람대로 해주셨을 뿐이다.

7

한 세대의 죄가 다음 세대로 전해질 수 있는가?

"그것들에게 절하지 말며 그것들을 섬기지 말라
나 네 하나님 여호와는 질투하는 하나님인즉 나를 미워하는 자의 죄를 갚되
아버지로부터 아들에게로 삼사 대까지 이르게 하거니와"(출애굽기 20:5).

죄 없는 자녀들에게 그 아버지의 죄를 책임지게 하는 것은 정의와 공평에 반하는 것이며, 하나님의 기준에도 어긋나는 것처럼 보인다. 사실 한 사람을 다른 사람의 죄로 벌한다는 것은 성경의 말씀을 어기는 것이다. "아버지는 그 자식들로 말미암아 죽임을 당하지 않을 것이요 자식들은 그 아버지로 말미암아 죽임을 당하지 않을 것이니 각 사람은 자기 죄로 말미암아 죽임을 당할 것이니라"(신 24:16, 욥기 19장 4절, 예레미야 31장 30절, 에스겔 18장 20절, 로마서 14장 4절, 갈라디아서 6장 5절도 보라).

하지만 자녀들은 죄가 없는가? 이런 구절에서는 '무죄한(innocent)' 이라는 단어가 주로 사용될 것이다. "나를 미워하는 자들", 즉 그런 조상들

의 허물이 삼사대까지(쉽게 말하면 다가올 세대로) 미친다는 사실을 주목하라. 그들의 죄 된 행위로 인해 하나님께 거절당한다기보다는 그들 사이에서 하나님의 이름이 불쾌하고 경멸스런 존재가 된다는 것이다. 그들은 여호와 하나님보다는 자신이 직접 만든 우상들을 경배하기로 작정했다. 그리고 사과나무에서 사과가 열리듯이 배역한 부모는 배역하는 자녀들을 낳는다.

성경은 다른 문맥에서는 후세대의 죄를 언급한다(출 34:7-9, 레 26:39, 민 14:18-19, 23, 렘 32:18-19). 하나님은 회개하는 영을 용서하길 원하시며, 사람들의 완악하고 반역적인 본성을 믿을 수 없을 만큼 참으신다(사 48:9, 겔 20:15-17, 벧전 3:20, 벧후 3:9). 심판은 하나님이 행하시는 최후 수단이다. 바로 이것이 모세가 죄 많은 이스라엘이 하나님께로부터 집행 유예를 받을 수 있게끔, 그들을 대신해 사랑이신 하나님의 본성에 호소할 수 있었던 이유다(출 34:9, 민 14:19). 하나님이 어느 세대에 벌을 내리시든 이는 그들의 불의와 죄악의 결과다. 이 구절에서는 하나님의 심판이 세대에서 세대로 이어지되 무고한 사람이 아니라 죄인들에게 부과된다는 걸 분명히 보여준다. 욥은 하나님이 조상들의 죄 때문에 무죄한 사람들을 벌하신다고 얘기하는 사람들에게 적절한 의견을 제시한다. "하나님은 그의 죄악을 그의 자손들을 위하여 쌓아 두시며 그에게 갚으실 것을 알게 하시기를 원하노라 자기의 멸망을 자기의 눈으로 보게 하며 전능자의 진노를 마시게 할 것이니라"(욥 21:19-20). 하나님의 분노는 죄인을 향한 것이지 성도를 향한 것이 아니다.

이 구절을 대할 때는 개인적으로 정직해야 우리에게 도움이 된다. 나라와 세대 또는 개인은 하나님 앞에 무죄한가? 가장 신실한 세대조차 하나님 앞에 회개해야 하며, 자신의 피로 하나님의 정의를 이루시는 구주가 필요하다. 신약과 구약의 구주는 하나님의 아들, 나사렛 예수 그리스도로 계시된다. "다른 이로써는 구원을 받을 수 없나니 천하 사람 중에 구원을 받을 만한 다른 이름을 우리에게 주신 일이 없음이라 하였더라" (행 4:12). 죄에 대한 처벌은 성도가 아니라 하나님의 아들이 갚으신다. 하나님을 찬양하라!

절대적인 진리는 세상이 이를 부인한다 해도 결국 승리한다. 부모들이 스스로 이 진리를 알고 살아간다면 자녀들을 가장 잘 섬기는 부모가 될 것이다. 부모들은 그들의 자녀에게 구세주에 대한 지식과 우리가 그분을 필요로 한다는 사실을 전해주어야 한다. 이것이 세대가 바뀔 때 불필요하고 원치 않는 심판을 피하는 최상의 방법이다.

8

선하신 하나님이 대량 학살을 명령하실 수 있는가?

"네 하나님 여호와께서 그들을 네게 넘겨 네게 치게 하시리니
그 때에 너는 그들을 진멸할 것이라 그들과 어떤 언약도 하지 말 것이요
그들을 불쌍히 여기지도 말 것이며"(신명기 7:2).

하나님은 이스라엘 민족에게 전투에서 적의 백성들에게 자비를 베풀지 말라고 여러 차례 말씀하셨다(민 31:17, 신 20:16-18, 수 11:20, 삼상 15:18). 사실 신명기 7장 2절에서 "진멸"이라는 단어는 충실한 파괴, 신중하고 열정적이며 의도적으로 적을 전멸시킨다는 뜻을 함축하고 있다.

르완다, 수단, 코소보, 보스니아 등지의 소식을 전하는 뉴스에서 매일 우리가 마주치는 대량 학살, 홀로코스트, 인종청소 등의 단어들과 구약 성경에 나오는 학살(하나님이 명령)은 어떻게 다른가? 물론 자비롭고 친절하신 하나님이 아무 이유 없이 그런 행위를 지시하지는 않으셨을 것이다. 하지만 실제로 그런 일이 일어났다.

우리가 가나안 족속들과 구약의 다른 민족들의 멸망을 생각할 때, 몇 가지를 고려하면 (사건을 완화시키거나 축소시키지 않고) 어떤 관점을 얻을 수 있다. 하나님은 오래 참으시지만(벧후 3:9), 세상을 위한 계획을 행하실 때 어떤 사람이나 민족에게 허용하시는 범위에는 한계가 있다. 구약 성경을 주의 깊게 읽어보면 이스라엘의 적들을 완전히 파멸시키는 것은 아주 드문 일이다. 이렇게 된 까닭은 그 국가들이 폭력적으로 그리고 지속적으로 오랜 기간 하나님의 행사와 계획을 적대시해왔기 때문이다.

모든 사람들과 같이 이스라엘 백성들은 죄로 인해 죽어 마땅했지만(신 9:4-5), 하나님은 여러 세기 동안 그들이 회개하는지 아니면 죄로 가득 찬 파멸의 길을 계속 가는지 보려고 참고 기다리셨다. 이스라엘 백성들이 스스로 정복에 나선 것은 죄가 없어서가 아니라 다른 나라들의 계속되는 우상숭배, 부도덕 그리고 하나님에 대한 증오 때문이었다(레 18:25-30, 신 7:10, 9:5-6).

의사가 생명을 구하기 위해 종양이나 괴저부를 제거하듯, 하나님은 도덕적 암덩어리와 같은 가나안 사람들을 치도록 이스라엘에 전면 전쟁을 명령하셨던 것이다. 하나님은 이방 종교가 이스라엘 백성들을 영적으로 전염시키지 못하게 하려고 이를 명령하셨다(민 33:55, 수 23:12-13). 비록 하나님은 당신이 바라는 바를 달성하기 위해 쉽게 자연이나 다른 방법을 사용하실 수도 있지만, 그분은 전쟁을 택하셨다. 잘 알려지지는 않았으나, 예수 그리스도는 언젠가 휴거 후 7년 환난의 마지막에 이스라엘이 적들과 벌였던 전쟁이 무색할 만큼, 하나님의 적들과 대대적인 전쟁을 하실 것이다(살후 2:5-10, 계 19:11-21).

구약에 나타난 전쟁 명령은 오늘날의 그리스도인에게는 적용되지 않는다. 지금은 하나님이 그분의 나라를 이 땅에 세우시는 데 특정한 한 민족을 통해 일하시지는 않기 때문이다. 오늘날 하나님은 거룩한 전쟁, 십자군, 성전 따위는 명령하지 않으신다. 전쟁은 도덕적으로나 윤리적으로 정당화되기도 하지만, 위의 말씀에 근거한 것은 아니다.

이 구절과 비슷한 다른 구절들은 우리 인생에 도사린 죄의 파괴적 본질과 우리가 자꾸 그곳으로 향하는 가차 없는 현실을 보여준다. 용서는 언제든 가능하지만(요일 1:9), 우리를 하나님의 계획에서 멀어지게 하고 우리의 삶을 파괴하는 죄의 힘을 결코 과소평가하지 말아야 한다.

9

예수님은 신약 시대에서만 일하시는가?

"나는 여호와의 군대 대장으로 지금 왔느니라"(여호수아 5:14).

여리고 전투의 시작을 앞두고 여호수아 앞에 칼을 뽑아 들고 나타난 이 사람은 누구인가?(수 5:13) 여호와의 군대 장관이라고 주장하는 그는 누구인가? 여호수아는 지휘관으로서 모세를 대신하는 영예가 주어지지 않았는가?(수 1:1-9) 여호수아는 이 사람에게서 무엇을 보았기에 서슴없이 엎드려 그를 주라 부르고 자신을 종이라 했을까? 누가 감히 여호수아에게 네가 선 곳은 거룩한 땅이니 신을 벗으라고(수 5:15) 요구할 수 있단 말인가? 성경 다른 어느 곳에서 그런 말씀을 발견할 수 있으며, 누가 그런 말을 했는가?

이 구절과 출애굽기 3장 2-6절의 유사성은 이 질문에 대답하는 데 도움이 된다. 모세가 시내산(호렙)에서 장인의 양 떼를 돌보는 동안 여호와의 천사가 타는 덤불 속에 나타났다. 모세가 불타는 덤불을 보기 위해 돌이켜오는 것을 보고 여호와의 천사는 자신을 여호와 하나님이라고 밝힌다(출 3:4, 6). 그리고 모세에게 "네가 선 곳은 거룩한 땅이니 네 발에서 신을 벗으라"(출 3:5)고 말씀하신다.

여호와의 천사의 거룩한 본질을 묘사하는 다른 구절은 다음과 같다. 창세기 16장 7-13절(그는 생명을 불어넣는 권세가 있다, 18:1-15), 48장 3절, 15-16절(야곱은 그 천사를 하나님과 동일시한다), 출애굽기 23장 20-23절(천사는 죄를 용서하고 하나님 외에는 아무도 공유하지 못한 하나님의 이름을 소유한다, 사 42:8), 사사기 2장 1-4절(천사는 하나님이 하셨던 것처럼 이스라엘과 동일한 언약을 선포한다, 창 15:18), 사사기 6장 11-23절(천사는 14-15절에서 여호와라고 불리고 21절에서는 기적을 행한다. 그리고 23절에서 기드온은 천사로 인해 죽을까봐 두려워한다), 13장 16-18절, 20-23절(그 천사의 이름은 기묘자요, 마노아는 그와 그의 아내가 "하나님을 보았으니" 죽을 것이라고 두려워한다), 이사야 63장 8-9절(이 천사는 백성을 구원하시는 여호와 하나님과 동일시된다).

여호수아가 여리고의 아모리 족속과 어떻게 교전할지 궁리하고 있을 때, 한 사람이 그에게 나타나 자신이 여호와의 군대 장관이라고 선언한다. 여호수아는 즉시 그 앞에 엎드려 그에게 무슨 명령을 하려는지 묻는다. 여호수아는 그를 경배한다(계 19:9-10). 군대 장관이 내린 첫 번째 명령은 여호와의 천사가 했던 것과 거의 일치한다. "네 발에서 신을 벗으라 네가 선 곳은 거룩하니라"(수 5:15). 그 다음의 문맥에서는(수 6:1-5) 전략적 공격 계획을 위해 명령을 내리는 군대 장관이 여호와 하나님이신 것으로 밝혀진다. "여호와의 군대 장관"과 여호와의 천사는 사실 동일 인물이며 하나님이 육체적인 존재로 현현하신 것이다.

삼위일체의 어느 위격이 지상에 내려와 인간들과 가장 많이 접촉하시는가? 성부의 주된 위치는 하늘인 듯하고, 성령은 인간의 마음과 생각 안에서 일하신다(삿 13:6, 삼상 16:14, 시 51:11, 엡 1:13, 4:30). 신약에서 주로 인간들과 직접적으로 접촉하셨던 하나님의 아들이 구약에서도 그렇게 일하셨으리라는 사실을 깨닫는 데는 그리 오래 걸리지 않는다. 그렇지 않으면 우리는 삼위의 제2격이신 그분이 구약에서는 대체로 침묵을 지키고 계셨던 반면, 신약에서만 엄청난 활동을 하셨다고 말할 것인가? 그렇지 않다! 여호와의 천사요 여호와의 군대 장관인 그분은 세상의 구원자이신 성육신 이전의 예수 그리스도시다!

10

하나님은 선하신데, 왜 재난이 끊이지 않는가?

"오 나의 주여 여호와께서 우리와 함께 계시면 어찌하여 이 모든 일이 우리에게 일어났나이까"(사사기 6:13).

몇 마디 안 되는 이 말은 역사의 여러 과정을 통해 반복되어왔다. 기원전 1200년경의 기드온의 시대와 기원전 15세기 중엽 그리고 오늘날에도 사람들은 상황이 절망적이거나 암담할 때 이런 말을 되풀이한다. 여배우 콜린 듀허스트(Colleen Dewhurst)는 가족 고전 영화인 〈빨강머리 앤(Anne of Green Gables)〉에서 이런 태도를 흔히 "하나님께 등을 돌리는" 행위로 묘사한다. 이 말은 공립학교 총기 사건과 911 테러 같은 국가적인 비극이 벌어진 뒤 방송을 통해 다시 언급됐다. 그들은 세속적이고 사악한 본성을 지니고 있어서 단지 하나님의 간섭하심에 질문을 던진다기보다는 그분의 존재 자체에 의문을 품는다. 이런 질문들은 하나님이 표면상 이 비극적인 사건들에 별로 관여치 않으시는 이면의 이유들을 고려하지 못한다.

인간에게 재난이 일어나는 데는 적어도 네 가지 기본적인 이유가 있다. 여기에서 세 가지를 열거하고 네 번째는 이 글의 마지막에 이야기하려 한다.

1. 피조물과 사람: 피조된 세상은 질병과 사고, 파괴를 불러오는 기후와 같은 위험으로 가득 차 있다.
2. 사람과 사람: 사람은 본래 자기 중심적이며 이혼과 전쟁을 포함한 여러 갈등을 일으킨다.
3. 하나님과 사람: 우리는 이기심 때문에 하나님의 존재를 축소하거나 배제하려는 경향이 있다. 우리가 자신의 책임과 하나님과의 관계를 저버릴 때, 이런 경향이 더 짙어지고 그분의 인도와 보호하심을 상실하게 된다.

비록 상당한 재난의 위험이 분명히 인간의 덧없는 유한성에 기인하고 있음에도 불구하고, 여전히 많은 사람들은 그들 자신에게는 책임이 없다고 생각한다. 또한 다른 이들의 행동에 부정적인 영향을 받지 않도록 하나님이 우리를 보장해주셔야 한다는 그릇된 믿음을 가지고 있다. 만약 하나님이 우리에게 그분의 보호를 떠나 방황하고 그분의 존재를 노골적으로 무시한 데 대해 책임을 물으시면 어떠하겠는가? 우리는 아마 우리의 뜻대로 움직여주지 않는 그분을 거절하고, 우리의 생각에 최선이라고 여기는 방식으로 행동한 죄책감을 덜기 위해 즉각 성내고 그분에게 비난을 해댈 것이다. 가장 근본적인 문제는, 사람들이 아무 이유 없이, 특히 끔찍한 재난을 초래할 이유가 없는데도 불구하고 하나님이 그들을 포기하고 버리신다고 철석같이 믿는다는 것이다. 하지만 인류는 하나님을 저버림으로써 세상을 험악하고 안전치 못한 곳으로 만들었다. 우리는 방랑자들이고 그분은 길이시지만 우리는 그분의 지시를 멸시한다. 우리는 문제요 그분은 해결책이시지만 우리는 구세주가 필요하다는 사실에 저항한다. 우리는 고집 센 자녀들이요, 그분은 신뢰할 만한 부모지만 우리는 그 징계를 멸시한다. 그분은 우리에게 진리를 말씀하시지만 우리는 자유를 갈망하며 절대적인 것을 거부한다. 우리의 변덕이나 이기심은 피조세계와 인간, 하나님과도 갈등을 일으킨다. 우리가 고통받는 이유는 하나님이 충분치 못하므로 그분께 우리가 필요하다거나, 그분 없이도 우리가 꽤 잘 지낼 수 있다고 믿기 때문이다.

사사기 전체는 인간이 그들 마음대로 살아가고자 한 결과로(삿 21:25) 하나님의 인도하심과 보호가 없는 인생의 결말을 경험하는 모습을 그리고 있다. 아담의 타락 이후 지금까지 모든 인류 역사를 통해 볼 때 하나님은 인간과의 관계를 먼저 시작하셨다. 그분이 우리를 따라다니며 설득하시면 우리는 반응한다. 하나님은 우리가 그분께 돌아갈 수 있도록 우리에게 끊임없이 다가오신다. 그분이 직접 내리시는 심판을 통해서든 우리의 방황의 자연스러운 결과로 심판을 받든, 하나님은 그분께 돌아와 보호받기를 갈망하는 이들을 기다리시고 다시 받아들이신다. 우리는 혼자 있으려 하지만, 그분은 우리와 함께 있기 원하신다!

이것은 본질적인 질문이다. 하나님은 불순종하는 자들과 함께하시는가? 설령 우리가 그렇게 가정한다 해도 그렇지 않다. 사사기 6장 12-13

절을 보면 기드온은 결정적인 순간에 실수를 하고 이어서 잘못된 결론을 내린다. "여호와께서 우리와 함께 계시면 어찌하여 이 모든 일이 우리에게 일어났나이까?" 중요한 것은 하나님은 기드온과 함께하신다고 했지 백성들과 함께하신다고 말하신 것은 아니라는 것이다. 우리는 하나님이 그분을 저버리거나 반역하는 이들과 함께 계시지 않음을 명심해야 한다. 하나님이 그분을 반대하는 이들과 같은 입장을 취하시거나 그들을 지지하고 동의하신다고는 말할 수 없다. 물론 그분은 여전히 그들의 인생에 간섭하시고 주권적으로 그들의 환경을 통제하실 수는 있지만, 불순종하고 그분을 거부하는 이들과는 함께 계시지 않는다.

하나님은 그들을 직접 심판하시거나 그들의 선택대로 내버려두시는데, 어느 경우든 불순종하는 이들이 역경을 딛고 돌아와 하나님께 순종하고 교제하길 원하신다. 예를 들어 미국인들이 하나님을 나라의 공적인 영역에서 몰아내길 원한다면, 하나님을 부정하는 흐름과 일치하는 행동들(배신, 이혼, 낙태, 안락사, 그리고 이런 행위에 수반되는 생명 경시의 태도들, 롬 1:22-32)을 옹호하고 국회에서 관련법을 통과시키면 된다. 나아가 국가에서 하나님을 공립학교에서 몰아내길 원한다면, 하나님의 영향력이 사라진 부분이 부정적이고 폭력적인 행위로 채워진다 해도 놀라지 말아야 할 것이다. 하나님은 신실한 이들과 함께하신다. 그분은 신실치 못한 이들을 내버려두시지만 감사하게도 반드시 어떤 제한이나 경계를 두신다. 종국에는 인류를 향한 하나님의 계획이 실현될 것이며 그분을 저버리거나 거절한 사람들은 더 이상 인류 역사에 영향을 미치지 못할 것이다(계 21-22장).

하나님과 계속 교제하는 신실한 이들의 고통은 어떻게 설명할 수 있는가? 우리는 이제 재난의 네 번째 이유에 도달한다.

4. 사람과 하나님: 세상이 하나님께 반역하는 까닭에, 하나님에 대한 책임을 상기시키는 사람들은 박해를 받는다.

하나님은 신실한 이들을 버리지 않으시지만, 그들은 하나님을 향한 사랑 때문에 주변부로 밀려나고 세상의 극심한 미움을 사게 된다(사 66:5, 요 15:18-27).

우리는 "그리스도 예수 안에서 경건하게 살고자 하는 자는 박해를 받으리라"(딤후 3:12)는 것을 안다. 우리는 "하나님을 사랑하는 자 곧 그의 뜻대로 부르심을 입은 자들에게는 모든 것이 합력하여 선을"(롬 8:28) 이룬다는 사실에 위안을 얻는다. 그러나 이 세상에서는 '만사가' 고난의 연속이며, 이 고난에는 재난과 박해, 죽음까지도 포함됨을 기억해야 한다. 악마와 그의 동료들이 우리를 파멸시키려고 찾아다닌다 해도(벧전 5:8), 하나님은 우리와 함께 거하신다. 우리가 어떤 불행한 상황에 직면해도 주님은 아직 구원을 얻지 못한 사람들을 위해(딤후 2:10), 신실하게 우리를 온전케 하시고 굳건케 하시며, 강하게 하시고 터를 견고하게 하신다(벧전 5:10). 하나님은 흔들림 없이 이 길을 가는 의인들을 기뻐하신다(2:19-20). 임마누엘, 주님이 우리와 함께 계신다!

11

입다는 정말 그의 딸을 희생 제물로 바쳤는가?

"누구든지 내 집 문에서 나와서 나를 영접하는 그는 여호와께 돌릴 것이니 내가 그를 번제물로 드리겠나이다… 두 달 만에 (입다의 딸이) 그의 아버지에게로 돌아온지라 그는 자기가 서원한 대로 딸에게 행하니"(사사기 11:31, 39).

사사기 11장 31, 39절은 이스라엘의 용감한 전사인 입다가 암몬 족속과의 전투에서 승리한 후, 결국 자신의 외동딸을 희생시킨 내용을 기록하고 있다.

어떤 해석가들은 입다가 자신의 딸을 정말 희생시킨 것이 아니라, 성소에서 계속 독신으로 예배를 드리도록 헌신하게 했다는 의미로 이해한다. 이런 관점으로 보면 그는 그녀를 산 제사(바울이 로마서 12장 1절에서 그리스도인은 산 제사가 되어야 한다고 말한 의미와 상당히 일치한다)로 바친 것이다. 이 해석은 입다가 딸에게 준 두 달은 그녀의 임박한 죽음을 애곡하는 것이 아니라, 그녀가 영원한 처녀성을 간직한 채 성전에서 수종 드는 여인으로 살게 될 것을 애곡한다는 사실과 들어맞는다. 그녀의 헌신은 그녀가 결혼해서 어머니가 되는 경험을 하지 못한다는 뜻일 뿐 아니라 그녀가 무남독녀였으므로 그녀의 가계가 끊어진다는 뜻도 된다.

만일 그녀가 희생 제물이 되었다면 왜 하나님은 아브라함과 이삭의 경우처럼 이를 멈추게 하지 않으셨는가? 하나님은 사람을 죽이는 내용이 포함된 맹세를 존중하지 않으시는 분이 아닌가? 그리고 입다가 하나님의 법에 반하는 행동으로 하나님께 감사를 표현하려 하지는 않았을 것이다.

인신공희(人身供犧)는 명백히 성경에서 금지하는 것이며 진정한 예배와는 상치된다(레 18:21, 20:2-5, 신 12:31, 18:10). 하지만 헌신을 위한 예배는 구약의 관행과 일치하며 입다를 믿음의 영웅들 반열에 들게 한다(히 11:32).

반면에 이것이 헌신이 아니라 인신공희라는 주장은 11장 31절에 사용된 히브리 단어가 번제를 가리킨다는 사실로 뒷받침된다. 하나님이 금지하시긴 했지만, 인신공희는 이스라엘 역사상 행해졌던 일이다(대하 28:3, 33:6).

사사들의 시대는 이스라엘의 역사에서 암울한 시기에 해당한다. 이때는 도덕과 종교의 혼란기였다(삿 21:25). 입다는 이방 창기의 아들이었다(삿 11:1-2). 그는 당시 만연했던 잘못된 종교 관행의 영향을 받아왔고(어린 아이를 제물로 바치는 암몬 족속의 영향을 포함해서) 자신의 생활에서 의식적이든 무의식적이든 이런 것을 혼합시켜왔을지도 모른다(삿 10:6).

35절에 나온 입다의 애통은 이 비참한 맹세를 뒷받침한다. 40절에 나오는 딸을 위한 정기적인 추모는 그녀가 희생 제물이 되었다는 견해에 무게를 실어준다. 본래 맹세를 깨뜨리는 것이 죄이지만(민 30:2), 이 경우는 맹세를 지키는 것이 더 큰 죄가 되었다. 입다는 하나님이 그가 맹세를 지키도록 요구하신다고 믿었을지 모르지만, 그렇다면 그는 슬프게도 대단히 오해한 것이다.

어떤 견해를 취하든 이 이야기의 가장 큰 교훈은 이름도 모르는 그 딸의 두드러진 용기와 성품이다. 아버지의 행위나 믿음과 관계없이 그녀는 개인적인 비극을 겪으면서도 끝까지 신실했다.

12

너무 문제가 많은 사람이라 구원에서 제외된 사람이 있는가?

"내가 엘리의 집에 대하여 맹세하기를 엘리 집의 죄악은 제물로나 예물로나 영원히 속죄함을 받지 못하리라"(사무엘상 3:14).

비록 우리에게 이 문제의 답이 당황스러울지 모르지만, 타락한 인류와 하나님과의 관계를 바르게 이해하려면 우리는 진실을 보아야 한다. 그렇다, 하나님은 반역하는 자들의 마음을 회개가 불가능할 정도까지 굳게 하실 수 있다. 하나님은 누구에게 그렇게 하실지 결정하시고 자비를 내리지 않으신다(출 33:19, 수 11:20, 롬 9:15, 11:25).

엘리의 아들들인 홉니와 비느하스는 그들이 이스라엘을 위해 어떤 역할을 해야 하는지 전혀 이해하지 못한 제사장들이었다. 비록 여호와 하나님의 제사장이었지만, 그들 자신은 그분의 권위를 인정치 않았다(삼상 2:12). 백성들이 하나님께 드린 희생 제물을 강제로 빼앗아 취함으로써,

하나님께 드릴 제사를 조롱했다(삼상 2:15-17). 그들은 실로의 성전을 둘러싼 이웃 가나안 족속들이 하듯이 성전에서 매음을 했다. 이는 하나님에 대한 직접적인 모욕이었다(삼상 2:22-24, 신명기 23:17). 그들의 아버지 엘리가 이 범죄 행위를 전해 들었을 때 그는 아들들을 나무랐지만, 그의 힘없는 추궁과 관심은 모두 무시당했다. 이런 행위로 인해 결국 하나님은 홉니와 비느하스의 마음을 굳게 하셨고(삼상 3:14), 그 결과 그들과 엘리가 죽었으며, 비느하스의 아내도 출산 중에 죽고 말았다(삼상 2:34, 4:11-20). 그리고 이가봇이라는 이름을 지닌 비느하스의 아들의 탄생은 죄 많은 이스라엘에서 하나님의 영광이 떠났고(삼상 4:20-22), 엘리의 집안이 제사장직에서 영원히 제외되었음을 나타내는 표시가 되었다(삼상 2:27-30, 왕상 2:27, 35).

희생 제물을 조롱한 까닭에 엘리의 아들들은 구원의 효력에서 스스로 제외됐다. 하나님은 죄악의 상태를 지속시켜 스스로를 하나님의 은혜로부터 배제하기로 한 그들의 선택을 감안하셨다. 그리고 하나님만 아시는 어느 시점에서 회개의 기회를 더 이상 주지 않기로 결정하셨다. 그들은 자신이 받은 계시를 신뢰하고 성실하게 하나님을 영화롭게 할 기회가 있었지만 결국 자신의 길을 선택했고, 그 길은 그들을 정해진 파국으로 인도했다(잠언 12장 15절, 26절, 13장 15절, 14장 12절, 출애굽기 3장 19절, 4장 21절에서 하나님이 바로를 다루시는 것을 보라).

오늘날에도 자칭 신자라고 고백하지만, 홉니와 비느하스처럼 이기적인 이유에서 편한대로 신앙 생활을 하는 사람들이 많다. 그들은 사회적으로(승인받거나 통제하면서) 그리고 부분적으로(그들이 편하게 동의하는 영역에서) 이를 받아들인다. 어떤 사람들은 믿음이 개인적인 것이라는 생각에 빠져 있다. 그들은 하나님을 인간의 욕망에 끼워 맞춰 '내 하나님 신학'을 고백한다. 이런 신학은 예수 그리스도에 대한 직접적인 믿음을 표현하거나 신실하게 신앙 생활을 하지 않아도 하나님이 인정해주실 것이라는 믿음에서 비롯된다. 이 믿음은 그리스도의 죽음에 대한 희생적인 본질을 깎아내린다. 이는 복음의 메시지를 오염시키며 홉니와 비느하스가 가나안의 제의를 이스라엘의 예배 체제에 끌어들였던 것처럼, 주위의 다른 사람들까지도 구원의 희망도 없는 곳에 내버려둘 가능성이 있다. 그들은 복음의 진리를 알지만, 사회적 승인이나 그릇된 동정심 때문에 이를 부정한다. "우리가 진리를 아는 지식을 받은 후 짐짓 죄를 범한즉 다시 속죄하는 제사가 없고 오직 무서운 마음으로 심판을 기다리는 것과 대적하는 자를 태울 맹렬한 불만 있으리라"(히 10:26-27).

13

하나님은 성령과 악령을 각각 언제 보내시는가?

"여호와의 영이 사울에게서 떠나고 여호와께서 부리시는 악령이 그를 번뇌하게 한지라"(사무엘상 16:14).

구약 시대에는 신자 안에 거하는 성령의 존재가 신약 시대와는 크게 달랐다. 구약 시대에는 한 사람의 삶 속에 영이 존재하는 것은 일시적이었다. 신약 시대처럼 그리스도인들에게 영원히 거하신다는 약속은 없었다. 이런 사실은 사울이 여호와 하나님께 불순종한 뒤 성령이 떠나신 사실을 설명한다. 일시적이었지만 영적으로 충만했던 사울은 왕권과 예언의 능력(삼상 10:6, 10)과 용기(삼상 11:6)를 소유했으며, 대중적인 영향력(삼상 11:7)을 발휘했다. 하나님의 영은 백성의 왕으로서 하나님을 대표하는 능력과 권세를 사울에게 부여했고, 사울은 새 사람이 되었다(삼상 10:6, 고후 5:16-17).

사울은 제사장의 역할을 떠맡았을 때와(삼상 13:11-14), 아말렉 백성의 목숨이나 재산을 남기지 말고 다 멸하라고 하신 하나님의 명령에 불순종했을 때(삼상 15:10-19) 하나님이 주신 능력과 권위를 모두 상실했다. 그는 여호와 하나님을 두려워하는 대신(삼상 12:24-25), 그의 백성들의 여론과 욕망을 두려워하여 그들의 말을 듣고 아말렉 왕 아각을 살려두고 모든 재물과 양과 소 가운데 가장 좋은 것을 하나님께 드리는 희생 제물(삼상 15:24)로 챙겨놓았다. 하지만 여호와 하나님은 희생 제물보다는 순종을 더 좋아하신다(삼상 15:22-23). 사울이 불순종한 결과 성령은 그를 떠났고, 그의 이스라엘 통치는 종지부를 찍었으며, 죽는 날까지 사울을 고문할 끈질긴 악령이 임하기 시작했다(삼상 16:14,23, 18:10-12). 악령은 사울에게 비참함과 두려움, 분노, 살인의 의도, 무거운 우울을 가져다주었다.

이 구절은 분명하다. 하지만 문제는 해석하는 사람의 감성에 있다. 왜 애정이 깊고 자비로우신 용서의 하나님이 악령을 보내셨을까? 인류를 위한 하나님의 구속 목적과 그분의 권세, 진리를 고수하시는 하나님의 마음을 다만 문화적으로 수용 가능한 제한된 관점으로만 바라봐서는 안 된다. 우리는 하나님의 절대적인 주권과 비타협적인 거룩함, 그분이 옳다고 여기시는 대로 불순종을 처리할 수 있는 유일무이한 특권을 받아들이지 못하는 경우가 너무나 많다. 특히 많은 것을 주신 만큼 많은 것을 기대하셨던 사람들 때문에 하나님은 배신으로 치를 떠셨고, 그들의 죄를 참을 수가 없으셨으며, 인간의 교만으로 엄청나게 마음이 상하셨다. 사울과 아합(왕상 22:20-22)은 이스라엘의 역사와 법을 보존하여 백성들이 은혜로우시고 자비하신 하나님의 권위 아래 평화와 번영을 누리게 할 책임을 지닌 왕들이었다. 이런 흠 없는 율법과 정확한 역사가 없었다면, 어떤 희생적인 체제도 그 백성들의 죄를 계속 벌충할 수 없었을 것이다. 그리고 백성들은 어찌할 바를 모르고 영원한 심연 속을 절망적으로 방황했을 텐데, 사랑이 많으시고 자비로우시며 용서하기를 원하시는 하나님은 이를 용납하지 않으신다.

죄의 탐욕스러운 결과를 봉쇄하는 일은 하나님의 계획 없이는 불가능하기에 하나님은 자신의 계획을 보호하신다. 당신은 생활이 단정치 못하고 복음을 깎아내리는 행동을 일삼는 할머니, 할아버지 댁을 당신의 자녀들이 아무 사전 조치 없이 방문하도록 허락하는가? 그러지 않기를 바란다! 당신에게는 아이들이 그런 영향을 받지 않도록 보호할 용기가 있어야 한다. 아니면 이런 해를 끼치는 이들을 화나게 할까봐 두려워서 지체할 것인가?(신 12:6-11, 고전 5:1-6) 지도자에게는 진리와 경건이 관용의 제단에 희생되지 않도록 보장할 책임이 있다. 야고보는 교사들에게 그들이 더 큰 심판을 받을 수도 있다고 경고한다(약 3:1-2). 결코 타협하지 말되 진리를 범한 이들이 회개한다면 기꺼이 용서해주라. 은혜와 엄중함은 상호 배타적인 것이 아니다. 하나님을 두려워하고 사랑하는 것이 진리를 보호할 수 있는 충분한 동기가 된다(딤전 6:20-21).

14

자살은 도덕적 선택의 문제인가?

"이에 사울이 자기의 칼을 뽑아서 그 위에 엎드러지매"(사무엘상 31:4).

성경에는 여섯 번의 자살 사례가 있다. 그 가운데 어느 것도 도덕적으로 용인된 것은 없다. 단지 사건으로 기록되었을 뿐이다. 자살한 사람으로는 기드온의 아들 아비멜렉(삿 9:50-55), 사울 왕(삼상 31:1-6), 사울의 갑옷 드는 자(삼상 31:5), 다윗의 아들 압살롬의 모사 아히도벨(삼후 17:23), 시므리 왕(왕상 16:18) 그리고 가룟 유다(마 27:3-10, 행 1:18-19)이다.

자살을 옹호하는 사람들은 하나님과 함께하고자 하는 바울의 갈망은 자살에 대한 숨은 열망이라고 말해왔다(빌 1:21-26). 신자들에게 죽음은 개인적인 고통에 종지부를 찍고 하나님과의 온전한 교제를 시작하는 것이지만, 자살은 다른 이들에게 해를 입히고 하나님과 다른 사람들을 향한 신실한 봉사를 일찌감치 마감하는 것이다. 바울은 하나님도 사랑했지만 동역자들과 사역 대상자들도 사랑했다. 그는 양자와 모두 함께하기를 소망했다. 하지만 그는 자신이 돌보던 사람들을 위해서는 육체로 남아 있는 것(생존)이 더욱 필요한 일이라고 즉각 결론을 내렸다.

자살이 용서받을 수 없는 죄는 아니지만, 여느 신자의 은밀한 죄들과 마찬가지로 보응을 받아야 한다. 어떤 이들은 삼손을 이 목록에 올려놓으려 하지만, 그의 죽음은 사뭇 다른 것이다. 삼손은 잔인한 적의 교만을 끊기 위해(삿 16:23-25), 하나님께 그의 힘을 돌려주셔서 블레셋의 지도층들을 쓸어버릴 수 있게 해달라고 간청한다(삿 16:26-30). 그가 자신의 죽음을 의도한 것이라기보다는 이스라엘의 전사요 지도자로서 자신의 생명을 희생시켜서라도 적들의 힘을 없애려 한 것이다. 이 사심 없이 회개하는 행위는 다른 사람들을 위해 적에 맞서 자신의 생명을 희생하는 많은 사람들의 행동과 그다지 다르지 않다. 이런 헌신적인 공훈은 자살이 아닌 '용감한 행동'으로 불려야 마땅하다.

많은 사람들은 자살을 '일시적인 문제에 대한 영구적인 해결책'이라고 묘사한다. 이런 끔찍한 비극을 이렇게 극단적으로 단순화시켜 설명하는 방식은 그리스도인이라면 다시 생각해볼 일이다. 자살은 영구적인 해결책이 될 수 없다. 반대로 아무것도 해결하지 못한다. 개개인은 하나님의 형상으로 창조되었고 죽음 이후까지 책임을 져야 하는 불멸의 존재다(고전 3:11-15, 고후 5:6-10, 히 9:27, 10:26-27). 그래서 어떤 관점에서든 자살을 일시적인 문제에 대한 결과로 보기는 힘들다. 자살은 무자비하고 개선의 여지가 없어 보이는 고통을 제거하기 위해 스스로에게 행하는 이

기적이고 죄 된 행위다. 이것은 우울과 절망을 낳는 미해결 사건들이 쌓여가는 과정에서 심리적으로 비극적이고 치명적인 감정이 정점에 달할 때 나타난다. 항상 그런 것은 아니지만, 자기 자신의 목숨을 스스로 마감하는 사람들은 대개 풀리지 않는 많은 미해결 문제들로 염려한다. 도움이 없이는 풀리지 않는 걱정들은 그 무게가 참을 수 없을 때까지 무거워져서 당사자가 자포자기하는 지점까지 이른다. 그들의 미래가 불안한 과거와 겹쳐 보인다면 삶을 지속하고픈 희망은 사라진다.

예루살렘이 훼파되었다는 소식을 들은 하박국의 반응은 자살에 대한 통찰을 내포한다. 그는 침략당했다는 생각에 간담이 서늘해지고 전쟁의 결과를 충분히 예측할 수 있었지만, 절망하기보다는(하나님께로부터 등을 돌리는 것), 구원과 능력 되시는 하나님을 신뢰한다(합 3:16-19). 배고픔과 굶주림에 시달릴 수 있다는 사실이 그가 하나님이나 자신의 생명을 부인하게 만들지는 못했다.

자살하는 사람들은 죽음을 원하지 않는다. 그들은 단지 살아가는 법을 모를 뿐이다. 하박국은 살아가는 법을 알고 있었다! 하나님이 삶의 조정자시다. 환경에 관계없이 그분을 찾으면 그분을 발견하게 될 것이다. 그분을 신뢰하면 그분은 당신을 인도하신다. 그분을 위해 살면 걱정 속에서도 평화를 누릴 수 있을 것이다. 하나님과 삶에 대한 성경적 이해는 소망을 불러일으키고 절망을 누그러뜨린다. 하나님을 선택하는 것이 생명을 얻는 것이다!(신 30:19-20)

15

목적이 선하면 모든 잘못된 수단이 용서되는가?

"그들이 나곤의 타작 마당에 이르러서는 소들이 뛰므로 웃사가 손을 들어 하나님의 궤를 붙들었더니 여호와 하나님이 웃사가 잘못함으로 말미암아 진노하사 그를 그 곳에서 치시니 그가 거기 하나님의 궤 곁에서 죽으니라"(사무엘하 6:6-7).

아마 당신은 이런 풍자적인 경구를 들어보았을 것이다. "좋은 일을 해도 징벌이 뒤따른다." 얼핏 보면, 이 말은 정확히 사무엘하 6장 6-7절이 보여주는 사건을 두고 말하는 것 같다. 웃사는 언약궤를 돌보는 이스라엘 제사장의 아들이었다. 다윗의 통치 기간에 언약궤를 예루살렘으로 옮기는 과정에서 궤가 흔들리지 않게 하려고 웃사가 궤에 손을 댔을 때, 하나님은 그를 죽이셨다.

다윗이 이스라엘의 수도로 예루살렘에 터를 잡은 후, 과거부터 이스라엘이 가장 귀하게 받들었던 언약궤를 예루살렘 시로 옮겨오고자 했다(대상 13장). 이스라엘 백성들에게 그 언약궤는 하나님의 영광과 축복, 임재와 능력을 상징하는 것이었다. 그것은 기원전 1050년경 블레셋과의 전투에서 빼앗겼다가, 7개월 후에 다시 이스라엘로 돌아왔다(삼상 4-6장). 언약궤를 빼앗기기 전과 그 기간 중에 이스라엘 백성들은 그들의 참 된 지도자이신 하나님께 반기를 들고 이웃의 이방 국가들과 적국들처럼 그들에게도 왕을 달라고 요청했다(삼상 8:3-5). 하나님은 이를 허락하셨지만, 이스라엘 민족이나 새로운 왕인 사울을 축복하지 않으셨고, 언약궤는 약 50년간 방치돼 있었다. 다윗이 사울의 뒤를 이어 왕이 되었을 때 그는 사람들을 경제적으로나 영적으로 회복시키기를 원했고, 떨어져 있던 언약궤를 운반해오는 것도 그 회복 계획의 일환이었다. 하지만 블레셋이 빼앗아간 직후에 그랬던 것처럼, 다윗은 언약궤를 잘못 취급했다(삼상 6:7-8).

처음 언약궤가 이스라엘의 광야 생활 40년 동안 만들어졌을 때, 하나님은 언약궤는 절대로 만져서는 안 되며, 꼭 레위 제사장들이 장대에 메어서만 운반해야 한다고 명령하셨다(출 25:14-15, 민 4:15). 하지만 다윗은 언약궤를 운반하는 데 합당한 방법보다는 편의주의를 선택했고, 이 사실을 잘 아는 제사장의 아들 웃사는(아이러니컬하게도 그 이름은 '힘' 이라는 뜻이다) 이 활동에 가담해서 죄를 지었다. 다윗은 하나님의 방법보다는 자신의 방법으로 일하기 원했고, 다른 사람들은 그를 따라 이런 불순종을 저질렀다. 목적이 수단을 정당화하지는 못한다. 동기가 선하다고 해서 항상 바람직한 결과를 낳는 것은 아니다. 블레셋 사람들도 부적절한 방법으로 궤를 옮겼다. 그들에게는 하나님의 계명이 없었으므로 이스라엘과 같은 기준으로 볼 수는 없었지만, 그들 역시 하나님의 심판을 피할 수 없었다. 언약궤가 돌아온 뒤 주제넘게 언약궤 안을 엿보았던 이스라엘 백성들을 하나님이 치셨던 것처럼(삼상 6:19, 민 4:20), 언약궤를 만지고 부적절한 운반에 참여했으며, 레위 지파 중 고핫 자손이 아님에도 도우려 한 죄로 인해 웃사도 죽은 것이었다.

하나님은 어떤 죄든 심각하게 여기신다. 그분의 지시와 명령, 말씀을 가벼이 여기거나 무시해서는 안 된다. 웃사는 이를 무시했으며 그런 그의 불순종의 행위는 생명이라는 값 비싼 대가를 치렀고, 모든 사람에게 분명한 교훈을 주었다.

16

왜 다윗은 첩을 두었는가?

"다윗이 예루살렘 본궁에 이르러 전에 머물러 왕궁을 지키게 한 후궁 열 명을 잡아 별실에 가두고"(사무엘하 20:3).

첩은 법적으로 결혼하지 않고 남자와 동거하는 여자로, 보통 고대 사회에서는 자유인 아내의 권리를 소유하지 못하는 노예 여성들이 대부분이었다. 다윗은 많은 후궁이 있었으며 또 많은 아내가 있었다(삼하 3:1-5, 5:13-16). 이는 아브라함(창 16:3), 나홀(창 22:24), 야곱(창 30:4), 엘리바스(창 36:12), 기드온(삿 8:30-31)을 포함해서 성경에 나오는 많은 고대인들의 경우도 마찬가지였으며, 솔로몬은 수백 명의 아내와 후궁들을 거느렸다(왕상 11:1-8).

인간의 본성은 우리가 인정하는 것보다 훨씬 타락했으며 특히 극도로 상처 입기 쉽고 연약한 우리의 열정은 더욱 그렇다. 결혼과 성의 영역에서 오늘날 많은 그리스도인들이 현대 문화와 도덕관에 영향을 받는 것처럼, 성경의 인물들 역시 그들 시대의 문화에 많은 영향을 받았다. 그리스도인이 혼전 성관계를 맺는다거나 점차 동성애를 인정하는 경향이 커지고 있다. 성경의 인물들도 오늘날의 많은 사람들이 그렇듯이 하나님이 정해놓으신 규범을 어겼다.

어떤 이들은 성경에서 일부다처와 축첩을 금지하지 않아서 이런 행위가 묵인되었다고 말한다. 그러나 성경에는 자살과 노예 금지령도 없다. 그렇다고 그런 것들을 허용하는 것은 아니다. 그들의 견해는 온당치 못하다. 중요한 것은 법적으로 금지하지 않았다고 해서 인정한다는 의미는 아니라는 것이다. 사실 한 남자와 한 여자라는(창 2:23-24) 남녀 관계의 우선 원리는 그런 금지를 내릴 필요가 없게 한다. 나아가 선지자 말라기는 "어려서 취한 아내"(말 2:14, 16, 그가 "어려서 취한 아내들"이라고 말하지 않았음에 주목하라)에게 충실하지 못한 사람들을 꾸짖는다.

한 사람이 다른 사람과 결혼하려고 자기 아내와 이혼할 수 있다는 생각은 상호 약속을 어기고(말 2:14) 성령을 훼방하며(말 2:15) 하나님께 걱정을 끼치는 일이며(말 2:17), 축첩과 일부다처를 반대하는 신빙성 있는 증거들을 무시하는 것이다. 아브라함에 대한 막연한 언급은(말 2:15) 필시 그가 하갈과 부부관계를 가졌음을 말해주는데(창 16:1-6) 이는 부정적으로 비춰진다(잠 31:3. 10-31). 마지막으로 예수님은 결혼의 본래 의도를 한 남자와 한 여자의 분리할 수 없는 결합으로 설명하신다(마 19:4-6, 8-9, 막 10:5-9, 롬 7:2, 딤전 3:2, 12, 히 13:4).

사무엘하 20장 3절의 상황은 배우자가 많으면 문제를 일으킨다는 연이은 증거가 된다. 다윗의 아들 압살롬은 그의 아버지를 무너뜨리기 위해 무익한 반란을 시작했다. 모사의 조언대로(삼하 16:20-22), 압살롬은 그가 왕좌를 성공리에 찬탈했음을 백성들에게 확신시키기 위해 아버지 다윗의 후궁들과 동침한다(왕상 2:12-25). 다윗은 반란을 진압하고 예루살렘으로 돌아오자마자, 그 열 명의 후궁들을 따로 격리했다. 그들은 압살롬의 소유가 된 적이 있으므로 더 이상 왕과 잠자리를 같이할 수 없었다. 다윗이 그들을 부양하긴 했지만, 하나님의 결혼관을 따르지 않았던 까닭에 많은 사람에게 불필요하고 부정적인 영향을 미쳤다. 이것은 이스마엘의 아버지였던 아브라함의 경우에도 마찬가지였으며, 심지어 솔로몬은 그가 사랑한 여인들의 신을 받아들여 나라를 갈라지게 했다(왕상 11:9-13).

17

엘리사가 구했던 '성령의 역사의 갑절'은 무엇인가?

"엘리야가 엘리사에게 이르되 나를 네게서 데려감을 당하기 전에 내가 네게 어떻게 할지를 구하라 엘리사가 이르되 당신의 성령이 하시는 역사가 갑절이나 내게 있게 하소서 하는지라"(열왕기하 2:9).

한 아버지의 유산은 장자에게 3분의 2가 주어지므로, 장자는 아버지의 재산을 다른 이들보다 갑절로 받게 된다(신 21:17). 그리고 감사제나 화목제를 드린 고기는 제사를 집행하는 제사장과 가족 그리고 친구들이 나눠 갖는데(레 3:1-17, 7:11-38), 엘가나는 그에게 주어진 희생 제물의 분량에서 3분의 2는 사랑하는 한나에게 주었고, 나머지는 그보다 덜 사랑하는 아내 브닌나와 그녀의 아이들에게 주었다(삼상 1:4-5). 또한 교회의 장로들은 예우를 배나 받을 만하다는 말씀도 있다(딤전 5:17-18).

앞에서 언급된 경우는 물질적인 자산을 가리킨다. 그렇다면 엘리사 역시 후계자가 되라(왕상 19:16-19)는 엘리야의 제안을 받아들이면서 이것을 물질적인 보상을 얻을 기회로 삼고 있는가? 엘리야가 이 땅에서 보낸 마지막 때에 엘리사가 그의 곁에 있겠다고 헌신한 것은 자기 잇속을 차리려는 속셈이었던 걸까?(왕하 2:1-6) 그럴 리가! 사실 엘리야는 엘리사에게 물려줄 만한 유산이 없었다. 단 하나 그에게 임한 하나님의 임재와 능력을 상징하는 겉옷 외에는 아무것도 없었다. 엘리사를 감동시킨 것은 하나님을 향한 엘리야의 헌신과 사역이었다. 여호와 하나님의 손이 엘리야 위에 계셨다(왕상 18:46). 그는 자연 재해를 예언했고(왕상 17:1-7), 그를 돕는 이들(왕상 17:8-16)에게 하나님이 축복하실 것임을 확신했으며(왕상 17:17-24), 죽은 자를 살렸고(왕상 17:17-24), 바알의 거짓 선지자들과 이스라엘의 왕 아합에게 대항했다(왕상 18:20-46, 21:17-26). 때로 사역으로 지치기도 했지만, 목숨의 위협을 느끼고 은신할 때도(왕상 19:1-14) 엘리야는 엘리사가 갈망하던 하나님과의 친밀하고 역동적인 관계를 보였다.

그러나 하나님과 그런 관계를 누리고 싶다는 엘리사의 요청은 엘리야가 들어줄 수 없는 부탁이었다. 하나님만이 이를 허락하실 수 있었다. 엘리사는 신실하고도 민감하게 하나님의 인도하심에 따르고 있었는가? 하나님께 헌신한 삶에 포함된 어려움을 기꺼이 견뎌낼 수 있을 것인가? 엘리야는 자신이 하늘로 승천하는 것을 엘리사가 목격한다면, 엘리사의 소원이 이루어진 것이라고 말한다(왕하 2:10). 엘리사는 목숨을 걸고 하나님을 경배하고 대단히 큰 용기를 얻어 완악한 이스라엘에 하나님의 말씀을 전달하고자 노력했다. 하나님은 엘리사가 품은 사역의 갈망을 아셨고 그의 소원을 들어주셨다. 엘리사는 엘리야의 후계자가 되었다(왕하 2:15-25).

마이클 조던(Michael W. Jordan)이 지닌 신체 기술의 갑절과 마이클 스미스(Michael Smith)의 음악적 재능의 두 배, 혹은 앨버트 아인슈타인(Albert Einstein)이 지닌 지적 능력의 두 배를 소유한다고 생각해보자. 이런 축복이 아무리 크다고 해도 우리 삶 가운데 성령의 역사를 두 배나 받는 것에 비하면 하잘 것 없는 것이다. 오늘날의 그리스도인들에게 이와 가장 비슷한 경우는 자아를 내려놓게 만드시는 성령님과 더욱 깊은 관계를 맺고자 갈망하는 것이다(엡 5:15-21). 하지만 우리는 종종 흐트러짐 없이 하나님을 알고 섬기고자 하는 우리 갈망의 깊이를 가늠하지 못한다(히 12:1). 하나님을 드러내고 확신을 갖고 섬기고자 했던 사도들의 갑절이나 되는 소망을 지닌다고 생각해보라. 알고자 하는 어거스틴(Augustine)의 소망, 개혁을 위해 애썼던 마틴 루터(Martin Luther)의 용기, 사람들이 구주이신 그리스도를 영접하는 걸 보고자 했던 짐 엘리어트(Jim Elliot)의 갑절의 갈망을 지니는 것이다. 우리는 모두 영적인 은사를 구비했지만, 우리 안에 하나님이 이 은사들을 온전하고 자유로이 사용하시게 하려는 갈망이 있는가? "밤에 내 영혼이 주를 사모하였사온즉 내 중심이 주를 간절히 구하오리니"(사 26:9). "하늘에서는 주 외에 누가 내게 있으리요 땅에서는 주 밖에 내가 사모할 이 없나이다"(시 73:25). 나는 점점 작아지고, 내 안에 하나님이 더욱더 커지시길!

18

왜 엘리사는 "젊은이들"을 저주했을까?

"엘리사가 뒤로 돌이켜 그들을 보고 여호와의 이름으로 저주하매"(열왕기하 2:23-24).

"어린 아이들"(little children, KJV)과 "작은 소년들"(small boys, RSV) 같은 잘못된 번역은 오해를 불러일으킬 수 있다. 하나님의 선지자 엘리사를 조롱했던 사람들을 묘사하는 데는 두 개의 명사가 쓰였다. 나아르(naar, 열하 2:23)와 옐레드(yeled, 열하 2:24)로 둘 다 "젊은이들"(lads)로 번역되었다. 두 단어는 의미가 광범위해서 유아, 젊은이, 젊은 어른을 모두 지칭할 수 있다. 헷갈리는 부분은 문맥을 살펴보면 그 의미가 분명해질 것이다.

야곱의 열일곱 살 난 아들 요셉은 소년(naar, 창 37:3)이라 불렸고, 사제가 될 만큼 나이가 든 엘리의 두 아들도 그랬으며(삼상 2:12-17), 결혼할 만한 나이가 된 다윗의 아들 압살롬도 마찬가지였다(삼하 14:21, 27, 18:5). 하지만 엘리의 아들들과 압살롬이 '어리지만' 고의적으로 반역했음을 주목하라. 어리다는 것이 죄가 없다는 뜻은 아니다. 다니엘, 하나냐, 미사엘, 아사랴는 바벨론 왕이 자신의 궁정에서 봉사하도록 특별 훈련을 시키려고 선발한 젊은 청년 옐레드였다. 훈련을 받을 자격이 되려면, 그들은 신체적으로도 눈에 띄고 탁월한 지성을 지녀야 했다(단 1:4, 17). 나아르와 옐레드는 둘 다 허튼 짓이란 죄다 하면서도 분별이 있을 만한 젊은 나이의 청소년을 가리킨다.

엘리사와 마주친 젊은이들은 이렇게 옳고 그름을 구별할 줄 아는 나이였다. 이 젊은이들이 살았던 벧엘은 솔로몬 왕국의 분열 이후 이스라엘의 첫 번째 왕이었던 여로보암이 이스라엘의 새로운 우상숭배의 중심지요, 그 사제들의 훈련장으로 터를 닦아놓은 곳이었다(왕상 12:25-33). 이 젊은이들이 훈련 중인 사제들이었을 가능성도 있다. 그들은 엘리야 선지자가 하늘로 승천했다는 미심쩍은 보고를 듣고 벧엘 외곽 지역의 길에서 엘리야의 후계자를 탐색하고 있었을지도 모른다. 엘리사가 가까이 오자, 그들은 그를 조롱하기 시작한다. "어이, 늙은 문둥이야, 너도 엘리야를 따라서 사라져버리지 그래!" '민머리' 또는 '대머리'는 일반적으로 머리를 밀어버린 나환자들을 묘사하는 표현으로 이해된다. 젊은이들은 엘리야의 말을 믿지 않았으며, 분명히 그의 후계자가 전하는 말도 받아들이지 않았을 것이다. 이 난봉꾼들은 엘리사와 그로 더불어 연상되는 하나님에 대해 비난을 퍼부었을 것이다.

엘리사가 이 건달들과 대결하지 않았음을 주목하라. 그는 그들의 운명이나 심판은 하나님께 맡기고 가던 길을 계속 갔다. 그가 말했던 저주는 벧엘 사람들에게는 대단히 잘 알려진 것으로 심각하게 받아들여지지 않았을 가능성이 많다. "너희가 나를 거슬러 내게 청종하지 아니할진대 내가 너희 죄대로 너희에게 일곱 배나 더 재앙을 내릴 것이라 내가 들짐승을 너희 중에 보내리니"(레 26:21-22). 벧엘의 '못된 소년들' 은 혼합된 진리를 믿었고 그 결과 최후의 대가를 치렀다.

19

제단 위에서 뼈를 불사르는 목적은 무엇인가?

"제사장들의 뼈를 제단 위에서 불살라 유다와 예루살렘을 정결하게 하였으며"(역대하 34:5).

우상숭배는 가볍게 여길 문제가 아니다. 하나님은 이를 혐오하시며 이 구절에 기록된 사건은 얼마나 우상숭배를 멀리해야 하는지를 보여준다. 요시야는 부친이 암살당하고 유다의 열일곱 번째 왕으로 여덟 살에 왕위에 오른 후, 기원전 640년에서 609년까지 유다를 다스렸다. 그의 재위 기간에 성전을 수리하다가 "율법책"(신명기나 모세 오경 전체)이 발견되었고(왕하 22:8-10, 대하 34:8-18) 이것을 계기로 그는 참된 예배를 회복하는 데 박차를 가했다. 그는 대부분의 선대왕들과는 달리 하나님을 경배했고 우상숭배와 사신 종교를 거부했으며 이를 유다에서 멸절시켜 나갔다. 그의 행동과 영향력은 유다의 경계를 넘어 북이스라엘의 납달리

까지 확장되었다(대하 34:6). 성경적 예배 회복을 하기 위해서는 우상과 제단을 무너뜨리고 파괴하는 것 이상이 필요했다. 여기에는 무덤을 열어 이방신을 섬겼던 사제들의 시신을 파내 이를 벧엘의 제단에서 불사르는 일도 포함되었다. 여로보암 1세가 기원전 931년경 거짓된 예배를 드리려고 이 제단을 만들었다(왕상 12:27-29).

뼈를 불사르는 극단적인 행동은 우상숭배에 빠지지 않는 것의 중요성을 나타낸다. 요시야는 모든 잘못된 예배와 이를 주도했던 자들의 흔적을 없애고자 했다. 결과적으로 뼈를 불사르는 것은 백성들에게 다음과 같은 의미를 전할 수 있는 가시적인 행동이었다. "거짓 제사장들이 거짓 희생을 드렸기 때문에 그들의 제단 위에서 그들의 유골을 불태워 이를 모독함으로써, 그들이 여기서 드렸던 희생 제사를 하나님이 무효화시키심을 보여주는 시각적인 징표로 삼노라."

레위기의 규례에 따르면 하나님께 드리는 적절한 희생에는 희생된 동물의 재를 깨끗한 장소에 조심해서 버리는 일도 포함된다. 그렇게 하지 않거나 제단 위에 재를 그냥 두는 것은 이를 모독하는 일이었다(레 1:16, 4:12, 6:10-11). 결과적으로 벧엘에서 행한 의식은 설사 그 희생이 하나님께 드려지지 않았다 해도 모든 면에서 잘못된 것이었다. 요시야가 뼈를 태운 것은 열왕기하 23장 16절에도 기록돼 있다.

비록 뼈를 불태우는 것이 특별한 사건이었다 해도 더욱 놀랄 만한 일은 이것이 예언의 성취였다는 점이다. 290년 전에 한 무명의 선지자가 이 사건을 예언했으며, 이를 행할 사람의 이름이 요시야일 것이라는 얘기까지 했다(왕상 13:1-2). 하나님의 말씀과 계획은 늘 성취된다.

20

하나님이 어떻게 신실한 자녀를 사탄의 손에 맡기는 일을 정당화하실 수 있는가?

"여호와께서 사탄에게 이르시되 내가 그를 네 손에 맡기노라 다만 그의 생명은 해하지 말지니라"(욥기 2:6).

사탄이 욥을 압박하도록 하나님이 기꺼이 허락하셨다는 사실은 욥에게는 상상할 수 없는 슬픔(욥 1:20-21)과, 막대한 괴로움(욥 2:7-8, 13)을 주었다. 사탄은 욥의 적들이 그의 종들을 습격해서 죽이고 그의 가축들을 약탈하도록 부추겼다(욥 1:13-15, 17). 그는 지독한 천둥 번개가 치는 폭풍우를 일으켜서(잘못 보면 하나님이 일으키신 것 같은) 욥의 곳간을 태우고 그 안과 주변에 있던 양과 종들을 죽였다. 또한 한바탕 광풍을 일으켜서 딴채를 무너뜨려 욥의 자녀들을 모두 죽였으며(욥 1:18-19), 마지막으로 욥의 몸을 쳐서 몹쓸 피부병이 번지게 했다. 욥이 사랑하고 소유했던 모든 것에 대한 이런 공격은 신체적, 감정적, 정신적으로 몹시 괴로운 것이었지만(욥 3:1-26), 그는 아내와는 달리 하나님을 저주하거나 그분을 부인하지 않았다. 그는 그에게 풍족하게 채워주신 하나님께로부터 좋은 것을 기꺼이 받아들였던 것처럼, 그에게 닥친 재난을 순순히 받아들였다(욥 2:10).

하나님이 사탄이 욥을 (제한은 두었지만) 괴롭히도록 허락하셨음은 누구도 부인할 수 없다. 하지만 그렇다고 해서 주님이 사탄이 저지른 모든 악한 일에 책임을 지셔야 하는 것은 아니다. "하나님은 악을 행하지 아니하시며 전능자는 결코 불의를 행하지 아니하시고"(욥 34:10). 책임은 분명히 사탄에게 있으며, 마찬가지로 하나님이 허락하셔서 이스라엘과 유다를 징계했던 나라들(앗수르와 바벨론)도 자신들의 행동에 책임을 져야 한다(사 10:12-15, 합 1:6-11). 이 악한 피조물은 늘 일관되게 자신의 본성대로 행한다. 우리는 하나님이 사탄을 놓아주시기보다는 저지하실 때가 훨씬 많음에 감사해야 한다.

욥은 의로운 사람이었으나(욥 1:1, 8, 2:3) 완벽한 사람은 아니었다. 그에게 닥친 문제의 이유를 알기 위해서 그는 하나님이 무심하고(욥 10:7), 반응이 없으시며(욥 13:22-24), 불의하시다고(욥 19:6-7) 비난했다. 욥이 순진하게 자신이 하나님보다 더 잘 아는 것처럼 얘기함으로써 그분을 자신보다 못한 입장으로 만들었다. 교만은 욥의 숨겨진 약점이었다. 그의 재산과 신분, 안락했던 생활이 무의식적으로 그에게 어떤 기대감을 조성했으며 이것은 역경 속에서 약점으로 드러났다. 그러나 엘리후(욥 33-37장)와 하나님(욥 38-41장)의 지혜로운 조언으로 그는 수치심을 느끼고 돌아서게 된다(욥 42:1-6). "하나님은 사람보다 크심이니라… 그가 사람의 귀를 여시고 경고로써 두렵게 하시니 이는 사람에게 그의 행실을 버리게 하려 하심이며 사람의 교만을 막으려 하심이라"(욥 33:12, 16-17).

비록 엘리바스가 욥에게 그의 불행이 악한 삶을 살았던 결과라는 잘못된 암시를 하고 있지만, "교활한 자의 계교를 꺾으사 그들의 손이 성공하지 못하게"(욥 5:12) 하시려는 것이 하나님의 뜻이라는 그의 이해는 대단히 정확하다. 하나님이 사탄에게 그의 악한 의도를 계속 좇게 하신 것은, 욥이 참고 견뎌 순전한 믿음을 회복하고 지속함으로써 결국 사탄에게 한 수 가르쳐주리란 사실을 알고 계셨기 때문이다(욥 1:9-22, 2:4-6). 하나님에 대한 타협 없는 견고한 신뢰에 바탕을 둔 그의 믿음은 설령 구부러질 수는 있어도 결코 깨지지 않았다. 마침내 '무력한' 욥이 하나님의 손에 놓이고 사탄은 '입을 다물어야' 했다(욥 5:16). 여호와 하나님이 하박국에게 말씀하셨던 것처럼 "의인은 그의 믿음으로 말미암아"(합 2:4) 살 것이고, 새영어역(NET)의 표현대로 "순수한 사람은 그의 정직함으로 보전될 것이다." 욥의 믿음은 다듬어질 필요는 있었지만, 그는 정직한 사람이었고 자신을 쳐내는 가위질을 통해서 더욱 강하게 성장했다(욥 42:1-16). 흥미로운 것은 인간을 다루시는 하나님의 섭리를 다 안다고 넘겨짚지 않는 법을 배우게 되었다는 것이다. 동일한 겸손이 우리가 하나님의 길을 의심하고픈 유혹을 받을 때 도움이 될 것이다.

21

당신의 문제가 하나님 때문이라고 생각하면서 왜 하나님을 신뢰하는가?

"그분이 나를 죽이신다 해도 나는 그분을 신뢰할 것이네"(욥기 13:15, 우리말성경).

욥의 세 친구의 의도는 기특했다. 그들은 재산과 가족을 잃고 끔찍한 건강의 문제로 황폐해진 한 사람을 위로해주려 했다. 고통의 물결이 밀려들어 욥을 덮쳤고, 그는 정서적으로 신체적으로 영적으로 절망의 암초와 여울목에서 뒤흔들리고 있었다.

비참한 상태에 있는 욥을 위로해주려고 했던 세 번째 친구 소발은 욥기 11장에서 욥은 자신의 죄 때문에 고통 받는 것이며(욥기 1장 1절에 따르면 틀린 내용이다) 그에게 일어난 일은 마땅한 것이라고 퉁명스럽게 말한다. 그러나 욥은 12-14장에서 자신이 앞서 엘리바스와 빌닷에게 했던 대답을 한다. 그러면서 13장 15절에서 이런 대담한 선언을 하게 된다.

이 구절과 주변 문맥에서 욥은 하나님이 그를 죽이신다 해도 변호사가 무죄방면을 위해 변론하듯 하나님 앞에서 자신의 사건을 맡아 변론할 것이라고 진술한다. 욥은 하나님에 대한 믿음과 자신의 무죄를 확신했다. 그는 유죄 추정 판결을 받고 계속 살아가기보다는 무죄를 주장하면서 죽는 편을 택했을 것이다. 욥은 자신이 죄가 없다고 확신했으므로 하나님께 재판받는 것을 두려워하지 않았다.

이 구절은 히브리 단어 하나를 번역하는 방법이 모호하기 때문에 두 가지로 해석될 수 있다. 첫 번째는 죽음에 대한 지나간 결론을 되풀이한다. “그가 나를 죽이시리니 내가 희망이 없노라”(한글개역개정). 두 번째 해석은 더욱 일반적인 해석으로 설사 죽음이 다가와도 욥은 하나님에 대한 신뢰를 포기하지 않겠다는 뜻을 담는다. “그래도 나는 신뢰할 것이다.” 이 구절은 절망이거나 희망 둘 중 하나다. 이것을 고통 속에서 내뱉는 희망과 자신감의 선언으로 받아들인다면, 정말 그가 욥기 1장 21절, 2장 10절, 19장 25-26절에 한 말과 같이 훌륭한 믿음의 선언이 된다.

욥의 네 친구들 가운데 세 사람은 좋은 의도지만 잘못된 충고를 했다(욥기 32-27장에 나오는 엘리후는 예외다). 욥도 잘못된 생각을 하거나 혼란스러웠던 순간이 있었다. 하지만 욥기 전체를 읽고 연구해보면 신실하고 솔직하며 순박한 믿음을 지닌 한 사람의 모습이 보인다. 상황이 복잡하고 절망스러웠지만, 아브라함의 시대에 살았음직한 이 사람은 결국 우리가 살고 죽는 것이 모두 하나님의 은혜임을 이해했다. 욥기는 하나님은 선하시고, 일생 동안 우리에게 일어나는 모든 일을 다 알고 계시며, 우리는 그 사실을 믿으며 살아가야 한다는 사실을 가르쳐준다. 우리가 하나님의 목적을 늘 알지 못한다 해도, 우리에게 일어나는 모든 일 가운데 하나님의 통제와 목적을 넘어서는 것은 없다.

욥은 사도 바울의 시대보다 2천 년 앞서 이 거대한 고통을 겪어냈다. 하지만 결국 그는 하나님을 신뢰했다. 이제 바울이 그 많은 고난을 겪은 지 2천 년이 지난 지금, 우리는 우리 자신의 고민을 안고 살아간다. 욥의 말이 바울(과 우리)에게 진리였듯이, 바울의 말은 우리에게 같은 생각을 불러일으킨다. "우리가 알거니와 하나님을 사랑하는 자 곧 그의 뜻대로 부르심을 입은 자들에게는 모든 것이 합력하여 선을 이루느니라"(롬 8:28).

22

"리워야단"은 어떤 종류의 생물인가?

"네가 낚시로 리워야단을 끌어낼 수 있겠느냐"(욥기 41:1).

욥기에는 아마 동물원에서는 발견하지 못할 베헤못(욥 40:15)과 리워야단(욥 3:8, 41:1)이라는 두 종류의 동물이 언급된다. 비록 많은 사람들이 욥기에 나오는 설명을 근거로 이것을 각각 하마와 악어로 규정하고 있지만, 둘 다 오늘날 존재하는 어떤 동물들과도 정확히 일치하지는 않는다.

욥은 거대한 상처와 비극에 둘러싸였다. 짧은 시간에 그는 건강과 재산 그리고 가족을 모두 잃었다. 육체적, 영적, 감정적 고통 속에서 이해되지 않는 이 고통의 목적에 대한 대답과 설명을 찾으며 욥은 하나님께 울부짖었다. 욥은 악이라는 문제와 씨름하는 것이 어떤 의미인지 알았다.

욥을 통해 하나님은 처벌 외에 다른 목적으로 비참한 고통을 사용하실 때도 있다는 것을 보여주신다. 하나님이 이런 사실을 드러내는 몇 가지 방법에는 욥이 제어할 수 없는 거대하고 위용 있는 짐승과 새 열두 마리에 대한 묘사가 포함된다(욥 38-39장). 그리고 하나님은 40-41장에서 베헤못과 리워야단이라는 두 동물에게 초점을 맞추신다.

리워야단이라는 단어는 성경에 여섯 번 사용되지만(욥 3:8, 41:1, 시 74:14, 104:26, 사 27:1), 사용될 때마다 동일한 생물을 가리키지는 않는다. 욥기 3장 8절, 시편 74편 14절, 이사야 27장 1절에서 이것은 원래 바다 괴물이나 신화적 동물이다. 이사야 27장 1절에서는 이 말이 두 번 쓰였는데 여기서는 하나님께로부터 도망치는 악과 원수의 상징이다. 하지만 욥기 41장 1절에서는 뭔가 다른 것으로, 이것에 대한 하나님의 묘사는 34절이나 될 만큼 길고 상세하다.

(베헤못과 아울러) 리워야단의 정체에 대해서는 세 가지 설명이 있다. 1) 우가리트의 신화에 나오는 머리 일곱 달린 바다 괴물 로단처럼 가공의 신화적 괴물이다. 2) 고래나 돌고래, 악어와 같이 오늘날에도 존재하는 실재 동물이다. 3) 노아의 홍수 시대에 잠깐 생존했던 바다 공룡처럼 실재했으나 멸종한 생물이다.

만일 욥기 41장에 나오는 생물이 고대 근동의 이교 신화에서 나온 것이라면 이 장의 전체 논지는 무너진다. 이 장의 목적은 욥이 스스로 생각하는 것만큼 지혜롭지 않으며, 하나님을 무심하고 부조리하다고 고발하는 어리석은 짓을 저질렀다는 것을 하나님이 욥에게 보여주시는 것이다. 이 맥락에서 보자면 이는 다른 동물들처럼 실재하는 생물인 듯하다. 만일 리워야단이 악어와 같은 실제 동물이라면, 성경에서 묘사된 것과 유사점은 많아도 완전히 들어맞지는 않는다(베헤못과 하마도 그렇다). 마지막으로 욥과 그 시대에는 잘 알려졌지만 우리는 모르는, 공룡처럼 생긴 수중 파충류를 생각해볼 수 있다. 그렇다면 이는 노아 대홍수 이전에 살았지만 홍수로 죽었거나 홍수 직후에 생태계에 적응하지 못해서 멸종된 공룡의 일종일 것이다.

욥기 41장 1-34절에 나오는 리워야단에 대한 설명은 분명히 이것이 무시무시하고 대담하며 비할 데가 없다고 묘사한다. 입에서는 불꽃이 튀어나오고(욥 41:19), 아무도 이를 잡거나 진압하지 못한다. 이것은 땅에 있는 어떤 것과도 닮지 않았다(욥 41:28-29, 33). 어떤 생물이나 어떤 사람도 이것과 똑같은 것이 없다. 하나님이 욥에게 말씀하시고자 하는 핵심은 바로 이것이다. 사냥꾼도 리워야단을 잡거나 죽일 수 없지만, 하나님은 이 땅과 그 안에 있는 모든 것을 다 다스리시고 욥과 리워야단도 창조하셨으므로 하나님만이 이것을 제어하실 수 있다. 욥은 자신의 인생에 무슨 일이 일어나고 있는지 몰랐지만 하나님은 아셨고, 여러분의 인생에 일어나는 모든 일 역시 하나님은 알고 계신다. 그분을 신뢰하라.

23

하나님은 죄는 미워하시지만 죄인은 사랑하시지 않는가?

"오만한 자들이 주의 목전에 서지 못하리이다 주는 모든 행악자를 미워하시며"(시편 5:5).

하나님은 세상을 너무나 사랑하셔서 반역한 세상을 위해 그분의 아들을 희생 제물로 주셨다. 하지만 그분도 범죄한 자들을 증오하신다. 하나님은 죄 많은 인간들이 그분의 비할 데 없는 사랑의 영역 안으로 들어오는 한 가지 길을 주셨다. 그분은 모든 사람을 사랑하시며 한 사람도 멸망하기를 원하지 않으신다(사 48:9, 벧전 3:20, 벧후 3:9). 그럼에도 완악한 사람들은 그분의 사랑을 계속 거부하고, 그분의 사랑 바깥에 거하며, 그분의 거룩하심에 복종하지 않는다. 회개하지 않은 사람들이 그들의 죄를 대신해 돌아가신 그리스도의 희생을 거부할 때, 죄에 대한 하나님의 미움은 그들에게로 쏟아진다. 하나님은 예수님이 인간을 대신하여 죄를 지신 그 짧은 순간(갈 3:13, 고후 5:21)에도, 죄에 대한 진노를 성자에게 쏟으신 까닭에 성부와 성자의 교제는 단절되었다. 이 얼마나 놀라운 은혜인가!

다윗의 삶은 도전으로 가득 차 있었다. 특히 이스라엘의 왕 사울을 포함해 그의 생명을 빼앗으려 했던 적들의 도전이 끊이지 않았다. 시편 5편은 외부의 위협에 지친 다윗의 심사를 묘사한다. 그는 자신의 삶 속에서 하나님의 거룩한 목적을 방해하는 장애물을 원치 않았기에, 이렇게 기도한다. "주의 길을 내 목전에 곧게 하소서"(시 5:8). 이 위험한 장애물들 때문에 다윗의 마음은 너무 무거웠다. 그는 이것을 아침 기도의 주제로 삼았고(시 5:1-3), 여기에서 그는 특별한 하나님의 속성이나 성품(하나님의 변함없는 거룩하심)을 활용하여 적들에게서 그를 보호하시고 지켜주시도록 간청하고 그분을 설득한다(시 5:8).

악한 자를 향한 하나님의 태도에 대한 다윗의 설명은 분명한 것이다. 하나님은 악을 허용하지 않으시고 오만한 자를 멀리하시며, 악한 일을 행하는 자를 미워하시고 거짓말하는 자를 멸하시며, 난폭하고 믿을 수 없는 자들을 멸시하신다(시 5:4-6). 죄인들을 향한 하나님의 태도는 이것뿐만이 아니다. "여호와는 의인을 감찰하시고 악인과 폭력을 좋아하는 자를 마음에 미워하시도다"(시 11:5). "여호와께서 미워하시는 것 곧 그 마음에 싫어하시는 것이 예닐곱 가지이니 곧 교만한 눈과 거짓된 혀와 무죄한 자의 피를 흘리는 손과 악한 계교를 꾀하는 마음과 빨리 악으로 달려가는 발과 거짓을 말하는 망령된 증인과 및 형제 사이를 이간하는 자이니라"(잠 6:16-19, 예레미야 12장 8절, 호세아 9장 15절도 보라).

성경적인 미움은 감정이 아니라 태도를 말한다. 이것은 악에 대한 강한 혐오감과 거부감으로 시편 기자는 이렇게 설명한다. "주의 인자하심이 내 목전에 있나이다 내가 주의 진리 중에 행하여 허망한 사람과 같이 앉지 아니하였사오니 간사한 자와 동행하지도 아니하리이다 내가 행악자의 집회를 미워하오니 악한 자와 같이 앉지 아니하리이다 여호와여 내가 무죄하므로 손을 씻고 주의 제단에 두루 다니며"(시 26:3-6, 시편 139편 19-24절도 보라). 증오는 선한 것을 해치는 모든 악한 것을 거부하고 용납지 않는 것이다. 사람이 무언가를 미워하지 않는다는 것은, 그가 이를 용납하고 결국에는 선한 것으로 받아들인다는 뜻이다(사 5:20, 말 2:17, 롬 1:32).

"하나님은 죄는 미워하시지만 죄인은 사랑하신다"는 경구는 사람들에 잘못된 안전감을 심어준다는 점에서 문제가 있다. 너무나 많은 사람들이 자신들이 근본적으로는 선하며 '때때로' 실패하지만, 그럼에도 하나님은 자신들을 늘 사랑하신다고 믿는다. 그렇기 때문에 자기 고집대로(죄 많은 행동을) 행하고 하나님의 놀라운 은혜를 별로 진지하게 받아들이지 않는 경향이 있다. 다윗은 사악한 행위와 사악한 자들을 하나님이 어떻게 하실지 잘 알기에(시 5:9-10), 하나님의 자비하심(또는 인자하심, 시 5:7)을 인하여 그분을 경배하며, 하나님이 그를 보호하시고 복을 주시기를 간구한다(시 5:11-12).

24

"멜기세덱"이란 누구를 말하는가?

"여호와는 맹세하고 변하지 아니하시리라 이르시기를
너는 멜기세덱의 서열을 따라 영원한 제사장이라 하였도다"(시편 110:4).

이 사람은 다소 수수께끼의 인물이다. 멜기세덱에 대한 개인 정보는 오로지 세 구절에서 찾아볼 수 있는데, 처음에는 창세기에 등장한다(창 14:18-20). 다음에는 천 년을 훌쩍 건너뛰어 멜기세덱의 이름이 다시 나오며(시 110:4) 그리고 다시 천 년이 지난 후에 히브리서 기자에 의해 다시 등장한다(히 5:10, 6:20, 7:1, 10-11, 15, 17). 그는 짧게 소개되지만 '메시야적 시편' 의 주요한 부분을 차지한다. 그리고 마지막으로 왕이요, 제사장이며 구주이신 예수 그리스도의 신분을 설명할 때 중심이 된다.

사람들은 멜기세덱이 셈(노아의 아들)이나 천사 또는 성육신 이전의 예수 그리스도가 나타나신 것으로 생각해왔다. 우리는 이야기에 나타난 그대로 보려고 노력해야 한다. '영토 경계' 전쟁을 치르는 동안, 아브람은 자신의 조카 롯이 납치된 것을 알았다. 아브람은 롯을 구하고 빼앗긴 약탈물을 주인에게 돌려주기로 한다. 오늘날 소위 말하는 '전략적 전투'에서 승리를 거두고 롯을 비롯한 다른 많은 포로들과 약탈당한 물건들을 되찾아 돌아왔다. 그를 환영하는 사람들 가운데 살렘 왕이요 지극히 높으신 하나님의 제사장인 멜기세덱이 나와 아브람을 축복한다. "천지의 주재이시요 지극히 높으신 하나님이여 아브람에게 복을 주옵소서 너희 대적을 네 손에 붙이신 지극히 높으신 하나님을 찬송할지로다"(창 14:19-20). 아브람은 이 훌륭한 왕에 대한 존경심으로 그에게 자신이 다시 찾은 모든 소유의 십분의 일을 바친다. 멜기세덱의 이름을 해석하면 먼저는 "의의 왕"이며, 그 다음은 살렘 왕, 즉 "평강의 왕"이다. 또한 그는 왕일 뿐 아니라 여호와의 신실한 제사장이며 아브람이 그에게 헌물을 했다는 것은 멜기세덱이 아브람보다 훨씬 높은 위치였음을 암시한다. 더 이상 다른 얘기는 없다(히 7:1-7).

시편 110편에서 다윗은 주권을 자신이 아니라 앞으로 오실 왕, "내 주"라고 부르는 분에게 돌린다. "내 주"는 왕이며 여호와의 "오른편에" 앉으신다. 이 자리는 대단한 권세를 지닌 자리다(시 110:1, 5). 더불어 그는 멜기세덱의 서열을 따라 영원한 제사장이다(시 110:4). 그분은 멜기세덱처럼 영원한 평강을 좇는 의의 왕으로 적들을 세상에서 제거하시는 찬양받기 합당한 신실한 대제사장이시다. 이것은 다윗 시대의 사람들에게는 새로운 개념이었다. 그 당시 왕의 기능과 제사장의 기능은 보통 서로 분리되어 있었기 때문이다. 이런 구분이 부적절하게 혼선을 빚었을 때, 사울

왕은 그의 나라를 잃었으며(삼상 13:11-14), 웃시야는 문둥병에 걸렸다(대하 26:16-23). 그분은 유일무이한 왕으로 그의 통치는 끝이 없고, 제사장으로서 그는 자기 백성들을 구원하기 위해 희생 제물이 될 것이다!

히브리서 기자는 멜기세덱과 시편 110편의 주를 예수 그리스도 안에서 한데 결합시킨다. 멜기세덱이 그리스도의 원형임은 의심할 여지가 없다. 즉, 그는 오실 메시야를 예시하거나 비유한다(히 5:5-6, 6:17-20, 7:11, 15, 17, 21). 대제사장이신 예수님은 일시적이고 인간의 방식을 벗어나지 않는 레위기의 반열을 따르지 않으신다(히 7:11-15, 8:8-9, 9:11-13). 예수님은 멜기세덱의 반열을 따르므로 영원하시고(히 7:21-22, 24), 하나님의 진노를 가라앉히시며 '항상 살아서 저희를 위하여 간구하시기에 그분을 힘입어 하나님께 나아가는 자들을' (히 7:25, 8:10-13, 9:14-15, 10:11-14) 구원하실 수 있다. 오! 놀라운 왕, 놀라운 제사장, 놀라운 구세주시여!

25

왜 "어린 것들을 바위에 메어치는" 이런 끔찍한 행동이 칭찬받는가?

"네 어린 것들을 바위에 메어치는 자는 복이 있으리로다"(시편 137:9).

이것은 시편은 말할 것도 없고 성경에서 가장 거칠고 가장 소름끼치는 구절 가운데 하나다. 왜 시편 기자는 이런 말을 했을까?

시편의 시는 저자의 삶과 갈등을 생생하게 그려낸다. 시에 담긴 모든 정서는 인간 경험의 모든 영역을 포괄한다. 각각의 시는 개인적인 애도, 국가적 애도, 찬양과 감사, 경배의 찬송 등 몇 가지 범주 가운데 하나에 해당하는 특정한 구조를 지닌다. 읽고 있는 시편이 어떤 종류인지를 알면 성경 구절을 연구하는 데 큰 도움이 된다.

시편은 저자의 경배와 사색, 기도에 대한 영적인 단면을 포착한 것이다. 많은 시편은 감정이 풍부하고 이미지와 상징, 비유적 표현, 무언가를 환기시키는 언어들로 가득하다. 그 가운데 시편 137편을 포함한 몇몇은 "저주의 시편"(imprecatory psalms)으로 알려져 있다. 저자는 적들에 대한 심판이나 저주를 호소한다. 또한 정의를 행하시고 악을 벌하시며 의인을 지켜주시는 하나님께 적을 처벌해달라고 간청한다. 저주의 시편들은 감정과 갈망을 강력하게 묘사한다. 비록 대단히 시각적인 묘사지만 이것은 개인적인 복수는 아니다. 오히려 이 시들은 하나님이 그분의 대의를 이 땅에서 지켜나가시기를 갈망하는 열렬한 기도다.

시편 137편에서 기자는 바벨론에서 포로 생활을 하는 유대인들로 인해 슬퍼한다(예레미야애가 1-2장도 보라). 첫 번째 부분에서(시 137:1-6) 그는 유형(流刑)당한 그들이 유프라테스 강 옆에서 예루살렘이 파괴된 것을 애도하며 울었던 것을 회상한다. 그리고 예루살렘을 결코 잊지 않으리라 맹세하는데, 그것은 예루살렘이 그들의 고향일 뿐 아니라 예배의 중심지였기 때문이다.

두 번째 부분에서(시 137:7-9) 그는 하나님께 그들을 사로잡은 자들과 결탁한 자들, 즉 예루살렘의 파괴를 기뻐하고 부추겼던 에돔 족속을 벌해달라고 탄원한다(겔 25:12, 욜 3:19).

기자는 하나님께 예루살렘 사람들이 겪었던 만큼 바벨론에도 행하셔서 그들을 멸망시켜달라고 간청한다.

유아와 어린이를 끔찍하게 학살하는 것은 고대 근동의 전투에서 행해졌던 야만적인 관행의 하나였다(왕하 8:12, 사 13:16, 호 13:16, 나 3:10). 이 장면은 미래 세대까지 전멸시킴으로써 적들을 완전히 멸망시키는 전쟁의 모습을 축약해 보여준다. 바벨론 족속들은 잔인하기로 유명했으므로 시편 기자는 언젠가 그들이 자신들과 똑같이 패배를 경험할 것이라는 생각에 기뻐한다.

이런 증오의 기도가 사랑과 자비에 관한 다른 성경의 가르침과 어떻게 일맥상통하는가? 성경은 사랑에 대한 필요조건과 악에 대한 증오 사이에서 긴장을 유지한다. 무차별적인 증오는 잘못된 것이지만, 시편 기자들은 그들 자신의 경험을 써내면서, 하나님의 영감으로 현실적인 악의 모습을 써내려갔던 것이다. 그들은 하나님이 보응하시기를 기도하며 하나님의 정의와 계획 그리고 명성의 회복을 위해 하나님의 도움을 바랐다. 그들의 기도는 개인적인 유익을 위한 것이 아니었다.

그리스도인들은 구약과 신약 성경을 다 가지고 있으므로 구약의 성도들과는 기도 생활이 아주 다르다. 하지만 "아버지의 나라가 오게 하시며, 아버지의 뜻이 하늘에서와 같이 땅에서도 이루어지게 하소서"라든가 "어서 오소서 주 예수여" 같은 기도에서조차, 하나님이 의인을 보호하시고 악인을 심판해주시기를 바라는 우리의 바람이 함축되어 있다. 우리는 결코 이기적인 이유나, 보복과 처벌에 대한 열망 때문에 기도해서는 안 된다(갈 5:15, 약 4:11-16). 기도는 늘 진지해야 한다.

「시편 사색(Reflections on the Psalms, 홍성사)」에서 C. S. 루이스는 이렇게 썼다. "시편의 가장 잔인한 부분들은 세상에 그런 사악함이 존재한다는 사실과 이를 (꼭 가해자들이 아니라) 하나님이 증오하신다는 것을 생각나게 하는 매개체가 된다." 기도는 가장 진지하면서도 개인적인 영적 훈련이다. 열심히 그리고 지혜롭게 기도하라.

26

왜 다윗은 다른 신들 앞에서 하나님을 찬송한다고 했는가?

"내가 전심으로 주께 감사하며 신들 앞에서 주께 찬송하리이다"(시편 138:1).

이 문맥에서 다윗에게 다신론적 경향이 있다는 우려는 확실히 없어진다. 다윗은 다만 그를 둘러싼 여러 나라(시 138:4)에 하나님만이 경배받으실 분이며 감사의 근원이요 완전한 찬양을 드릴 대상임(시 138:2)을 확실히 알려주고 싶었을 뿐이다. 다른 신들이 어떤 존재든 그들은 예배의 대상이 되지 못한다. 다윗에게는 그 어떤 것도 여호와의 사랑과 성실하심에 비할 바가 못 된다(시 138:2, 8).

이 구절의 의미는 엘로힘(Elohim)이 어떻게 번역되는가에 따라 다르다. 보통 이 단어는 하나님께 쓰이는 말이지만 이런 문맥에서는 다른 의미를 지니기도 한다. 여기에 제시되는 견해는 적어도 네 가지다. 가장 덜

선호되는 견해는 엘로힘이 하나님의 궤 앞에서 노래하는 것을 가리킨다는 것이다. 하지만 다윗이 하나님의 궤 앞에서 예배한 뒤 즉시 "내가 주의 성전을 향하여 예배하며"(시 138:2)라고 말하는 것은 이상해보인다. 만일 이 견해가 옳다면 이 두 절은 쓸데없는 군더더기거나 적어도 다른 것으로 바꾸어야 한다.

어떤 이들은 엘로힘이 천사의 회합을 가리킨다고 말한다. 이 시편의 의도는 하나님의 위대하신 사랑과 성실하심을 열방에 선포하여 사람들이 저자와 함께 장엄하신 하나님을(시 138:4-5) 경배하는 데 참여하도록 설득하는 것이다. 이런 문맥에서 천사들 앞에서 찬양한다는 의미는 '성가대에 찬양을 불러주는' 격이며 이미 확신을 가진 피조물들에게 뻔한 얘기를 다시 늘어놓는다는 뜻이 된다. 엘로힘이 천사를 가리킬 수는 있지만[시편 8:5(NET), 히 2:7], 이 문맥에서는 더 널리 사용되는 번역을 택하는 것이 좋다.

세 번째는 "신들"이라는 단어가 이교의 우상을 가리킨다는 견해다. 그들의 능력과 힘은 여호와 하나님 앞에서는 빛을 잃는다. 그분의 말씀과 약속은 확실하고 그분의 이름만큼이나 선하시기 때문이다(시 138:2). 이것도 받아들일 만한 번역이지만, 다윗이 어떤 신을 설득하는 데 관심이 있는 것 같지는 않다. 외려 그는 이런 신들의 숭배자들, 필시 그 지도자들에게 관심이 있었을 것이다(시 138:4-5).

그렇기 때문에 이 네 번째 견해가 가장 많은 지지를 받는 것으로 보인다. 엘로힘은 통치자들과 재판관들을 가리킬 때가 많은데, 그들은 권위 있는 자리에 앉아 사람들의 인생을 바라보시는 하나님의 관점을 나타내도록 권세를 받는다는 점에서 하나님을 닮았다. “그(아론)가 너를 대신하여 백성에게 말할 것이니 그는 네 입을 대신할 것이요 너(모세)는 그에게 하나님(엘로힘) 같이 되리라”(출 4:16). 종은 재판장(엘로힘) 앞에서 그 상전에게 속하게 되며(출 21:6), 상전은 도둑 맞은 결과를 재판장(엘로힘) 앞에서 평가하며, 통치자(엘로힘)는 가난한 이들을 위해 불의를 행치 않으며 그들을 돌아보아야 한다는 훈계를 받는다(시 82:1-6, 요 10:31-36). 다윗은 있지도 않은 신들 앞에서 그의 주장을 관철하려 한 것이 아니라, 통치자들 앞에서 놀라우신 하나님의 진리와 기사를 전해 그들을 통해서 그들의 백성들에게도 영향을 미치도록 하겠다는 헌신을 한 것이다. 그는 자신의 힘이시며(시 138:3), 피난처이신(시 138:7) 하나님의 높으심에 대한 분명하고 정직한 생각을 피력하는 데 주저하지 않는다. 그의 소망은 주변의 통치자들이 이 위대하신 하나님께 주목하여 그와 함께 하나님의 이름을 찬양하는 것이었다. 하나님의 위대하신 이름을 찬양하고 그 열정을 다른 사람에게 퍼트리는 것은 모든 세대가 지녀야 할 책임이다. 지위가 높은 사람이 하나님을 찬양할 때, 그 영향은 각 계층으로 퍼져나간다. 국회에서 법원까지, 백악관에서 각 직장까지 권세가 왜 그렇게 중요한지 의아하게 여기는 사람이 있는가?

27

당신은 친구를 어떻게 선택하는가?

"많은 친구를 얻는 자는 해를 당하게 되거니와 어떤 친구는 형제보다 친밀하니라"(잠언 18:24).

사람들이 친구를 두는 이유는 여러 가지다. 뛰어난 지적 능력이 있는 사람들 주위에는 보통 열성적인 학생들이 모여든다. 뛰어난 운동선수들에게는 그들의 영광의 광휘를 함께 입고자 하는 수많은 팬과 기자들이 있다. 부자들은 베푸는 것이 많으므로 따르는 친구들이 많이 생기는 편이다["재물은 많은 친구를 더하게 하나… 선물 주기를 좋아하는 자에게는 사람마다 친구가 되느니라"(잠 19:4, 6)]. 그리고 직업적으로나 사회적으로 비슷한 관심사를 지닌 사람들은 서로 친구가 되면 유익하다는 사실을 알게 된다. 일반적으로 공통된 경험이나 관심사, 방향을 지닌 사람들은 친구가 되는 경향이 있다.

우정은 대개 긍정적인 자산이다. 친구는 친구를 배신하지 않는다. 친구라면 친구가 고주망태가 되도록 내버려두지 않는다. 친구는 서로를 보호하고 지지하며 보살핀다. 하지만 성경에서 친구라는 단어는 좀 더 넓은 의미를 지닌다. 중립적이거나 부정적인 맥락에서 사용되면 이 말은 이웃이나 동료, 혹은 그냥 다른 사람을 지칭하는 말로 쓰이며 친구란 말에 별 가치를 두지 않는다. 부정적인 부류의 친구는 사이비 친구거나 정작 필요할 때 믿지 못할 친구들이다(삼하 16:15-17, 욥 17:5, 잠 19:5-7, 눅 11:5-8, 요 19:12). 중립적인 부류의 친구는 지역사회의 평화와 번영을 위해 우리가 사회적으로 경제적으로 교류하는 일상적인 친구들이나 지인들이다[렘 3:4, 눅 5:20(쉬운성경)]. 그리고 마지막으로 긍정적인 의미에는 어려운 시기에 처하거나 재난이 닥쳤을 때 의지할 수 있는 진정한 친구들이 있다(요 11:11, 15:13-15).

이 충성되고 진정한 친구는 분명히 잠언에 나오는 친구와도 동일하다. "친구는 사랑이 끊어지지 아니하고"(잠 17:17). "어떤 친구는 형제보다 친밀하니라"(잠 18:24, 사무엘상 18장 1절, 요한복음 15장 13-14절도 보라). 진정한 친구는 두려워하며 움츠러드는 대신 정직한 비판을 할 것이다(잠 27:6, 왕상 4:5). 그런 친구는 당신이 사태를 엉망으로 만들어도 곁을 떠나지 않는다. 그는 당신을 용서하고 그 결과도 함께 감수할 것이다(전 4:9-10). 그는 불이익을 받는다 해도 신뢰를 저버리지 않는다. 그들의 헌신은 무조건적인 사랑에 근거한 것이다. 당신이 그들을 필요로 할 때 그들은 함께 있어준다. 좋을 때만 함께하는 친구와 일상적인 친구가 떼지어 몰려와도 '형제보다 친밀한' 친구는 드물며 그런 친구의 가치는 따질 수 없다.

우리는 살아가면서 신자건 불신자건 간에 그들과 관계를 맺고 우정을 쌓는다. 이들은 일상적인 지인들로 대체로 해를 끼치기보다는 유익을 줄 것이다. 하지만 당신을 진정으로 사랑하는 사람과, 당신과의 관계에서 이득을 얻으려는 사람은 분명히 구별해야 한다. 좋을 때만 붙어 있는 친구가 많다면 당신의 인생은 파멸할지도 모른다는 것이 바로 잠언의 경고다! 우리는 모두 이기적인 존재며 영적인 성숙이나 이해의 수준도 다르다. 신자들이 어떤 사람들과 우정을 쌓고 친밀하게 지내는가는 우리의 믿음의 성장을 돕거나 방해할 충분한 이유가 된다. 중요한 것은 바로 이 점이다. 최고의 친구들은 모든 일에 하나님의 마음을 사모하고 구하는 신실한 사람들이어야 한다. 우리는 대개 너무 바빠서 친한 친구를 많이 둘 수 없다. 그러니 지혜롭게 선택하라. 당신의 믿음과 당신이 사랑하는 사람들의 믿음은 당신 주변의 친구들이 어떤 종류의 사람들인가에 달려 있다. 모든 이들에게 친절할 수는 있지만, 모든 사람의 친구가 될 수는 없는 법이다!

28

성경은 실제로 뇌물을 용인하는가?

"은밀한 선물은 노를 쉬게 하고
품 안의 뇌물은 맹렬한 분을 그치게 하느니라"(잠언 21:14).

잠언을 무심히 읽다보면 쉽게 오해에 빠진다. 잠언의 내용은 도덕적인 평가 없이 있는 사실을 그대로 진술한 것일 때가 많다. 즉, 어떤 행위의 옳고 그름에 대해 늘 언급하지는 않는다. 이 경우가 바로 그렇다. (품 안에) 은밀히 주어진 뇌물은 맹렬한 화를 쉬게 하고 그치게 한다. 은밀한 선물도 마찬가지다. 이 잠언은 사실을 진술한 것이다. 이 사실이 비난받을 만한 것이라도 이는 사실일 수 있다. 예를 들어, "뇌물은 그 임자가 보기에 보석 같은즉 그가 어디로 향하든지 형통하게 하느니라"(잠 17:8). 잠언의 의미는 뇌물을 주는 사람이 유익을 얻는다는 것이다. 이것은 "대저 음녀의 입술은 꿀을 떨어뜨리며 그의 입은 기름보다 미끄러우나"(잠

5:3) 같은 구절이 간음을 정당화하는 것이 아닌 것처럼, 이 구절 역시 뇌물을 정당화하는 것이 아니다. 이 구절의 요점은 선물과 뇌물이 이를 받는 이들의 화를 누그러뜨리는 결과를 가져온다는 것이다.

선물과 뇌물은 다르며 그 차이는 주는 사람의 의도에 의해 결정된다. 선물은 존경하는 마음으로 아무것도 보답을 기대하지 않고 자발적으로 주는 것이다. 하지만 때때로 선물은 긴장을 풀고 원하는 것을 얻으려 할 때 제공하기도 한다. 창세기 34장에서 세겜이라는 남자는 야곱의 딸인 디나에게 반해서 그녀를 성폭행한다. 그는 야곱의 신뢰를 회복하고 디나와 결혼하기 위해 야곱의 가족에게 그들이 원하는 선물을 선택하게 해서 자신의 마음을 표현한다. 비록 야곱의 아들들이 이 순수한 제안을 이용해서 세겜과 그 가족을 향해 자신들의 분노를 발산하는 기회로 삼았지만, 세겜은 나쁜 감정을 누그러뜨리고 자신이 사랑했던 여인과 결혼하려는 소망을 이루기 위해 기꺼이 선물을 내놓았다(창 34:11-12). 하지만 만일 디나를 향한 세겜의 사랑이 단지 그가 저지른 성폭력에 대한 책임을 회피하기 위한 책략에 지나지 않은 것이라면, 그는 선물을 가장한 뇌물을 내놓은 것이다. 이기적인 본성의 동기가 선물을 순식간에 뇌물로 바꾼다. 이것이 바로 선물의 실상이다. 이 선물과 뇌물 사이의 경계선은 올바른 의도와 부당한 의도 사이에 생겨나는 것이다(잠 18:16, 19:6).

뇌물의 목적은 받는 사람의 행위를 부패하게 만들고 통제한다. 이는 부정한 일을 한 뒤 다른 사람을 희생시키고 자신이 이익을 얻기 위해 부정을 은폐하도록 누군가를 설득하고 유도하는 것이다. 뇌물에 대한 성경적인 입장은 명백하다. "너는 뇌물을 받지 말라 뇌물은 밝은 자의 눈을 어둡게 하고 의로운 자의 말을 굽게 하느니라"(출 23:8, 신명기 16장 19절도 보라.) 뇌물을 받으면 개인적 이득을 얻는 데 치우쳐 정의를 굽게 하고(신 10:17-18, 삼상 8:3, 대하 19:7, 잠 17:23, 겔 22:12), 무죄한 이웃을 해치며(신 27:25, 시 15:5, 26:10, 사 1:23, 5:23), 불의한 자의 도구가 된다(사 33:15-16, 미 3:11). 뇌물을 판가름하는 지표는 이기적인 의도를 갖고 편파적으로 특정한 대상을 응징하는 것이다.

노를 가라앉히는 선물과 뇌물의 차이점은 뇌물을 주는 사람과 받는 사람의 성품에 달려 있다. 우리 그리스도인들은 종종 예수님을 믿기 전의 옛 사람과 그리스도 안에서의 새 사람의 중간 지점에 있는 좁은 경계선을 걸어간다(엡 4:17-24). 그리고 그 길 옆에서 우리에게 가장 만족을 주는 이유들이 우리의 행동을 형성하는 동기의 타당성을 결정하게 될 것이다.

29

인간의 욕심의 끝은 어디인가?

"스올과 아바돈은 만족함이 없고 사람의 눈도 만족함이 없느니라"(잠언 27:20).

잠언서는 훌륭하고 정의로운 삶을 위한 교훈과 지혜를 주기 위해 쓰였다. 잠언은 삶과 인간관계의 거의 모든 영역을 논하며, 모든 민족과 모든 문화에 대해 시간을 초월하는 진리를 전한다. 잠언 27장은 친구와의 관계에 대한 문제를 언급하면서 독자들에게 우정에 대한 간략한 입문서를 제공하고, 진정한 우정의 의미에 대한 통찰을 부여한다. 17-20절은 일련의 대구를 이루는데 첫 진술에서 삶에 대한 진실을 말한 뒤, 두 번째 진술에서 이를 사회적 진실에 대한 직유로 사용하고 있다. 20절에서는 먼저 죽음의 실상에 대해 진술하고 두 번째는 인간의 욕망에 대해 진술한다. 죽음이 항상 존재하는 현실인 것처럼, 인간의 탐욕과 욕구도 소비주의와 착취, 지위에 대한 욕망에 매일같이 반영되는 현실이다.

스올(Sheol)과 아바돈(Abaddon)은 구약 성경에 4번이나 나온다. 히브리 단어인 스올은 문맥에 따라 65번까지 나오는데 지옥, 구덩이, 무덤 등의 용어로 번역되었다. 이는 보통 무덤을 지칭하는 시적인 단어다. 스올은 형벌(욥 24:19)과 공포(시 30:9)의 장소다. 신자들은 스올에서 구조되지만, 악한 자들은 그렇지 못할 것이다. 아바돈은 "파멸"을 뜻하며 구약 성경에는 6번, 신약 성경에는 1번 등장하는데, 신약에서는 사탄을 나타내고(계 9:11) 구약에서는 무덤의 파멸과 신비하고 어두운 장소를 가리킨다.

이 구절에서 스올과 아바돈은 고대 근동 지역 신화의 괴물과 이교의 신들을 묘사한 것과 아주 유사한 방식으로, 게걸스럽게 인간을 집어삼키는 탐욕스러운 사람으로 의인화된다. 현 시대에도 사람들은 모두 죽음의 먹이가 된다. 솔로몬의 잠언은 이와 똑같은 일이 우리가 탐욕, 폭정, 권력의 추구할 때도 일어날 수 있음을 상기시켜준다.

21세기 초 누군가 미국의 벼락부자들 가운데 한 사람에게 돈이 얼마나 더 있어야 부를 향한 욕망이 충족될 것 같냐고 물었다. 그 부자의 대답은 "10센트만 더" 였다고 한다. 이 말이 바로 이 구절의 원리를 설명하고 있다. 하지만 이는 긍정적인 응답을 이끌어내기도 한다.

요한일서 2장 15-17절에서 사도 요한은 그리스도인들에게 이 세상에서의 욕망과 소유한 것들은 한순간임을 상기시킨다. 이런 것들은 지속되지 않는다. 하지만 구원과 하나님의 사랑, 영원한 생명은 결코 사라지지 않으리라. "이 세상도, 그 정욕도 지나가되 오직 하나님의 뜻을 행하는 이는 영원히 거하느니라"(요일 2:17).

30

왜 출생한 날보다 죽는 날이 나은가?

"좋은 이름이 좋은 기름보다 낫고 죽는 날이 출생하는 날보다 나으며"(전도서 7:1).

한 소중한 친구가 자신의 딸이 죽은 날을 이렇게 설득력 있고 적절하게 묘사했다. "이런, 고약한 일이 있나. 이는 상실의 날이요 눈물의 날이다. 때로는 슬퍼서 화가 나기도 한다. 딸이요, 누이며 어머니이자 특별한 친구였던 내 딸은 우리를 더 이상 괴롭히지 못하고 우리도 마찬가지다. 내 딸은 처음으로 완전히 사라졌고, 다른 마을에서나 다른 시간에 볼 수도 없고, 특별한 행사에 부를 수도 없다. 내 딸은 가버렸고 이생에서는 결코 목소리를 듣거나 만져볼 수 없을 것이다! 오늘은 축하할 날이 아니다. 아니, 축하할 날인가?"

삶은 거대한 도전이요 비극일 때가 많다. 살아가기 위해서는 무언가가 필요하고 그것을 얻기 위해 끊임없이 긴장해야 한다. 그리고 인간은 약하고 늘 죽음과 맞닿아 있다. 슬픔은 기쁨처럼 삶의 큰 부분을 차지한다. 슬픔을 통해 우리는 깊은 믿음과 마음의 확신을 발견한다. 고뇌와 슬픔은 우리의 삶을 향상시키며(전 7:2-3) 기념하게 한다.

태어나면서 나는 전적으로 가족에게 의존했다. 어떤 과거도 없었고 아무도 나를 몰랐다. 내 존재는 어떤 것으로도 알려지지 않았으며 나는 완전히 무지해서 이름도 없고 명성도 없었다(전 7:1).

나는 순진무구했던 어린 시절을 거치는 동안 여러 가지를 탐구하며 인간의 이기심과 직면하게 되었고, 권력과 지위에 대한 탐욕을 드러내보일 때도 많았다. 사고나 자살로 친구를 잃으면서 나는 인간의 죽음에 대해 고민했다. 내 인생 여정은 성공보다는 실패로 더 많이 점철되었으며, 앞으로도 분명 이런저런 실망스런 일들이 닥쳐올 것이다(전 7:4). 친구들의 말처럼 때때로 삶은 정말 고약하다. 하지만 이런 고뇌와 슬픔 덕분에 나에게 가장 필요한 것이 무엇인지 볼 수 있었고, 불가항력적으로 믿음과 귀중한 가치에 헌신하게 되었다. 나는 성장하고 내 행동에 대한 책임을 져야 했다. 분노보다는 건전한 반성(전 7:9)이 슬픔과 고통의 의미가 되고, 더 의미 있는 삶으로 가는 통로가 되어야 한다(전 7:3, 벧전 1:6-9). 그래서 일의 끝이 시작보다 나아져야 한다.

나는 열일곱 살 때, 그리스도를 나의 구주이며 인도자로 영접했고 이 사건은 내 인생의 분수령이 되었다. 그때부터 지금까지 나는 주님의 성품과 그분의 목적을 더 많이 알게 되고 더 감사하게 되었다. 어떤 사람도 어떤 것도 그분의 위대하심을 능가하지 못한다. 그분은 나의 영혼을 구원하셨고 나를 그분과의 깊은 교제로 인도하셨으며(히 12:1-13), 삶에 대한 더 깊은 감사와 도전 그리고 경이로움을 소유하게 하셨다. 만일 어느 날 치매에 걸려 내 기억이 사라진다 해도 하나님은 여전히 날 기억하실 것이다. 나는 빈손으로 이 세상에 왔으나 이곳을 떠날 때는 믿음과 영적 부요함으로 충만할 것이며(엡 2:4-10), 천국에서 나를 기다리는 쇠하지 않는 기업을 받게 될 것이다(벧전 1:3-5). 그는 알파와 오메가요, 삶의 마지막을 시작보다 항상 낫게 하시는 분이시다.

다윗은 이렇게 기록한다. "경건한 자들의 죽음은 여호와께서 보시기에 귀중한 것이로다"(시 116:15). 주님의 자녀들이 살아가면서 분투하는 일들이 마침내 막바지에 이르는 것을 보시며 주님은 기뻐하신다. 신자들을 향한 그분의 구속 사역은 완성을 향해 한 걸음 더 나아가고(몸의 부활이 남아 있지만), 죄의 잔혹한 결과는 극복되며, 하나님의 임재 가운데 교제가 이루어진다. 그리스도를 구주로 영접하면 태어날 때 불확실했던 구원이 죽음에 이르러 비로소 확실해진다. 믿음은 한 사람을 하나님과 연합하게 하고, 견실한 이름이나 명성을 얻게 하며, 명실공히 그가 죽는 날을 태어난 날보다 더 낫게 만든다. 이런 의미에서 사람의 '죽는 날'은 마음이 아프긴 하지만, 축하할 날이기도 하다.

31

하나님의 말씀을 불신한 결과는 무엇인가?

"여호와께서 그들에게 말씀하시되 경계에 경계를 더하며 경계에 경계를 더하며 교훈에 교훈을 더하며 교훈에 교훈을 더하고 여기서도 조금, 저기서도 조금 하사 그들이 가다가 뒤로 넘어져 부러지며 걸리며 붙잡히게 하시리라"(이사야 28:13).

이사야 28-34장에는 원수에 대한 하나님의 확대된 심판의 경고가 들어 있다. 여기서 이사야 선지자와 하나님의 메시지를 거스르는 여러 집단을 향해 일련의 재난이 선포된다. 이 선포는 북왕국과 남왕국(이스라엘과 유다) 안팎의 지도자들과 백성들에게 하시는 말씀이다. 이 책은 북왕국이 앗수르에 정복당했던 기원전 722년에 쓰여졌기에 예언서일 뿐 아니라 중요한 역사 기록이다.

첫 번째 재난에서 가장 대표적인 지파 에브라임으로 표현되는 북왕국에 보내는 메시지에 혼란스럽고 말이 안 되는 듯한 이 구절이 포함된다. 이것은 앞서 10절에서도 언급되며, 13절은 10절에 대한 응답이다.

9절과 10절은 이스라엘의 선지자, 제사장, 지도자들이 이사야의 말에 분개한 것을 묘사한 것이다. 그들은 이사야가 그들을 마치 어린아이처럼 낮잡아보는 태도로 타이르고 있다고 생각했다(사 28:9). 10절에서는 이사야의 말투를 조롱하며 흉내낸다.

사람들은 이사야의 말과 하나님의 메시지에 이런저런 불만의 소리를 뱉어냈다. 그들은 마치 어린아이들이 처음 알파벳을 외우는 것처럼 이사야의 예언을 흉내냈다.

화자에게는 10절의 말을 이치에 닿게 하려는 의도가 없었다. 아마 그들이 술에 취했기 때문에(사 28:7), 제대로 듣지 못해 그저 몇 마디 주워들은 음절을 되풀이하며 조롱했거나 아니면 마치 혀 짧은 애기 말이나 비웃음조로 흉내냈을 것이다.

11절에서 이사야는 하나님이 다른 나라(앗수르) 사람들을 통해 말씀하실 것이라고 말한다. 이 백성의 가장 중한 죄는 그들이 하나님의 말씀을 불신하고 그분을 믿지 않는 것이다. 그래서 그들은 선지자의 말을 통해서가 아니라 그들이 조롱했던 그 재난들을 물리적으로 실현시킬 침략군을 통해 심판받게 될 것이다. 이것은 마치 하나님이 "너희가 '어쩌고저쩌고' 하는 내 말이 듣기 싫다면, 나는 너희에게 침략군의 모습으로 '어쩌고저쩌고'를 보여주겠다"고 말씀하시는 것 같다.

하나님의 말씀은, 말이든 기록이든 결코 가볍게 받아들여서는 안 된다. 이 구절은 "하나님은 업신여김을 받지 아니하시나니"(갈 6:7)라는 진리를 강하게 일깨워준다.

32

모든 인간의 삶은 언제부터 예정되어 있었는가?

"내가 너를 모태에 짓기 전에 너를 알았고
네가 배에서 나오기 전에 너를 성별하였고"(예레미야 1:5).

우리는 모두 사랑받기 원하며 안전감을 갖기 원한다. 우리가 서로를 사랑하고 서로에게 안전을 제공해야 할 이유는 단순하다. 하나님이 우리 각각에게 부여하신 무한한 가치가 그렇게 요구하고 있기 때문이다.

이 구절의 뒷부분, "네가 배에서 나오기 전에 너를 성별하였고"라는 말씀은 보통 사람들이 출산 전에는 인간의 생명에 확실한 가치를 두지 않기에 더욱 주목된다. 이는 임신중절 합법화를 반대하는 사람들이 자궁 밖으로 나오기 전 태아의 개성을 옹호하는 데 사용하면 딱 알맞을 것 같은 구절이다. 하나님은 우리가 어머니의 자궁 안에 있을 때 우리 각자를 그분의 뜻 안에서 특별한 목적을 갖고 구별하시며, 우리는 순종함으로 이 목적을 발견하거나 불순종함으로 이 목적을 약화시킨다.

인간의 생명에 가치를 두는 뒷부분이 중요한 만큼, 앞부분은 더욱 강제적이다. 내가 인생이라는 무대에 처음 등장했을 때, 그분은 이미 나를 알고 계셨다. 사실 그분은 나를 자궁 안에 있게 하신 분이다. "내가 너를 모태에 짓기 전에 너를 알았고." 누군가 당신을 생각한다는 것은 바로 이런 것이다. 우리 부모님이 우리를 생각하기도 전에 그분은 우리를 생각하셨다. 목적도 바로 이런 것이다. 하나님은 부모님보다 먼저 내가 살기를 원하셨다! 그분은 내가 있기도 전에 나에 대한 계획을 갖고 계셨다.

하지만 누군가 이렇게 말할지도 모르겠다. "예레미야가 태어난 것은 선지자가 되기 위해서다. 그는 특별한 목적을 위해 특별히 선택받지 않았는가. 우리는 모두 그런 행운아가 아니다. 그러니 인간에게 부여되는 가치는 특정한 사람들에게 한정되는 것이다. 태어난 모든 사람들이 다 똑같은 가치를 지니는 것은 아니다." 물론 위의 구절은 예레미야를 구체적으로 가리키고 나서 그와 비슷한 다른 사람들에게 확대된다고 주장할 수 있다. 예를 들어, 다윗은 자신에 대해 말하면서 "내 형질이 이루기 전에 주의 눈이 보셨으며 나를 위하여 정한 날이 하루도 되기 전에 주의 책에 다 기록이 되었나이다"(시 139:16)라고 말한다. 하지만 신약의 말씀들은 분명히 인간 생명의 중요성과 무한한 가치는 모든 사람에게 동일하게 적용된다고 말한다.

하나님이 원하시는 바는 분명히 모든 인류가 각각 그분의 아들을 자신의 구주로 받아들여 그리스도의 몸의 일원이 되는 것이다(고전 6:15, 벧후 3:9). 그리고 그리스도의 몸의 일원으로서 각 사람은 그 몸의 생명을 유지시키고, 활동하는 데 아주 중요한 역할을 한다. 그가 목회자든, 장로든, 임원이나 교사, 관리인이든 그리스도의 몸이 원활하게 돌아갈 수 있도록 추진력을 제공한다. 몸의 어떤 부분이라도 문제가 생긴다면, 이는 몸 전체에 영향을 미치게 되고 그 생명과 영향력도 줄어든다. "몸은 한 지체뿐만 아니요 여럿이니"(고전 12:14).

당신과 나는 모태에 있기 전부터 세상을 변화시키도록 그리스도가 마음에 품으신 사람들이다. 먼저는 하나님을 위해서 그리고 무엇보다 다른 사람들을 위해서다. 지금 우리의 종교가 무엇이든 상관없이 우리 각자는 하나님의 영광과 우리의 유익을 위해 그분이 직접 마음에 작정하시고 계획하신 사람이다. 우리 자신을 위해 그분의 원래 뜻을 바꾼다면, 그분을 영화롭게 하고 우리 자신을 영예롭게 보호하라고 주신 우리의 능력도 변질될 것이다. 하나님께 순종해야만 인생의 진정한 가치와 사랑과 안전감에 대한 우리의 갈망도 충분히 실현될 수 있다. 변화하고 사랑하고 순종하라. 당신의 삶은 정말 중요하다!

33

"하늘의 여왕"은 누구를 가리키는 말인가?

"부녀들은 가루를 반죽하여 하늘의 여왕을 위하여 과자를 만들며 그들이 또 다른 신들에게 전제를 부음으로 나의 노를 일으키느니라"(예레미야 7:18).

모세가 시내산에서 받았던 하나님이 직접 돌판에 쓰신 첫 십계명에는 "너는 나 외에는 다른 신들을 네게 두지 말라"(출 20:3)는 말씀이 있다. 우상숭배는 어떤 형태로든 항상 금지되어왔다. 그럼에도 이것은 이스라엘의 역사를 살펴봐도 알 수 있듯이 꾸준히 지속되었으며, 여전히 세상의 주된 영적 문제가 되고 있다. 역사상 이런 우상숭배의 팽배는 십계명에서 우상숭배 금지가 우위를 차지한 이유이기도 하다.

예레미야 7장 18절에서 나오는 하늘의 여왕은 많은 성경에 나오는 우상을 가리키는 말 가운데 하나다. 이 구절은 기원전 608년경 예루살렘의 성전 뜰에 난 일곱 개의 문 가운데 한곳에서 한 예레미야의 설교(렘 7:1–

8:3)에 등장한다. 남왕국 유다(이스라엘은 기원전 931년에 북왕국과 남왕국으로 나뉘었다)를 향한 심판의 메시지 속에서 예레미야는 유다 거민들의 우상숭배와 거짓된 종교 관행을 비난한다. 사람들은 성전이 있는 예루살렘에 이런 심판이 내려지지 않을 거라고 믿었다. 그들은 자신들의 이교적 관행이나 영적 위선에 관계없이, 침략이나 심판으로부터 안전할 거라고 믿었다. 하지만 하나님은 예레미야를 통해 더 이상 그들의 우상숭배를 참지 않겠다고 선언하셨다.

하나님은 유다에서 행해지는 우상숭배의 한 예를 드시면서 전국에서 사람들이 가루를 반죽해서 하늘의 여왕을 위해 과자를 만든다고 말씀하신다. 그들은 우상에게 바칠 음식 제물을 준비하는 것이다. 과자는 실제 우상의 형상대로 만들어졌고(렘 44:19) 포도주와 함께 바쳐졌다. "하늘의 여왕"이란 바벨론의 성애와 풍요의 여신 이슈타르를 가리킨다. 이슈타르는 메소포타미아, 가나안, 애굽의 많은 거짓 신들 가운데 하나였으며 이 지역에서는 특히 "하늘 황후"나 "하늘의 여왕"으로 알려져 있다.

어떤 형태나 어떤 시대의 우상숭배든 이는 하나님의 주권과 능력을 거부하는 것이다. 우상숭배자들은 무익하고 천박한 대상을 숭배하고, 잘못된 생각에 치우쳐 하나님에 대한 믿음과 성경적 세계관을 저버린다. 유다에서 행해졌던 우상숭배의 관행은 하나님의 백성들에게 새로운 것이 아니었다. 아모스 5장 6절에 따르면, 이스라엘 백성들은 하나님이 그들을 애굽의 노예 상태에서 구해주신 뒤에, 40년을 광야에서 방황할 때도 우상을 가지고 다녔다. 이스라엘이 어디에 살든 우상숭배는 문젯거리였다.

이스라엘의 우상숭배 역사는 우리 모두에게 교훈을 준다. 우리도 유혹에서 결코 예외일 수 없다. 신학자인 칼 헨리(Carl F. H. Henry)는 다음과 같은 예리한 말을 했다. "이교에 빠질 가능성은 하나님을 자신의 삶에서 밀어낸 사람들의 문 앞에 항상 도사리고 있다."

34

여자가 남자를 둘러싼다(안는다)는 것은 무슨 뜻이며, 이 일은 언제 일어나는가?

"반역한 딸아 네가 어느 때까지 방황하겠느냐 여호와가 새 일을 세상에 창조하였나니 곧 여자가 남자를 둘러 싸리라"(예레미야 31:22).

"오래된 것, 새로운 것, 빌려온 것, 푸른 것"(신부가 착용할 물건이나 복장에 대해 빅토리아 시대부터 전해내려오는 격언 – 역자 주). 이것은 결혼식 날 신부의 웨딩드레스나 장신구 가운데 이런 것들이 포함되어야 행복하다는 유럽의 오래된 격언이다. 예레미야 31장 22절 말씀도 로맨스와 관계성의 차원에 적용되는 것일까? 이는 분명히 누군가를 위한 새로운 일에 대해 말하고 있다. 이 범상치 않은 구절은 예레미야서에서도 가장 갈피를 잡기 어렵다. 해석가들은 여러 세기 동안 그 정확한 의미를 파악하지 못했고, 이 예언에 대한 여러 가지 견해만 내놓았을 뿐이다. 그러나 어떤 해석도 대다수의 이해를 얻지 못했다.

이 구절은 예레미야가 말씀을 기록하기 몇백 년 전(기원전 627-585)에 분열된 두 왕국 이스라엘과 유다의 회복에 관하여 언급된 예언 장(렘 30-31장)에 나온다. 31장은 백성들이 포로로 잡혀간 상태에서 앞으로 회복될 미래에 관해 말한다. 1-22절은 북왕국(이스라엘)에 대한 것이고, 23-26절은 남왕국(유다)에 대한 언급이며, 27-40절은 두 왕국에 모두 적용된다. 예레미야가 예언한 왕국의 회복은 7년 환난기 후에 일어날 다가올 미래의 이야기다. 그때는 북왕국과 남왕국 모두 그들의 땅을 완전히 회복할 것이다(암 9:14). 이는 기원전 616년 이스라엘 백성들의 귀환을 가리키는 것이 아니다.

예레미야는 당시 직면한 상황을 넘어 이스라엘이 새 언약의 축복을 받을 미래의 회복까지 내다보고 있다(렘 31:31-34). 그 미래는 예레미야 시대의 비참한 고통과는 판이할 것이다.

하나님은 그들이 포로가 되어 바벨론에 잡혀갈 때, 하나님이 회복시키시면 그들이 돌아올 수 있도록 (대상과 여행자들의 관행이었던) 길표를 세우고 표목을 만들라고 이스라엘에 말씀하신다(렘 31:21). 그런 일이 일어날 때 새로운 일, 즉 여자가 남자를 안는 일이 생길 것이다.

초기 교부들로부터 전해지는 한 가지 오래된 석연치 않은 견해는 "여자가 남자를 안는" 것은 예수 그리스도의 처녀 잉태에 대한 예언이라는 것이다. 이는 창조된 "새 일"이 곧 예수님의 성육신이라고 이해하는 견해다. 하지만 이는 문맥과 전혀 맞지 않고 "안다"라는 동사에는 전혀 수태의 의미가 들어 있지 않다.

또 다른 견해로는 새 일이 창조될 때는 모든 일이 너무나 평화로워 육체적으로(또는 군사적으로) 더 약한 이들이 더 강한 동료를 보호할 수 있게 된다는 보호의 의미를 찾아내는 것이다. 이런 견해로 보면 여인들이 이스라엘 백성들을 보호할 수 있다거나 나아가 여인 같은 이스라엘이 적들을 제압하게 되리라는 뜻일 가능성도 있다.

어떤 이들은 이 독특한 예언에서 남자가 여자에게 먼저 구애를 시작하는 당시의 문화적 관습이 전도되어 나타난다고 본다. 물론 이런 관습이 생겨날 수도 있지만, 아마 사회적 윤리보다 더 넓은 의미가 이 견해에 포함되어 있을 것이다. 문맥을 살펴봤을 때 더 합리적인 해석은 여자를 이스라엘로, 남자를 하나님으로 보고 이스라엘이 영적으로 하나님께 돌아온다고 이해하는 견해다. 역사를 통해 하나님이 이스라엘을 안으시고 사랑하셨듯이, 천 년 왕국 시대에는 이스라엘이 완전히 하나님을 안고 사랑하게 될 것이다.

비록 이 구절에 관한 구체적인 해석이 명확하지는 않지만, 확실한 것은 예레미야가 장차 이스라엘 민족을 위해 놀랍고 믿기 어려운 일이 일어나리라 선언하고 있다는 사실이다. 하나님의 모든 섭리가 그렇듯이 이는 기묘하고 놀라우며 위대한 일이 될 것이다. 이제껏 이 땅 위에 일어난 그 어떤 일도 능가할 그런 일 말이다.

35

우상숭배의 대가는 무엇인가?

"또 내가 그들에게 선하지 못한 율례와 능히 지키지 못할 규례를 주었고"(에스겔 20:25).

바벨론에 포로로 잡혀가게 될 남왕국의 백성들에게 하신 이 당혹스런 선언은, 에스겔이 활동하던 기원전 593년과 571년 사이에 선포되었다.

에스겔의 예언은 포로로 잡혀간 이들에게 그들에게 내려진 심판의 원인을 생각나게 했고, 하나님이 그들을 잊지 않으셨으며 그들을 위한 앞날의 계획을 갖고 계심을 확신케 했다. 에스겔은 예언의 일환으로 반역과 회복에 대한 설교를 했다. 이스라엘이 불순종하고 하나님께 반항한 역사를 살펴보면(겔 20:1-44), 특히 애굽을 떠난 후(기원전 1440년 즈음) 40년 동안의 광야 생활을 하는 동안 하나님은 이스라엘이 지킬 수 없었던 율례를 그들에게 주셨다고 말한다.

애굽에서 나온 세대와 그 후에 태어난 세대, 즉 이스라엘 민족의 두 세대가 광야 생활을 했다. 에스겔 20장 10-17절은 첫 세대의 우상숭배와 불순종에 대해 이야기하며, 18-26절은 두 번째 세대의 우상숭배에 대해 말한다. 두 세대 모두 우상을 숭배했고 두 세대 모두 벌을 받았다. 하나님은 두 번째 세대에 내리신 심판의 일부로, 그들의 죄가 그들 인생 끝까지 이어지도록 내버려두셨다.

어떤 해석가들은 25절의 규례를 십계명을 포함한 모세의 율법과 동일한 것으로 여기려 했다. 하지만 그런 해석은 율법이 선하며 하나님의 공의의 표현이라고 말하는 다른 성경 구절에 배치된다(롬 7:12, 16). 또 모세의 율법은 애굽에서 나온 첫 세대에게 주어진 것이지만(겔 20:11), 이 구절에서 에스겔은 두 번째 세대에 대해 말하고 있다.

25절에서 말하는 율례와 규례는 이스라엘이 이웃의 이교도 국가에서 들여온 율법과 관행들이다. 이는 하나님이 주신 것이 아니라 이스라엘이 하나님의 율법보다 우선하여 선택한 율법들이다. 그래서 하나님은 마음의 원함대로 이스라엘을 내버려두셨다. 이 율법에는 인신공희(人身供犧, 겔 20:26)가 포함되었고, 이는 하나님이 특히 금지하셨던 일이었다(레 18:21, 20:1-5). 여기서 말하는 희생은 필시 암몬 족속의 우상인 몰록에게 바쳐진 것으로(왕상 11:7, 왕하 23:10), 이때 어린아이들이 불 속에서 희생되었다. 이스라엘 민족은 거짓 종교를 섬기고 우상숭배를 했으며 그것이 관습화되었고 하나님께 반역했다. 그리고 하나님은 그들 마음대로 하도록 잠시 내버려두셨다. 하지만 그것 자체가 그들에 대한 심판이었다(바울이 로마서 1장 24-28절에서 말한 것과 비슷하다). 하나님은 단지 그들의 선택이 어떤 결과를 낳는지 경험하도록 그들이 죄를 끝까지 행하게 허락하신 것이다. 이스라엘 민족의 죄는 그 자체가 형벌이었다(시 81:12). 우상숭배는 예전부터 (지금도 그렇지만) 무분별하고 치명적인 유혹이었다.

36

왜 하나님은 선지자 호세아에게 창기와 결혼하라고 하셨는가?

"너는 가서 음란한 여자를 맞이하여 음란한 자식들을 낳으라"(호세아 1:2).

하나님은 왜 호세아에게 그런 부적절한 일을 하라고 하셨을까? 우리가 아는 바로는 제사장들은 분명 창기와 결혼하지 말아야 한다. 다른 사람들에게는 허락되었지만(신 24:2), 그들에게는 이혼한 여인과의 결혼도 허락되지 않았다(레 21:7). 회개하는 사람과 하나님 사이의 중재자로서 제사장은 더욱 엄격한 생활 방식을 고수해야 할 의무가 있었다(레 27:2). 게다가 사도 바울은 창기와 연합하는 것은 분명히 부도덕한 일이라고(바울이 결혼을 말하는 것이 아님에 주목하라) 확언한다. 우리의 몸은 하나님과 교제하며 그분을 섬기기 위해 만들어진 것이므로 이기적인 성적 만족을 위해 사용해서는 안 된다(고전 6:15-18). 호세아가 성전 창기와 연합한 것은 자신의 성적 만족을 위함이었는가, 아니면 그녀와 결혼함으로써 하나님을 섬기기 위함이었는가?

비록 창기와 결혼하는 것이 여러 사람의 눈살을 찌푸리게 하고 신자와 비신자 간의 적절한 연합을 방해하는 것이지만(스 10장), 호세아와 고멜의 결혼이 달랐던 이유는 하나님이 이를 지시하셨기 때문이다. 호세아는 관능적이고 이기적인 이유로 경건치 못한 여인과 성관계를 맺는 유혹에 빠진 것이 아니라, 하나님의 명령에 순종한 것이었다. 그가 그녀와 동침했을 때 그는 죄를 지은 것이 아니었다. 그는 상황을 확실히 직시하고 그녀와 부부가 되었으며, 곧 난관에 처하게 되겠지만 자신의 결혼은 하나님께 결국 영광이 되리라는 것을 알았다. 이스라엘 백성은 선지자의 말과 그 가족이 상징하는 바를 통해 그들의 영적 상태를 생생히 보게 될 것이다.

호세아의 결혼은 하나님이 이스라엘과 결혼하신 것을 가시적으로 나타내는 것이었다. 호세아는 고멜에게 결혼하자는 제안을 하며 다가간다. 이교 신전의 창기였던 그녀는 누군가 자신을 가치 있게 여기는 것이 너무나 기쁘고 고마웠을 것이다. 그녀와 이스라엘이 비교된다 해도 그녀는 이 새로운 기회, 자유의 선물을 기쁘게 받아들였을 것이다. 처음에 이 결혼은 아주 순조로웠지만(호 2:15), 달콤한 신혼은 그리 오래 가지 않았다. 호세아는 과거를 기꺼이 잊고 형통한 미래를 만들어가는 사랑 많은 남편의 모습을 보여준다. 그는 그의 아내와 가족에게 최선의 것을 주었고 성품을 다해 사랑했지만, 그의 사랑은 그녀에게 충분치 못했다. 그녀를 굴레에서 해방시키고 그녀가 이제껏 받아보지 못한 많은 사랑을 쏟았지만,

고멜은 자신의 이전 애인에게로 돌아간다(호 2:5).

호세아처럼 하나님도 자신이 어떤 일을 하시는지 알고 계셨다. 그분은 보살핌과 인도가 필요한 비참한 상태에 처해 있는 백성과 계약(언약)을 맺으셨다. 그들은 고달픈 시절에 주어진 복권 정도로 하나님을 바라보는 죄 많고 심술궂은 무리였다. 그럼에도 불구하고 하나님은 그들과 결혼관계를 맺으시고 함께 맺은 언약을 지키셨다. 하지만 그들은 자신을 구해주신 분을 잊어버렸고, 자신의 번영과 권력의 공을 다른 신에게 돌렸으며, 그 신들에게 자신을 바쳤다(호 2:5, 8, 4:1, 10, 18). 그들을 사랑하시는 하나님 안에서 안식하기보다는 자신들을 유혹하는 이방신들과 함께 동침했고 음란한 민족이 되었다.

정직은 가족을 지탱하는 핵심이다. 호세아의 가족, 하나님의 가족, 나와 당신의 가족 모두 말이다. 우리가 그분을 진정 사랑한다면 우리는 그분이 우리를 얼마나 사랑하시며(호 10:12, 11:1-4, 8-9), 우리의 구원을 보장해주시기 위해서 어떤 일을 겪으셔야 했는지(호 13:4-5, 사 53:3-6, 빌 2:7-8, 히 12:2-3) 결코 잊지 말아야 한다. 하나님의 가족은 하나님의 아들과의 결혼을 위해 자신을 단장하는 신부다. 그분과의 약혼 기간 동안, 우리의 행동을 기록해놓은 장부에 우리가 그분께만 신실하고 순전하게 헌신된 사실만 기록되기를!(고후 11:2-3, 계 19:7)

37

당신은 모든 상황에서 하나님이 함께해주신다는 것을 어떻게 확신하는가?

"하나님이 데만에서부터 오시며 거룩한 자가 바란 산에서부터 오시는도다"(하박국 3:3).

하나님의 많은 성품이나 속성 가운데 하나는 그분의 무소부재하심, 즉 그분의 전 존재가 동시에 모든 곳에 계시다는 사실이다. 그분의 존재는 전인격적으로 모든 곳에 계신다(시 139:7-11). 여러 장소에서 다르게 행하시지만(벌하시거나 보호하시거나 축복하시거나), 그분의 존재는 공간적인 차원이 아니시므로 어떤 공간이나 장소를 차지하실 수가 없다(왕상 8:27). '무소부재(omnipresence)'란 하나님의 일부분이 우주에 퍼져 있거나 하나님이 우주와 동일한 존재라는(범신론) 뜻이 아니다. 하박국의 예언서는 기원전 607년에 쓰여졌으며 유다를 벌하시려는(바벨론의 포로가 되게 하심) 하나님의 계획과 관련된 기록이다. 이 예언이 실현된 것은 기원전 605년에 느부갓네살 왕이 유다를 침공해서 (다니엘을 포함한) 포로들을 바벨론으로 옮겨갔을 때였다. 이 책은 마지막 장에 가서 정점에 달하며, 여기에서 현재 시제의 동사가 발견된다. 이는 기도문으로써 하나님의 성품과 능력을 찬양하는 긴 시이다.

3절에서 하박국은 애굽에서 하나님의 백성을 나오게 하시고 광야를 거쳐 약속의 땅으로 인도해 들이신 하나님의 장엄한 행위와 기적들을 다시 이야기한다. 하박국은 하나님의 백성들의 역사를 다시 돌이켜보며 언젠가는 하나님이 바벨론에 포로로 잡힌 그들을 구원해주시리라 확신한다.

3절에 나오는 역사적 배경을 자세히 읽고 이해하면 하박국이 하나님의 성품이나 특성이 아니라, 과거에 그분이 하신 일에 대해 이야기하는 것을 알 수 있다. 데만은 에돔(에서의 후손들이 점령했던 땅으로 창세기에서는 세일이라 불린다) 남부 지역에 있는 사막의 오아시스였다. 이는 홍해로 흘러드는 아카바 만과 사해 사이의 지역으로 이스라엘 민족의 40년 광야 생활 동안 돌아다녔던 지역이기도 했다. “거룩한 이”(합 1:12)는 하나님을 가리키는 말이다. 바란 산의 정확한 위치는 알려지지 않았으나, 이는 에돔처럼 광야의 일부로 이스라엘의 남동쪽 시나이 지역에 있다. 여기서 모세는 가나안에 정탐꾼을 보냈다(민 13:3, 6). 모세의 노래(신 33:2)에도 바란 산이라는 지명이 나온다.

하나님이 이곳에서 오셨다는 건 어떤 의미인가? 하박국이 보기에 이 두 곳에서 하나님은 광야 생활을 하는 이스라엘 자손들과 함께하시면서 그들에게 임재하셨다. 하박국은 하나님이 출애굽의 재앙과 심판 속에서 당신의 백성들과 함께하셨던 것처럼, 그들이 바벨론에서 심판과 재앙을 겪을 때도 그들과 함께하실 것임을 말하고 있다.

하박국 3장 3절은 신학의 실용성을 잘 드러내는 장면이다. 신학은 자주 논쟁과 학문적 저술 활동으로써만 가치가 있는 것으로 오해받는다. 하지만 그것은 편견이다. 그 본질과 내용상 신학은 늘 실생활과 밀접하게 관련된다. 이 경우에도 백성들의 고난을 통해 하나님의 성품과 임재를 통찰하는 과정에서, 우리의 환경이 어떠하든 하나님은 우리와 함께 계시다는 사실을 일깨워준다.

38

하나님은 왜 에서를 미워하셨나?

"내가 야곱을 사랑하였고 에서는 미워하였으며 그의 산들을 황폐하게 하였고 그의 산업을 광야의 이리들에게 넘겼느니라"(말라기 1:2-3).

말라기 선지자는 거의 말이 없는 사람이었다. 그는 친밀하고 개인적인 대화 가운데 묻고 답하는 방법으로 듣는 이들에게 이스라엘과 맺은 하나님의 언약의 신실하심을 기억케 하고, 그들이 하나님께 불순종하고 그분을 무시했음을 책망한다. 그리고 하나님의 사랑을 확인시키면서 야곱과 에서에 대해 아주 강하게 말하기 시작한다. 나중에 로마서 9장 13절에서 바울은 동일한 말씀을 인용해 선택의 원리를 가르친다.

창세기에 나온 야곱과 에서의 이야기는 성경에서 가장 유명한 형제간의 경쟁 이야기다. 하지만 이는 세상을 창조하기 전에 구원받을 사람을 하나님이 선택하셨음을 설명하는 것이기도 하다. 하나님의 선택은 구원을 보장하지만, 그 선택만으로는 구원받을 수 없다. 그들은 여전히 예수 그리스도의 십자가 대속의 죽음을 믿어야 한다. 모든 사람은 예수 그리스도를 영접할 의무가 있다.

하나님의 선택은 성경에서 이해하기 가장 어렵고 많은 사람들이 받아들이기 힘든 개념 가운데 하나다. 하지만 성경에서는 이를 되풀이해서 가르친다(롬 8:28-30, 9:11-13, 엡 1:4, 12, 살후 2:13, 딤후 2:10, 계 17:8). 이것은 하나님이 어떤 특별한 목적(이 문맥에서는 구원)을 위해 사람을 선택하시는 단순한 구별의 행위다. 이는 하나님의 사랑과 은혜에 근거한 선택이다. 무조건적인 것이며 사람의 가치와 자질에 근거한 것이 아니다.

예지, 예정, 영별 등 몇몇 성경적이고 신학적인 개념이 하나님의 선택과 연관된다. 각각의 개념은 더 큰 구원의 교리에서 중요한 부분을 이룬다. 어떤 사람이 정부의 입법적 측면을 말한다 해도, 더 넓은 논의에는 사법과 행정 분야가 포함되듯이 위의 모든 개념들은 분리되면서도 서로 연관된다.

말라기 1장 2-3절의 '사랑'과 '미움'이라는 단어는 고대 근동의 법적 문서와 계약에 나타나는 기술적인 언어다. 하나님은 아브라함에게 자손과 땅을 약속하실 때 구체적인 법적 언어와 형식을 사용하셨다(창 12:1-3, 15:1-5, 18-21, 17:1-8). 하나님은 이삭과 야곱 그리고 그 축복의 계열에 선 직접적 수혜자들인 말라기의 청중들에게 그 약속을 재확인하셨다. '사랑'과 '미움'이라는 단어는 감정적인 뉘앙스를 전달하지만, 이 말은 근본적으로 사회적이고 법적인 본질을 지니고 있다.

야곱은 (비록 책략과 기만으로 빼앗긴 했지만) 나면서부터 가계와 언약의 축복과 유산 그리고 권리를 받았다. 하나님은 언약에 따라 야곱을 받아들이시고 에서를 버리셨다. 그리고 이스라엘 민족이 야곱의 후손이었기에 하나님은 말라기의 기록을 통해 그들을 향한 그분의 인정과 사랑을 재확인하셨다. 비록 야곱의 후손들이 신의를 지키지 못했지만, 하나님은 한 사람은 받으시고 한 사람은 거절하겠다는 약속에 끝까지 충실하셨다. 야곱의 후손들은 정복과 포로 생활을 거쳐 살아남았지만, 에서의 자손들을 그렇지 못했다. 그분은 당신의 계획을 성취하시기 위해 하나를 택하셨고, 그로써 다른 사람은 법적으로 거부되었다.

성경에서는 하나님의 선택을 위로요, 하나님을 찬양하는 이유며, 전도의 동기라고 묘사한다(롬 8:28-30, 엡 1:5-6, 12, 살전 1:2, 4, 딤후 2:10). 그분의 선택은 하나님이 모든 사람이 회개하고 구원에 이르기를 소망하시며, 늘 세상을 사랑하신다는 더 큰 맥락에서 바라보아야 한다(벧후 3:9). 여기에는 당신도 포함된다.

39

사람이 완전할 수 있는가?

"그러므로 하늘에 계신 너희 아버지의 온전하심과 같이 너희도 온전하라"(마태복음 5:48).

예수님이 이런 말씀을 하셨을 때, 그분은 분명히 제자가 되기 원하는 모든 사람에게 높은 기준을 설정하신 것이다. 예수님은 정말 온전하기를 명령하셨으며, 이것은 실제로 가능한가?

예수님은 거듭 모든 인간이 악하다고 가르치셨다(마 22:18, 막 7:21-22, 눅 7:37-48, 요 8:34). 죄가 없는 사람은 아무도 없다. 이것은 보편적인 문제며 그래서 누구에게나 구원이 필요하다(롬 3:23, 6:23). 사실 요한일서 1장 8절에서는 만일 사람들이 죄가 없다거나 온전하다고 주장한다면, 그들은 거짓말쟁이라고 분명히 가르친다. 악한 본성은 모든 사람들, 심지어 그리스도인들에게도 내재돼 있어서 주기적으로 화산처럼 분출된다(엡

2:3). 하지만 그리스도인들은 죽음 후나 그리스도가 재림하신 후에 그분과 같은 영광스러운 부활의 몸을 입게 될 것임을 알고, 그리스도를 본받아 도덕적으로 살아가야 한다(갈 5:16-25, 요일 3:2-3).

온전하라고 하신 예수님의 말씀은 "사랑의 법"으로 알려진 문맥에서 발견되는데, 그 초점은 죄가 아니라 사랑이다(마 5:43-48). 예수님 시대의 종교 지도자들은 사람들에게 낯선 외부인들보다 그들의 이웃과 가족에게 더 고상한 도덕과 윤리적 의무들을 다해야 한다고 가르쳤다(레 19:18). 그러나 예수님은 이제 제자들에게 모든 사람들에게 의무를 다해야 한다고 가르치신다. 하나님이 태양을 모든 사람에게 비추시고 생명을 주는 비를 선한 자와 악한 자에게 골고루 내려주시는 것처럼, 그리스도인들도 다른 사람에게 도덕적인 행동을 하는 데 차별이 없어야 한다. 예수님은 바로 이런 원리를 선한 사마리아인의 이야기를 통해 설명하셨다(눅 10:29-37). 우리는 인생을 살면서 모든 면에서 예수님이 하셨을 법한 일을 하도록 힘써야 한다.

온전하라는 예수님의 선언은 누가복음 6장 36절에 나오는 "너희 아버지의 자비로우심 같이 너희도 자비로운 자가 되라"는 그분의 말씀과도 비슷하다. 자비롭고 친절한 행동에 어떤 제한을 두어서는 안 된다. 바로 하나님이 이런 분이시기 때문이다. 우리는 사회, 인종, 성, 문화의 차별 없이 윤리적으로 행해야 하며, 모든 이들에게 균등한 기회를 주는 변호자가 되어야 한다. 하나님이 차별하지 않으시기에 우리도 다른 사람을 차별하지 않아야 한다.

40

때로는 사람들을 판단하는 것이 필요하지 않은가?

"비판을 받지 아니하려거든 비판하지 말라"(마태복음 7:1).

많은 사람들이 비판하거나 비판받기를 원하지 않지만 사실 적절한 비판도 있다. 이것이 어떤 경우인지 이해하기 위해서는 먼저 '분별'과 '판단'이라는 두 가지 비판의 종류를 알아야 한다. 전자는 어떤 윤곽 안에서만 적절하게 비판하는 것이고, 후자는 그 도를 넘은 것이다.

분별은 신학적이고 성경적인 신중함이 요구되며, 이 방면에 성숙한 사람이라면 쉽게 다른 사람에 대한 언급을 해서는 안 된다. 분별력 있는 사람들은 주어진 문제나 행동에 대해 자신의 감각이나 성향에 입각해서 의견을 말하는 대신 하나님의 확신을 나타내도록 주의해야 한다. 쉽게 말해서 우리는 말할 때 하나님을 대신해서 말한다는 점을 확실히 해야 한다. 그렇게 할 때 우리의 판단과 비판, 평가는 듣는 사람의 유익을 위해 하나님이 주신 권위를 당당하고 겸손하게 표현하는 것이 된다(약 2:12-13).

얼마나 그리스도를 닮은 사람이 되었는가보다 그리스도인이 된 지 얼마나 되었는가에 의해 영성이 평가되는 경우가 너무나 많다. 우리 자신도 수많은 잘못을 저지르면서 다른 사람의 잘못을 큰소리로 떠드는 것은 부적절하고 위선적인 행동이다. 그러므로 위선자가 되어 비판하기보다는(우리 눈에는 들보가 있는데 다른 사람의 눈에서 티를 제거하려는 사람들처럼, 마 7:2-3), 하나님의 행위 기준을 일관성 있게 지킴으로써 우리의 분별이 공공의 선에 도움이 되게 하라(롬 12:9-10, 고전 12:7).

분별은 긍정적인 결과를 낳게 될 때만 행동에 옮겨야 한다. "너희 진주를 돼지 앞에 던지지 말라"(마 7:6). 예수님이 헤롯의 눈을 즐겁게 하려고 기적을 베풀지는 않으신 것처럼(눅 23:8-9), 우리도 하나님의 보화를 조롱하고 멸시하려 드는 사람들에게는 성품에 대한 평가를 해주지 말아야 한다. 물론 분별이 다른 사람들보다 더 큰 영성을 지닌 사람이나, 더 능력 있고 비판을 감당할 자질이 있는 사람들에게만 해당되는 것은 아니다. 이는 함께 동역하는 사람들이 전체의 유익을 위해 그리스도를 닮아가기를 힘쓰도록 서로 격려하는 환경을 조성하는 것과(고전 12:20-25), 아직도 하나님의 놀라운 은혜의 중요성을 알지 못하는 세상에 그리스도를 닮은 모습을 나타내어야 할 성도들에 대한 것이다.

분별과 판단은 다른 얘기다. 사람이 잘못된 행위를 논할 수는 있지만, 성격을 비난하는 비판은 주제넘은 것이고 도가 지나친 것이다. 어떤 사람도 크고 흰 보좌에 앉으신 하나님의 판결에 충고할 수 없다. 하나님은 배심원을 두지 않으신다. "만일 그렇게 하면 하나님이 널 저주해서 지옥에 보내버리실 걸" "계속 그런 식으로 나오면 하나님도 네 인생에 끔찍한 재앙을 내리실 거야" 같은 부적절한 언사는 근거도 없고 건방진 것으로 하나님의 권위와 특권을 침해하는 것이다. 우리 가운데 누구도 보혈을 받을 만한 가치가 있어서 받은 사람은 없으며, 누가 하나님의 은혜에 반응할지, 하나님이 다른 이들의 마음에 어떻게 역사하실지 아무도 알지 못한다. 마찬가지로 그분의 은혜를 받지 못할 최악의 사람이 누구인지 아무도 넘겨짚을 수 없다(약 4:12).

41

예수님은 언제 자신을 부인한 사람들을 부인하시는가?

"누구든지 사람 앞에서 나를 시인하면 나도 하늘에 계신 내 아버지 앞에서 그를 시인할 것이요 누구든지 사람 앞에서 나를 부인하면 나도 하늘에 계신 내 아버지 앞에서 그를 부인하리라"(마태복음 10:32-33).

제자도는 막중한 책임감을 동반한다. 이는 진지하게 심사숙고하지 않고는 들어설 수 없는 관문이다. 그리스도인이 된다는 것은 섬김과 헌신, 위험 부담 그리고 예수 그리스도를 향한 무조건적 헌신과 충성을 포함하는 것이다. 그분을 겸손이 따르며(마 10:24) 사람들의 인생을 주관하시는 하나님의 주권에 대한 흔들림 없는 신뢰가 있어야 한다. 여기에는 그분을 다른 어떤 사물이나 사람보다 사랑하는 것도 포함된다(마 10:35-37). 이는 신자와 주님 사이에 존재하는 친밀한 개인적 믿음 이상의 것이다. 이것은 모든 만물의 주인이며 구주이신 예수 그리스도의 인격과 진리를 부끄러움 없이 증거하는 공적인 믿음이다(롬 1:16-17).

제자도가 위협이 될 수도 있다는 것을 아시는 예수님은 제자들에게 담대하게 복음을 선포해야 할 세 가지 이유를 말씀하신다. 첫 번째, 악한 자가 하는 일 가운데 하나님이 발견치 못하시는 것은 하나도 없다(마 10:27-29, 눅 12:1-3). 두 번째, 하나님의 원수는 몸을 죽이지만, 하나님은 생명을 취하시고 영혼도 영원히 멸할 권세를 갖고 계신다(마 10:28, 눅 12:4-5). 세 번째, 아무리 사소한 것도 하나님이 속속들이 아신다는 것은, 그분이 자녀들의 충성심을 결코 잊지 않으신다는 것이다(마 10:29-31, 눅 12:6-7). 사람을 두려워하지 말고 자신의 백성을 잊지 않으시는 하나님을 두려워하라(창 28:15, 신 31:6, 8, 요 14:1-3, 18-19, 히 13:5). 그리스도를 의뢰하는 사람들에게 그분은 약속하신 영원한 구원의 약속을 결코 취소하지 않으실 것이다. 예수 그리스도에 대한 충성심을 공개적으로 시인하는 사람들은 예수님이 성부 하나님 앞에서 그 충성심을 공적으로 인정하실 것이라고 확신할 수 있다. 한편으로 그분에 대한 충성심을 부인하거나 거절하는 사람은 누구든지 예수님이 성부 하나님 앞에서 그를 인정하지 않으실 것이다(마 10:32-33, 눅 12:8-9).

사람들은 무엇을 시인하고 부인하는가? 이 장 전반부에 예수님은 제자들에게 이스라엘의 많은 사람들이 그분을 악마의 우두머리인 사탄의 이름 가운데 하나인 바알세불로 부르면서(마 10:25), 예수님이 왕권과 신성을 지니셨음을 부인했다고 말씀하신다. 제자들에게 제자가 되어 치러야 할 대가가 무엇인지 경고하시고(마 10:16-23) 사람보다 하나님을 두려워하라고 그들을 권면하신 후(마 10:26-31), 예수님은 자신의 주장에 대한 그들의 반응에 대해 이런 말씀을 하셨다. '내 말을 시인하면, 나도 너희들을 시인할 것이요 내 말을 부인하면 나도 너희들을 부인할 것이다.' 승천하신(행 1:6-11) 후에 예수님은 성부 하나님의 우편에 재판장으로 앉으실 것이다(눅 22:69, 행 10:42-43, 17:30-31). 예수님을 부인한 사람들을 부인하시는 그분의 일은 계속되지만, 최후의 심판은 크고 흰 보좌 앞에서 행해지며 이것이 둘째 사망으로 이어질 것이다(계 20:6, 11-15, 벧후 3:7).

그러므로 우리는 그분을 왕으로 맞이하든 재판관으로 맞이하든, 모든 사람이 언젠가 예수님 앞에 절하리라는 확신을 갖고 예수님을 계속해서 시인하고, 그리스도의 복음과 문화를 연결시켜야 한다(빌 2:10).

42

성령을 모독하는 죄는 무엇이며, 왜 이것은 용서받지 못하는가?

"그러므로 내가 너희에게 이르노니 사람에 대한 모든 죄와 모독은 사하심을 얻되 성령을 모독하는 것은 사하심을 얻지 못하겠고"(마태복음 12:31).

이 말씀은 예수님이 신약 성경에서 말씀하신 가장 수수께끼 같은 강조의 말씀 가운데 하나다. 이 구절에서 그분의 말씀은(마가복음 3장 28-30절과 누가복음 12장 10절도 동일하다) 바리새파 종교 지도자들의 눈살을 찌푸리게 만들었다. 그 이후로 많은 사람들이 용서받지 못할 죄에 대해 궁금해했다. 이 논쟁적인 말씀을 기록한 마가복음에서도 예수님은 성령을 모독하는 죄는 영원히 용서받지 못할 것이라고 선언하신다.

예수님은 이 용서받지 못할 죄에 대해 말씀하시면서 눈멀고 귀먹은 귀신 들린 한 남자를 고쳤다고 그분을 비난했던 바리새인들과 정면으로 맞서셨다. 바리새인들은 예수님이 구약의 이방신의 이름을 따서 바알세

불이라고 조롱조로 불리던(왕하 1:2) 사탄의 힘과 영향력 아래 있다고 비난했다. 이런 비난에 대해 예수님은 삼위일체의 하나님의 세 번째 위격인 성령 하나님을 모독하는 것이라고 말씀하신 것이다.

모독한다는 것은 누군가를 중상하는 것이다. 성경에서 신성모독이란 하나님의 위격이나 이름, 성품을 모욕하거나 깎아내리는 것이다. 신성모독의 죄를 지은 사람은 하나님께 영광을 돌리는 대신 경멸스런 말이나 행위로 하나님과 그분의 이름을 저주하거나 욕했다.

바리새인들이 예수님의 행동을 사탄과 연결시켰을 때, 그들은 예수님을 메시아로 받아들이길 거절했으며, 훨씬 나중에까지 영향을 미칠 돌이킬 수 없는 결정을 하기 일보 직전이었다. 그들은 국가적으로나 개인적으로 구원과 용서를 받지 못하게 될 것이다. 예수님이 기적 가운데 보여주신 성령의 능력을 사탄과 잘못 결부시킴으로써 그들은 성령을 모독한 것이다. 예수님 시대의 종교 지도자들은 하나님의 역사를 악마의 역사로 오인하고, 메시아요 구세주이신 예수 그리스도와 그분의 사역을 거부했다. 어떤 해설가들은 이 구절을 해석하면서 예수님이 육체로 존재하셨기에 그들이 그렇게 거절한 것이 가능했으며, 오늘날은 비록 성령의 역사를 거절하는 일은 일어날 수 있어도 성령에 대한 모독은 불가능하다고 주장하기도 한다.

예수님은 자신에 대한 특정한 일회성 모독은 용서될 수 있다고 말씀하신다(마 12:32). 예수님과 그분이 하시는 일에 대해 드러내어 반대하는 일은 용서될 수 있는데, 이는 그런 거부의 말이나 행동이 예수님의 성품과 사역의 실상을 오해한 데서 비롯되기 때문이다. 하지만 일단 성령이 사람들의 삶 속에서 일하시고 그들이 진리의 복음을 깨닫고 확신하게 되거나(요 16:8-11), 예수님에 대한 오해를 바로잡은 후에도 계속해서 예수님과 연관된 성령의 사역을 단호히 반대하면 영원한 심판을 받게 된다. 끝까지 고집을 꺾지 않는 사람은 영원한 형벌을 받게 될 것이다.

예수님은 그분의 말씀을 듣는 사람들에게 성령을 모독하는 것을 제외한 모든 신성모독자들은 용서받을 수 있다고 말씀하신다. 성령에 대한 모독은 태도나 행동, 믿음, 관습 속에서 하나님을 향한 거만한 적대감을 드러내 보이기 때문이다. 성령의 능력을 통해 표현되고 예수님의 말씀과 사역에 나타난 하나님의 구원 제시를 거절하는 것도 같은 의미가 된다. 진리의 빛이신 예수님이 바리새인들을 비추셨지만(요 3:19), 그들은 영원히 그분을 거절했으며 영적으로 빛보다 어둠을 더 좋아했다. 그들은 하나님을 모독했다. 성령이 바리새인들과 다른 이들에게 예수님이 참된 메시아임을 분명히 깨닫게 하셨지만, 하나님이 주신 유일한 구원의 통로인(요 14:6) 그분을 거부하고 믿기를 거절했다. 회개치 않는 마음은 용서받지 못할 것이다. 현재의 선택이 영원한 결과를 낳는다. 한 사람이 예수님과 그분의 십자가 죽음을 믿는 것은 영원으로 이어지는 중요한 결과를 낳는다. 예수님을 영접한 것은 우리가 삶에서 내린 가장 위대한 결정이다.

43

왜 예수님은 사람들에게 자신의 신분을 숨기셨는가?

"이에 제자들에게 경고하사 자기가 그리스도인 것을 아무에게도 이르지 말라 하시니라"(마태복음 16:20).

예수님은 복음서의 여러 곳에서 사람들에게 그분의 정체를 드러내거나 그분의 놀라운 치유의 역사를 말하지 말라고 요구하신다. 문둥병자를 깨끗케 하신 후, 그분은 아무에게도 말하지 말고 제사장에게 가서 적절한 희생 제사를 드리라고 그에게 이르신다(마 8:4, 눅 5:14). 눈을 뜨게 하신 두 소경에게도 다른 사람들에게 고침받은 것을 말하지 말라고 엄히 말씀하셨지만, 그들은 즉시 그 명령을 무시했다(마 9:30-31). 또한 군중 속에서 많은 사람들과 한 손 마른 자를 고치신 후 더러운 귀신이 예수님이 하나님의 아들이심을 무리 앞에서 고백했지만, 그분은 모인 무리와 더러운 귀신에게 그분이 하신 일과 그분의 정체가 알려지지 않게 하라고 경고하신다(마 12:16, 막 3:12). 그리고 예수님은 베드로와 야고보, 요한에게 자신이 놀랍게 변화하고 모세와 엘리야가 나타나며, 하나님이 '이는 내 기뻐하는 아들이라' 고 표현하신 일을 그분이 부활하실 때까지는 아무에게도 말하지 말라고 이르신다(마 17:9, 눅 9:36). 마지막으로 야이로의 딸이 다시 살아난 것을 목격한 무리에게 어느 누구도 이 기적을 공개적으로 발설치 말라고 엄히 당부하신다(막 5:43).

이렇게 침묵을 요구하신 시점이 병자를 치료하신 직후나 제자들이 자신들이 메시아, 즉 하나님의 기름부으신 이와 함께 있음을 깨달은 직후라는 것을 주목하라. 사람들이 예수님의 가르침을 듣고 육체의 병을 치료하시는 그분의 능력을 경험했을 때, 무리는 점점 늘어났고 그분의 '기술' 에 대한 요구도 더욱 커져갔다. 사람들은 영웅을 좋아한다. 그들은 보호자나 국가적인 상징으로 영웅에게 힘을 부여하기를 좋아한다. 대체로 이런 사람들은 고난받는 종이나 죄로부터 구원해줄 구세주를 원하지 않고(사 53장, 요 6:15), 로마의 통치에서 그들을 구해줄 카리스마를 지닌 지도자, 또는 그들 스스로가 만들어낸 메시아를 원했다.

예수님에 대한 잘못된 진술은 많다(요 7:40-53). 어떤 사람들은 그분을 흥미롭고 영감 넘치는 교사라고 생각했고, 어떤 이들은 건강으로 가는 티켓(마 11:20-24, 요 12:17-19)이나 양식(요 6:26)이라고 생각했다. 또 어떤 사람들은 예수님을 한 사람의 아주 위대한 유대인 선지자나 또다른 세례 요한, 엘리야, 혹은 예레미야(마 16:14)로 보았다. 바리새인들은 그분을 가짜로, 사기꾼으로 생각했고 죽어 마땅하다고 여겼다(마 12:14, 요 12:9-11). 하지만 몇몇 사람들은 마음을 열고 그들이 정말 하나님의 위대하심이(마

16:17) 임재하시는 현장에 있다는 사실을 깨달았다. 세상에서 유일하신 이 왕은 왕관을 구하지 않으셨다. 그분은 온 세상을 죄에서 구하실 십자가를 구하셨다(마 12:18, 21, 사 42:1, 4, 창 22:15-18). 하지만 이때 무리는 고난과 죽음의 길을 그다지 좋아하지 않았고(요 12:27-41), 제자들도 그분의 선택에 동의하기 힘들었다(마 16:22, 막 9:30-32, 눅 24:18-21). 그분은 죽으셔야 했지만, 그들은 당분간 예수님이 살아 계시기를 원했다!

예수님은 사람들이 얼마나 이기적이고 앞을 내다보지 못하는지 알고 계셨다. 때가 되면, 군중의 태도는 지도자들의 선동에 따라 바뀔 것이다. 그분이 고쳐주신 사람들 가운데 많은 이들이 결국에는 그분을 미움의 눈길로 바라볼 것이다. 회당에 모인 바리새인들과 사두개인들, 통치자들이 한때는 예수님이 하나님이시며 메시아의 왕좌에 오르리라는 그분의 말씀을 충분히 이해했지만, 결국 하나님을 모독하고 가이사를 반역했다는 죄로 그들이 그분을 고소하리라는 것을 알고 계셨다. 예수님은 자신의 선택으로 자신의 신적인 정체성과 목적을 산헤드린공회 앞에서 공개적으로 말씀하셨다(마 16:21, 26:63-64, 눅 9:22). 인간의 변덕스러움을 완전히 파악하고 계셨기에(요 2:24-25), 그전까지는 무리들과 제자들에게 그분의 진짜 정체를 알리지 말라고 요구하셨던 것이다. 예수님은 자신이 죽으실 때를 조정하고 계셨다!(요 2:4, 12:23-36)

44

왜 예수님은 하늘로 올라간 엘리야가 돌아올 것이라고 말씀하셨는가?

"예수께서 대답하여 이르시되 엘리야가 과연 먼저 와서 이 모든 일을 회복하리라"(마태복음 17:11).

엘리야는 구약 성경의 가장 위대한 선지자들 가운데 한 명이다. 엘리야는 아합 왕이 다스릴 때 그 땅에 3년 가뭄이 있을 것이라고 예언했으며(왕상 17:1, 약 5:17), 바알의 거짓 선지자와 제사장들에게 도전장을 내고 갈멜 산에서 하늘로부터 불을 내리게 했던 사람이다(왕상 18:1-46). 그리고 엘리야는 죽지 않고 병거와 불말을 타고 기적적인 모습으로 하늘로 올라간 사람이었다(왕하 2:11). 그리고 4백 년 후의 선지자 말라기는 언젠가 "여호와의 크고 두려운 날이 이르기 전에"(말 4:5-6) 엘리야가 돌아올 것이라고 선언한다.

그러므로 엘리야가 다시 오리라는 믿음은 예수님 시대의 일반적인 믿음이 되었고, 어떤 사람들은 세례 요한을 돌아온 엘리야라고 생각했다. 이사야(사 40:3-4)와 말라기(말 3:1)는 선구자가 오리라고 예견했고, 예수님은 세례 요한에 대해 "만일 너희가 즐겨 받을진대 오리라 한 엘리야가 곧 이 사람이니라"(마 11:14)고 말씀하셨다. 만일 이스라엘이 예수님을 초림하신 메시아로 받아들였다면, 엘리야가 올 것이라는 예언은 요한을 통해 이루어진 것이 된다. 하지만 유대인들은 예수님을 거부했으므로 그 예언은 아직 이루어지지 않은 것이 된다(행 3:21). 사실 세례 요한이 "당신이 엘리야입니까?"라는 질문을 직접 받았을 때, 그는 "아니라"(요 1:21)고 단언했다.

마태복음 17장 11절에서 예수님은 이런 배경에서 제자들에게 엘리야가 언젠가 오리라고 말씀하셨던 것이다. 그리고 변화산상에서 그분 자신과 함께 엘리야와 모세가 영광 중에 나타난 사건 직후에 이 말씀을 하셨다(마 17:1-5). 베드로와 야고보, 요한은 이 사건으로 매우 혼란스러워졌다. 그들은 막 천국의 모습과 영광 중에 모세와 엘리야와 함께 있는 예수님의 모습을 잠깐 엿보았다. 그들은 엘리야에 대해 혼란이 생겼고 더 많은 질문이 생겼다. 그때 예수님은 그들에게 엘리야가 앞으로 와야 한다고 재확인해주신다.

엘리야의 귀환은 아직 이루어지지 않은 미래의 사건이다. 한 가지 공통된 해석은 이 예언이 이루어질 듯한 시점은 7년 대환난의 초기(휴거 뒤)라는 것이다. 요한계시록 11장 3-13절에서는 두 명의 특별한 사람이 7년 대환난의 처음에 1260일 동안 복음을 선포할 것이라고 말한다. 단순히 "두 증인"이라고 언급된 이 사람들은 파멸과 회개의 상징인 굵은 베옷을 입을 것이다(사 37:1-2, 단 9:3). 이 두 증인은 보통 엘리야와 모세로 확인된다.

두 증인들의 사역에는 설교, 예언, 기사를 행하는 일이 포함될 것이다. 그들은 사람들을 불러 회개케 하며 어떤 상황에서도 하나님께 신실하도록 권면할 것이다. 그들이 할 일을 끝낼 때까지 하나님은 그들을 해치려는 자들로부터 그들을 보호하실 것이다. 결국 적그리스도가 그들을 죽이겠지만, 하나님은 그들의 육신을 사흘과 반나절 후에 다시 부활시키셔서 하늘로 데려가실 것이다.

성경의 예언들은 늘 성취된다. 예수님은 엘리야가 언젠가 오리라고 제자들에게 말씀하셨고 이는 하나님의 예언 계획의 단지 일부일 뿐이다. 이것은 우리 각자에게 우리가 하나님의 말씀과, 말씀이신 그분을 가볍게 받아들이면 안 된다는 사실을 일깨워준다.

45

모든 어린이들에게는 수호천사가 있을까?

"삼가 이 작은 자 중의 하나도 업신여기지 말라 너희에게 말하노니 그들의 천사들이 하늘에서 하늘에 계신 내 아버지의 얼굴을 항상 뵈옵느니라"(마태복음 18:10).

영의 세계는 아주 실제적이다. 천사(그리고 사탄이나 타락한 천사)의 존재와 그들이 하는 일은 성경 전체에 걸쳐 기록되어 있다. 천사들은 창조 때부터 있었고, 예수님의 탄생을 노래했으며, 요셉과 마리아에게 애굽으로 피신하라고 경고했다. 또한 예수님이 광야에서 40일 동안 계실 때 그분의 수종을 들었다. 그들은 부활 후 예수님의 무덤에 있었고, 그분의 승천을 함께 목격했으며, 휴거 때와 재림 때도 분명히 그 자리에 있을 것이다.

예수님도 천사에 대해 가르치셨다. 그분은 마태복음 18장에서 그들에 대해 언급하시면서, 제자들에게 어린아이처럼 겸손하고 배우고자 하는 열심이 있는 믿음이 필요하다고 말씀하셨다(마 18:1-5).

예수님이 10절에 말씀하신 "작은 자"는 누구인가? 한 가지 견해는 이 말씀을 가르치실 때 예수님 곁에 서 있던 아이와 같은 어린아이들이라는 것이다(마 18:2). 두 번째 견해는 "작은 자"가 어린아이를 가리키는 것이 아니라 믿음과 행위에서 어린아이와 같은 특징을 갖고 있는 신자들을 가리킨다는 것이다. 이런 관점에서 보자면, 5절에 나오는 "이런 어린 아이"는 어린아이보다는 그리스도인들을 가리키는 것이다.

첫 번째 견해로 보면 마태복음 18장 10절은 어린아이와 그의 수호천사들에 대한 말씀이다. 하지만 아쉽게도 수호천사에 대한 내용은 거의 가르치지 않는다. 그리고 성경 다른 어느 곳에도 어른이든 아이든 한 사람을 위해 천사 하나가 존재한다는 암시는 없다. 우리는 이 구절을 통해 단지 그들의 존재를 확인하고 더 깊은 질문에는 답하지 말아야 한다. 이렇게 본다면, 예수님은 단지 어린아이들을 보호하는 천사들이 끊임없이 하나님의 존전에 나아간다는 말씀을 하시는 것인지도 모른다.

두 번째 견해로 보자면, 이 구절은 그리스도인과 천사에 대한 것으로 특별히 어린아이에 대한 것은 아니다. 이것은 몇몇 또는 모든 그리스도인들(어린아이와 어른)에게는 그들을 어떤 구체적인 시점에 도와주는 수호천사나 천사들이 있다는 의미가 될 수도 있다. 그런 사역은 수호천사의 임무처럼 지속적인 것일 수도 있고, 사가랴(눅 1:11-20)와 마리아(눅 1:26-38)에게 나타난 가브리엘 천사의 사역과 비슷하게 특정한 시점에 어떤 개개인에게 잠시 봉사하는 것일 수도 있다.

후자의 견해에서 좀 변형된 것은 "천사"란 단어가 단지 천사의 존재를 가리키는 것이 아니라, 죽은 후에 하나님 앞에 영존하는 신자들의 영이나 영혼을 가리키는 것이라는 견해다. 신학자 B. B. 워필드(B. B. Warfield)가 주장한 이런 견해는 18장 10절의 "천사"에 대해 독특한 해석이 가능하다. 다른 곳에서 예수님은 천국에 있는 그리스도인들은 비록 더 위대하고 천사들과는 분리된 존재지만, 어떤 면에서는 "천사"(마 22:30, 눅 20:36)와 같다고 가르치셨다. 그들은 비슷하지만 분리된 존재다. 사전적으로 강력히 주장하지는 못하겠지만, 그럴 가능성도 있다.

그렇다. 이 구절은 아마 꼭 수호천사가 아니라 하더라도 어떤 무언가가 어린아이들을 위해서는 존재한다는 것을 가르쳐주는 것일 수도 있다. 어린아이와 어른들이 다 수호천사를 가질 수도 있다. 만일 그렇다면, 성경에서 더 이상 언급하지 않으므로 이 주제로 다른 어떤 얘기를 하는 것은 억측일 것이다. 성경은 우리가 알아야 할 것은 하나님과의 관계를 성숙시키기 위해 필요한 것들이라고 가르친다. 그렇다고 해서 우리가 알고 싶은 것을 다 알려준다는 것은 아니다. 성경으로 족하지만 그렇다고 성경이 모든 것을 다 담고 있지는 않다(딤후 3:15-17).

46

하나님 외에 다른 사람을 아버지라 부르는 것은 잘못된 것인가?

"땅에 있는 자를 아버지라 하지 말라 너희의 아버지는 한 분이시니 곧 하늘에 계신 이시니라"(마태복음 23:9).

많은 문화, 종교적 전통, 개인적 차원에서 사람들은 연장자나 특정한 지도자들을 아버지나 다른 가족적인 명칭으로 부름으로써 그들에 대한 존경심을 표현한다. 사실 성경에서는 자신의 부모만이 아니라, 그들에게 어떤 형태의 권위를 행사하는 모든 사람들을 존경하고 그들을 위해 기도하라고 명령한다(출 20:12, 딤전 2:1-2, 벧전 2:17). 그런데 예수님이 제자들과 군중들에게 하나님 외에는 아무에게도 아버지라는 말을 쓰지 말라고 말씀하신 것은 무슨 뜻인가?

예수님의 이 명령은 청중들에게 이스라엘 종교 지도자들의 위선과 불신에 관해 더 광범위하게 경고하는 문맥에서 비롯된다(마 22:1-23:8). 예수님은 그들에게 명예와 존경을 받는 자리나 랍비, 아버지, 교사, 주인이 되고 싶은 바람을 자기 자신을 위해 추구하거나 가볍게 취급해서는 안 된다고 말씀하신다. 이스라엘의 종교 지도자들에게는 하나님의 말씀을 정확하게 가르치고, 설명하며, 연습시킬 막중한 책임이 있었다. 하지만 그들은 그렇게 하고 있지 않았다. 대신 그들은 자신의 이익과 자기 평가를 위해 자신의 지위를 이용하고 있었다. 그들은 성경을 잘못 해석하면서도 사람들에게 여전히 절대적인 헌신을 기대했다. 그들의 행동은 오늘날의 많은 종교 지도자들과 거짓 교사들의 행동과도 비슷하다. 예수님은 듣는 무리들과 제자들에게 영적으로 교만하고 위선적인 사람이 되면 안 된다고 말씀하신다. 다가올 하나님의 왕국에서 누가 가장 큰 자가 될 것인지 논쟁하지 말아야 했던 것처럼, 그들은 제자이며 영적 지도자로서 그들의 역할을 남용하지 말아야 했다(마 18:1–4). 진정한 제자의 특징은 자기 자랑이 아니라 겸손이다.

이 구절이 문맥상 예수님 당시의 종교 지도자들과 그들의 지위 남용을 다루고 있으므로, 예수님이 말씀하신 "아버지"는 생물학적인 아버지에 대해 말씀하시는 것이 아니다. 또 바울이 그의 어린 후계자인 디모데에게 영적인 아버지(고전 4:15, 딤후 1:2)가 되는 것과 같은, 영적 아버지 됨을 말씀하시는 것도 아니다. 무엇보다 예수님은 하나님만이 찬송받으시고 경배받으실 분이며 무조건 충성과 순종을 바쳐야 할 분임을 말씀하고 계신다.

47

예수님이 말씀하신 "이 세대"는 누구인가?

"내가 진실로 너희에게 말하노니 이 세대가 지나가기 전에 이 일이 다 일어나리라"(마태복음 24:34).

어떤 이들은 "이 세대"란 제자들을 가리킨다고 말하지만, 예수님이 이 말씀을 하실 때 살아 있던 사람들 가운데 그분의 재림을 본 사람은 아무도 없다. 대체 누가 "이 세대"며, 예수님이 말씀하시는 "이 일"이란 무엇인가?

이 구절은 감람산 강화로 알려진 예언의 말씀 가운데 나온다(마 24-25장, 막 13장, 눅 21장). 이 두 장에 나오는 예수님의 설교는 그분의 설교 가운데 가장 긴 예언 설교며, 성경에서 가장 중요한 예언의 말씀이기도 하다. 예상 못한 것은 아니지만 이 구절들은 사람들이 해석하려 했을 때 가장 논쟁이 되었던 대목으로, 논쟁은 대개 혼란을 가져온다.

어떤 이들은 예수님이 말씀하신 세대는 두 구절 앞에 있는 마태복음 24장 32절의 무화과나무에 대한 언급과 연결되며, 그래서 이 무화과나무가 1948년에 재건된 이스라엘의 상징이라고 생각해왔다. 성경의 한 세대가 약 40년이라는 개념에 따라, 이들은 이스라엘이 다시 건국되고 대략 한 세대 안(즉, 1988년 전)에 예수님이 재림하실 것이라고 주장했다. 하지만 예수님은 그 무화과나무가 이스라엘을 나타낸다고 말씀하신 적이 없다. 오히려 그분은 무화과나무의 이미지를 예언의 상징이 아니라 삽화로 사용하셨다. 게다가 이 40년 이론은 이미 1988년이 지났기 때문에 맞지 않는 이야기가 되어버렸다.

다른 해석가들은 "이 세대"는 예수님 시대에 살았던 사람들을 가리키며, 마태복음 24-25장의 이 예언은 어떤 면에서 70년경 로마의 예루살렘 침공으로 성취되었다고 말한다. 하지만 "이 일"(마태복음 24장 2-33절의 사건)을 잘 살펴보면 이 일이 1세기 예루살렘 멸망 때 일어난 일은 아니라는 것이 분명히 드러난다.

감람산 강화에서 예수님은 우리 시대에도 아직 일어나지 않은 사건들에 대한 광범위한 예언을 말씀하신다. "이 세대"라는 구절과 "이 일"은 문맥상이나 문법적으로 예수님이 분명히 미래의 일을 말씀하신 것이다. 예수님은 미래의 세대는 마태복음 24장 4-33절에서 기록한 사건들을 경험할 것이라고 말씀하신다. 이 미래의 사람들은 모든 사건들이 문자 그대로 이루어질 때까지 죽지 않을 것이다.

이 일은 언제 일어날 것인가? 이는 7년 환난 동안 일어나는데(단 9:24-27), 데살로니가전서 4장 15-18절에 예언된 대로 교회의 휴거 후에 뒤따라 일어날 것이다. 환난은 인류의 역사상 가장 고통스럽고 끔찍한 시간이 될 것이며, 예수님이 말씀하시는 대상은 바로 이 환난의 세대를 거치는 사람들이다. "이 세대"는 1세기부터 지금 우리 세대까지 살아온 사람들을 가리키는 것이 아니다. 이는 다가올 미래 세대다(설사 금세 닥칠 일이며 지금 살고 있는 사람들이 거기 포함된다 해도). 그 환난을 겪는 세대는 예수님의 재림을 보게 될 것이다. 그러므로 예언의 관점에서 이 세대는 가장 위대한 세대가 될 것이다.

48

무엇이 사람을 더럽게 하는가?

"무엇이든지 밖에서 사람에게로 들어가는 것은 능히 사람을 더럽게 하지 못하되 사람 안에서 나오는 것이 사람을 더럽게 하는 것이니라"(마가복음 7:15-16).

만일 사람들이 술 파는 곳을 들락거리거나 길모퉁이의 성인용 책 가게에 들르거나, 저속한 사람들과 어울려 다니며 동네 영화관에서 문제 있어 보이는 영화를 본다면, 그들은 분명히 그 선택의 결과로 부정적인 영향을 받을 것이다. 그렇지만 이런 행동들이 그들을 더럽히거나 타락시키는 것인가? 절대로 그렇지 않다! 잘못된 행동, 적절치 못한 행위나 마땅치 못한 자료들은 마음의 부패를 반영하는 산물이지 그 자체가 사람을 타락시키지는 않는다. 각 사람의 마음은 "만물보다 거짓되고 심히 부패한 것"(렘 17:9, 마태복음 15장 18절, 23장 25-26절, 디도서 1장 15-16절도 보라)이다. 이 말은 진리다. 그 자료를 읽음으로써 당신이 더러워지는 것인가?

아니면, 당신이 더럽기 때문에 그런 자료를 보는 것인가?

알콜 남용이나 성 문란 그리고 자기 탐닉에 대해 사람들에게 경고할 필요가 있는데, 특별히 순진하고 연약한 어린아이들과 미성년자들을 보호할 필요가 있다. 하지만 이것이 사람들에게 위험한 이유는 그것들이 더럽기 때문이 아니라 사람들이 본질상 더럽혀졌기 때문이다. 더 심각한 문제는 당신의 성품과 직업이다. 우리는 앞선 많은 사람들처럼 우리 자신의 내적 약점을 성숙시키고 강화하는 대신, 외적인 영향에 더 초점을 맞추곤 한다. 우리 자신에게 이기적이고 기만적인 마음이 없다면 우리가 두려워하는 악마가 무엇이든 존재할 수조차 없을 것이다.

바이러스는 컴퓨터에 가해지는 실질적인 위협이라기보다는 컴퓨터를 취약하게 만드는 내부 결함이다. 또 번개가 텔레비전을 위협하는 것이 아니라, 고압에 약한 텔레비전의 무능함이 문제가 된다. 우리가 그렇듯이 컴퓨터와 텔레비전도 그것들의 취약점이 가장 악한 적이 된다. 컴퓨터에 방화벽을 더하거나 텔레비전에 고압 보호기를 설치하면 동일한 외부 자극이 있다 해도 힘을 쓰거나 영향을 미치지 못할 것이다.

세상에서 나쁜 행동을 하는 사람들은 그들의 마음 상태 만큼만 나쁜 영향력을 끼칠 수 있다. "선한 사람은 마음에 쌓은 선에서 선을 내고 악한 자는 그 쌓은 악에서 악을 내나니 이는 마음에 가득한 것을 입으로 말함이니라"(눅 6:45). 그렇다면 이런 의문이 생기는데, 무엇이 선한 사람을 선하게 만드는가? 아니 '고압 보호기' 나 '방화벽' 이 사람으로 하여금 더러움과 그 결과물을 극복하게 도와줄 수 있는가? 우리는 마음과 정신을 악 자체와는 대조적인 것으로 연결시켜야 한다. 예수 그리스도로 오신 하나님은 거룩케 하시는 성령의 사역을 통해 우리를 성부 하나님께로 인도하신다.

우리 자신의 영적 부패는 우리에게서 비롯되고 우리를 적대시하는 악을 창조한다. 그러나 하나님은 성자 하나님의 피를 통해 우리를 회복시키시고 '믿음을 통해 마지막 때에 드러날 준비가 된 구원을 위한' 우리의 운명을 확증하신다(벧전 1:3-5, 행 4:12, 딛 3:4-7, 히 12:1-3). 하나님은 쇠하지 않으시는 분으로 그분 없이 우리는 썩어갈 수밖에 없는 존재들이다.

당신 삶의 모든 면에서 하나님과 연합하라. 그러면 당신은 이 세상의 위협을 더욱 분명히 알게 되고 이를 은혜로 다루게 될 것이다.

49

왜 예수님은 베드로가 사탄에게 사로잡혔다고 말씀하셨는가?

"예수께서… 베드로를 꾸짖어 이르시되 사탄아 내 뒤로 물러가라 네가 하나님의 일을 생각하지 아니하고 도리어 사람의 일을 생각하는도다"(마가복음 8:33).

베드로는 예수님의 제자들 가운데 가장 솔직했다. 그는 가장 대담하고 외향적인 열정을 지녔고, 아울러 가장 마찰을 일으키기 쉬운 성향을 지녔다고 평가된다. 그는 정확한 순간에 옳은 일을 했다고 말할 수도 있겠지만, 잘못된 때에 잘못된 일을 할 때도 많았다. 그 한 예가 마가복음 8장 27-33절에 나온다.

이 대목은 마태복음 16장 13-23절에도 기록되어 있는데, 자신의 진짜 정체를 묻는 예수님의 물음에 베드로는 바른 대답을 한다. "주는 그리스도시니이다"(막 8:29). 이 짧은 선언은 분명 사람이 표현할 수 있는 가장 민감하고 심오한 대답 중 하나였을 것이다. 예수님은 진실로 메시아시다. 예수님이 제자들에게 임박한 그분의 죽음과 부활에 대해 가르치기 시작하셨고, 이 가르침은 제자들이 이해해야 할 아주 중요한 문제였다. 그러나 베드로는 그분을 책망하기 시작했고, 그 결과 예수님은 베드로를 책망하시고 그를 사탄이라 부르며 날카롭게 되받아치셨다.

예수님은 제자들에게 메시아로서의 그분의 역할과, 구약의 예언을 성취하기 위해 그분이 감당해야 할 고통을 아주 진솔하게 가르치고 계셨다. 십자가의 죽음은 그분이 삼위일체의 두 번째 위격임에도 인간의 몸을 입고 하늘로부터 이 땅에 오신 목적이었다. 이전에는 예수님이 제자들에게 그분의 거룩한 사명에 대해 이토록 분명하고 결정적으로 말씀하신 적이 없으셨고, 베드로의 강한 반응을 보면 제자들도 예수님의 사역을 이해했음을 보여준다.

베드로의 격렬한 반응은 예수님의 예리한 책망을 받았다. 말씀으로 귀신을 잠잠케 하신 것처럼, 그분은 베드로를 잠잠케 하셨다(막 1:25). 베드로가 깨닫지 못하고 예수님을 고통당하는 구세주로서 받아들이지 않으려 했던 것은 하나님의 계획과 뜻을 받아들이지 않겠다는 반항적인 거부였다. 하나님의 계획과 목적은 우리의 이해를 넘어선다(사 55:8-11).

예수님이 베드로를 사탄이라고 말씀하셨던 것은 베드로 개인에 대한 공격이 아니라, 모든 제자들에게 이를 설득시키고 그들의 주의를 끌기 위해 과장법을 쓰신 것이라고 봐야 할 것이다. 이것은 사탄이 예수님을 유혹해서 하나님의 계획을 이루지 못하게 하려 했기 때문이었다(마 4:1-11, 막 1:12-13, 눅 4:1-13). 베드로의 생각과 말은 사탄이 불어넣었거나 아니면 베드로를 통해 사탄이 얘기한 것일 수도 있는데, 하나님의 계획과는 반대되는 것이었다. 어떤 말이나 어떤 사람도 예수님이 세상에 오신 사명을 이루려는 뜻을 변경시키지는 못할 것이다. 아마 베드로는 그 시대의 많은 사람들처럼 예수님이 유대인들을 인도해서 그들을 정치적 압박으로부터 벗어나게 해줄 메시아라고 생각하고 있었던 것 같다. 그렇다면 십자가형과 죽음은 그들의 자유를 막는 것이 된다. 그가 가진 생각의 본질이나 의도가 무엇이든 그의 말은 잘못된 것이었다.

예수님은 베드로가 귀신이 들렸다고 말씀하신 것이 아니다. 귀신이나 사탄은, 회심한 순간부터 성령님이 내주해 계시는 그리스도인을 사로잡지는 못한다(고전 3:16, 6:19, 골 1:13). 사탄은 그리스도인을 공격하거나 유혹할 수는 있지만, 그를 사로잡거나 그 안에 들어앉지는 못한다(엡 2:1-3, 살전 2:18). 그리스도인에 대한 압력은 내부가 아닌 늘 외부에서 온다.

인쇄물, 대중 매체, 대화, 강의실, 일터, 심지어 우리 머릿속까지 말로 가득 찬 세상에서 우리는 예수님의 말씀과 가르침을 가볍게 받아들여선 안 된다. 그 말씀은 진리며 우리에게 영생을 말해주며 이는 예수님을 믿기만 하면 누구에게나 거저 주어진다. 베드로의 선언처럼 예수님은 진정 메시아이시기 때문이다.

50

"나와 복음을 위하여… 목숨을 잃으면 구원하리라"는 예수님의 말씀은 무슨 뜻인가?

"누구든지 자기 목숨을 구원하고자 하면 잃을 것이요
누구든지 나와 복음을 위하여 자기 목숨을 잃으면 구원하리라"(마가복음 8:35).

비록 하나님과 올바른 관계를 맺으면 죽을 수도 있는 많은 상황에서 벗어나기도 하지만, 이 구절에서는 어떤 부분에서도 육체적인 죽음에서 사람을 구원한다는 언급은 없다. 목숨을 구원하거나 잃는다는 것은, 영원한 운명에 영향을 미치는 이생에서의 선택을 가리키는 것이다.

어떻게 사람이 자신의 목숨을 영원히 구원하는가? 혹은 어떻게 한 사람의 삶 전체가 보존되는가? 주님은 이 질문에 각각 세 가지 말씀으로 나누어 대답하신다. 1) 예수님은 앞으로 다가올 그분의 죽음과 장사 그리고 부활을 제자들에게 알려주시려 그들을 모으셨다. 베드로는 이런 계시는 받아들일 수 없다고 생각하고 그런 말씀을 하시는 예수님을 질책한다(막

8:31-32). 2) 예수님은 베드로의 질책에 이렇게 대답하신다. 베드로와 다른 모든 제자들은 하나님께 유익이 되는 일에 마음을 쏟아야 하며, 그분의 일에 자신의 성향을 반영하려 하지 말아야 한다고 말씀하신다. 결국 예수님을 따르는 것은 자신의 성향을 부인하고(자기를 부인하고) 하나님의 겉옷이나 방패(십자가)를 집어드는 것이다(막 8:33-34). 3) 문제의 구절에 뒤이어 예수님은 우리 모두가 해야 하는 선택의 궁극적인 결과는 목숨을 잃거나 구원하는 것임을 보여주신다. 우리는 인간의 자연적 본성을 좇는가, 하나님의 유익을 추구하는가? 전자의 선택은 현세의 삶에서 대단히 유리할지 모르지만, 영혼의 필요를 영원하고 온전하게 채워주지는 못할 것이다(막 8:36-37).

구원을 받기 원한다면 하나님의 관심사를 위해 자신의 이해나 관심사를 기쁘게 포기해야 한다. 그렇게 함으로써 현재와 영원한 삶의 문제들이 모두 하나님의 사랑하시는 아들의 죽음과 장사 그리고 부활 안에서 해결될 수 있어야 한다. 삶에서 가장 최고의 것을 얻기를 갈망하는 사람이라면 죽음이 일시적인 삶에서 영원한 삶으로 옮겨가는 과도기에 불과하다는 사실을 이해해야 한다. 하나님의 렌즈로 삶을 바라보는 사람은 삶을 이해하고, 축복과 저주, 더 중요하게는 우리의 문제들을 해결해나가는 것이 그리스도 안의 구원이라는 것을 안다. 너무나 많은 사람들이 인류를 얻고자 하시는 그분의 노력 속에 담긴 하나님의 자비로운 행하심을 보지 못하기에, 그들은 생명이 끝나기 전에 세상에 흔적을 남기는 데 삶을 모두 낭비해버린다. 사실 세상에서 우리의 흔적을 남기고 살아가기 위해서는 결국 모든 것을 포기해야 한다. 그렇다면 우리가 이 세상에 그분의 흔적을 남기려 애쓰는 것이 가장 훌륭한 일이 아닐까? 오로지 인간의 고집에 대한 하나님의 유일한 치료 책을 받아들여야만 우리는 생명과 영혼의 문제를 해결할 수 있다. 예수님이 제자들에게 그분의 참된 역할을 부인하는 사탄의 역할을 해서는 안 된다고 경고하신 것처럼(막 8:31-33), 우리의 결함 투성이고 근시안적인 관심사로 영혼 구원의 은혜가 담긴 하나님의 말씀을 거부하거나 방해해서는 안 된다. 그리스도가 십자가에 죽으시고 부활하신 것은 세상이 필요로 했기 때문이다. 그분의 흔적은 영혼을 구원하지만 우리의 흔적은 그렇지 않다.

각 사람은 자신의 생명(꿈, 관심사, 이해)을 잃음으로 영원히 구원받아야 할(하나님의 관점을 받아들이고 감사해야 할) 책임이 있다. 우리의 정신을 혼미케 하는 안개 속에서 하나님의 말씀을 부끄러워하지 말고 우리의 길을 밝혀주시는 하나님을 신뢰해야 한다(막 8:38).

51

죽기 전에 하나님의 나라를 보는 이들은 누구이며, 그때는 언제인가?

"또 그들에게 이르시되 내가 진실로 너희에게 이르노니
여기 서 있는 사람 중에는 죽기 전에 하나님의 나라가
권능으로 임하는 것을 볼 자들도 있느니라 하시니라"(마가복음 9:1).

기억에 남을 만한 경험을 하게 되면 사람들은 "정말 네가 봤어야 하는데" "절대로 못 잊을 거야" "내 눈을 믿을 수가 없더라고" 등의 말을 하게 된다. 예수님이 마가복음 9장 1절에서 어떤 사람들은 죽기 전에 하나님의 나라가 임하는 것을 볼 것이라고 선언하셨을 때, 예수님은 정확히 그런 경험을 염두에 두셨다. 그 말씀이 결실을 맺기까지는 그리 오래 걸리지 않았다. 일주일 안에 예수님의 제자 세 명이 그런 경험을 했기 때문이다. 예수님이 말씀하셨던 어떤 이들은 베드로와 야고보, 요한으로 예수님과 가장 가까운 제자들, 즉 핵심 구성원들이었다. 그들은 예수님이 야이로의 집에 가서 죽은 그의 딸을 살려내실 때 동행했던 유일한 제자들이었으며(마 9:18-26), 예수님이 잡히시던 날 밤 겟세마네 동산 중앙으로 데리고 가셨던 제자들이었다(막 14:33).

생생한 경험을 위해서 예수님은 이 세 명을 산꼭대기로 데리고 가시는데, 아마 해발 2800미터로 그 지역에서 가장 높은 헤르몬 산이었을 것이다. 지금은 변화산으로 알려진 이곳에서 그들은 예수님이 거룩한 광휘와 위엄으로 가득찬 영광스런 몸을 입고 나타나신 것을 잠깐 보게 된다. 예수님은 번개처럼 빛나는 현란하고 영광스런 모습으로 변화하신다.

모세가 시내 산에서 비슷한 사건을 경험했던 것처럼(출 34:29-34), 이 세 사람은 이제 장차 다가올 일을 잠깐 엿보게 된다. 이는 하나님이 예수님과 앞날에 대해 품으신 계획을 살짝 미리 엿보는 것으로써 예수님이 지상 사역 동안 말씀하시고 가르치신 모든 것이 하늘로부터 온 것임을 확증하는 것이기도 했다(막 9:7).

이 순간까지 예수님의 신적인 본질은 숨겨져왔다. 하지만 이제 이 세 명의 친구이자 제자들은 영광이 충만하신 예수님을 본 것이다. 그리고 이것은 그들의 삶에서 영원히 잊지 못할 기억에 남을 광경이었다. 세월이 지나 베드로는 이때의 경험을 회고하면서 이를 복음이 진리임을 확증하는 증거로 삼아 편지를 읽는 독자들에게 이 사실을 상기시킨다. "우리 주 예수 그리스도의 능력과 강림하심을 너희에게 알게 한 것이 교묘히 만든 이야기를 따른 것이 아니요 우리는 그의 크신 위엄을 친히 본 자라"(벧후 1:16). 이들은 예수 그리스도를 믿는 모든 사람들이 기다리는 영광된 미래를 잠깐 들여다본 것이다. 그리고 그들은 자신들이 본 것을 결코 잊지 않았다.

52

예수님은 정말 자신이 선하지 않다고 말씀하시는 것인가?

"예수께서 이르시되 네가 어찌하여 나를 선하다 일컫느냐 하나님 한 분 외에는 선한 이가 없느니라"(마가복음 10:18).

이 말씀은 한 남자가 예수님께 "선한 선생님이여 내가 무엇을 하여야 영생을 얻으리이까"(막 10:17) 하고 질문한 데 대한 예수님의 응답이다. 이 사람은 예수님의 말 뜻을 분명히 깨달았던 것 같다. 이후에 그가 예수님을 가리키는 말에는 선하다는 단어가 빠져 있기 때문이다(막 10:20). 이 형용사와 그에 대한 예수님의 대답에는 영원까지 이어지는 진리가 존재한다. 진정한 하나님이신 그리스도 안에서는 영생에 대해서 자신의 무능력을 기꺼이 인정하는 모든 사람에게 하나님의 선하심과 의로우심이 주어지기 때문이다. 이 부자 청년은 자신의 영혼을 구원할 만큼 선한 사람이 될 능력이 없으며, 이것은 우리도 마찬가지다.

사람은 그리스도 안에서만 선하다. 하나님의 형상으로 만들어진 피조물인 우리는 선한 일을 할 수 있지만, 본성이 선하지는 않다. 우리는 자주 법을 어기는 사람들이다. “누구든지 온 율법을 지키다가 그 하나를 범하면 모두 범한 자가 되나니”(약 2:10). 수세기 동안 기록된 인간의 역사와 함께, 인간의 태도와 행위들을 솔직하게 평가해보면 인류가 이기적이고 올바르지 못한 성향을 지니고 있다는 성경의 평가에 확신을 갖게 된다. 사도 바울은 시편 14장 1-3절의 내용을 반영해서 인류의 실제 마음 상태를 묘사한다. “의인은 없나니 하나도 없으며 깨닫는 자도 없고 하나님을 찾는 자도 없고 다 치우쳐 함께 무익하게 되고 선을 행하는 자는 없나니 하나도 없도다”(롬 3:10-12).

사실 예수님이 선포하신 대로 하나님만이 선하시고 그분으로부터 천사와 사람들에게 알려진 모든 종류의 선이 흘러나온다. 모세가 하나님의 영광을 보여달라고 그분께 간구했을 때 하나님이 처음 어떻게 반응하셨는지를 생각해보라. 하나님의 영광을 훌륭히 증명해줄 특징은 바로 그분의 선하심이다(출 33:18-19). 하나님과 관계를 맺고 있을 때만 우리도 선해질 수 있다. 우리는 그분을 떠나서 결코 온전해질 수 없으며, 영적 죽음의 상태에 처한 채 자기만을 위해 살아갈 수밖에 없다(사 64:5-7).

부자 관원이나 우리 가운데 누구도 영생을 얻기 위해 하나님이 요구하시는 특질을 갖고 있지 않다. 그것은 곧 율법의 모든 법령에 순종하는 것이다. 그러므로 우리는 그리스도의 선하심과 온전하심을 어떤 식으로든 얻어야 한다. 이것은 기꺼이 다른 사람의 죄를 지고 대신 돌아가신 그리스도의 대속의 죽음을 믿음으로써 얻을 수 있다. 그분의 죽음을 우리의 죽음으로 받아들임으로써 우리는 그분의 선하심을 힘입어 율법의 정죄를 벗을 수 있다(롬 5:17-19, 8:1). 그 믿음에 대한 보상이 곧 영생이다.

만일 우리가 자랑을 한다면, 하나님만이 선한 스승이시므로 그리스도 안에서 소유한 선함을 자랑하자. 우리는 그분의 제자들이다. 우리의 선은 우리 자신이 만들어낸 것이 아니다. 이는 스승이신 그리스도가 우리에게 주시는 선물이다(렘 9:24, 고전 1:30-31).

53

그리스도인들은 정말 독사를 만지고 독을 마셔도 해를 받지 않는 능력을 보장받았는가?

"뱀을 집어올리며 무슨 독을 마실지라도 해를 받지 아니하며 병든 사람에게 손을 얹은즉 나으리라"(마가복음 16:18).

이 구절에서 생기는 혼란은 신학적인 것이라기보다는 본문 연구 차원의 것이다. 이 진술은 대단히 명확하지만 더 큰 의문은 이 구절이 정말 성경에 포함되는가 하는 것이다. 이는 신약 성경에서 가장 어렵고 논란이 많은 본문 연구 구절 가운데 하나다. 예수님이 정말 이 말씀을 하셨으며 성령님이 정말 마가에게 영감을 주셔서 이 말을 그의 기록에 포함시키도록 한 것일까? 이 구절과 주변 구절들은 마가의 원 저작인가, 아닌가?

마가의 마지막 열두 구절(막 16:9-20)은 '긴 결말'로 알려져 있으며 마가복음의 가장 오래되고 믿을 만한 사본에는 발견되지 않는 부분이다.

많은 해석가들도 이 구절들의 형식과 어법 때문에 이것은 이 복음서의 일부가 아니며 진짜로 보아서는 안 된다는 결론을 내리고 있다. 이 구절들은 대부분의 헬라어 사본에 나타나지만, 이렇게 만들어진 사본이 여러 개라는 사실 때문에 이런 문제가 발생한다. 8절과 9절 사이의 전환이 어색하다는 사실도 이 구절들이 마가가 원 저작을 끝낸 후 어느 시점에 알려지지 않은 출처에 의해 첨가되었다는 설에 힘을 실어준다.

이에 덧붙여, 이 구절의 사본 역사상 12절은 한 번 이상의 변형이 존재한다. 클레멘트(Clement)와 오리겐(Origen) 그리고 유세비우스(Eusebius)를 포함해서 많은 초기 교회 교부들은 성경 전체를 다 접했지만 이 구절에 대해서는 인식하지 못한 것 같다. 이 구절의 내용 대부분이 성경의 다른 곳에서 발견되는 까닭에 만일 구절이 생략되었다해도 진실이 사라진 것은 아니다. 이것이 타당한 진리인가는 문제가 되지 않지만, 마가복음의 본문인가는 문제가 된다.

비록 18절의 선언이 다른 구절에 명확히 나와 있지는 않아도, 이 구절을 증명하는 많은 성경적 실례가 존재한다. 사도행전 28장 3-6절에 부지불식간에 뱀을 잡았는데 아무 해를 입지 않은 실례가 기록돼 있으나, 독을 마신 사람에 대해서는 기록이 없다. 이 구절을 근거로 그런 행동을 한 사람은 누구나 하나님의 보호를 받는다는고 단언하는 것은 지혜롭지 못하다.

마가복음 16장 9-20절에서의 문제는 이 본문이 성경에서 빠져야 할 부분이기 때문에 우리가 100퍼센트 완벽한 성경을 갖고 있지 않다는 것이 아니다. 오히려 (지금은 하나도 남아 있지 않는) 성경 원본을 필사하고 전달해온 역사 덕분에 우리는 결과적으로 그 이상의 성경을 소유하게 되었다. 하나님의 말씀을 진지하게 배우는 학생들의 과업은 참된 성경 말씀이 무엇인지 연구하는 것이다. 어떤 구절들은 쉽게 진짜로 간주할 수 없는 경우도 있다(하지만 문제가 되는 구절은 어떤 경우도 성경의 주된 교리와는 관계가 없다.) 마가복음의 마지막 열두 구절은 이 범주에 들어가는 몇 안 되는 구절에 속한다. 이 구절들은 마가의 저술 후 백 년이 지난, 2세기 중반까지 회람 문서에 포함되어 있었지만, 그가 쓴 것 같지는 않다.

54

우리는 독설을 용인해야 하는가?

"너희를 저주하는 자를 위하여 축복하며 너희를 모욕하는 자를 위하여 기도하라" (누가복음 6:28).

산상수훈은 그리스도인이 다른 사람, 특히 비신자들과의 관계에서 취하는 개인적인 행동에 대한 주님의 관점을 반영한다. 그것은 심판과 처벌의 의무가 있는 국가나 이를 대신해서 집행하는 사람들에 대해 말하는 것이 아니다(롬 13:1–6).

하나님은 "그 해를 악인과 선인에게 비추시며 비를 의로운 자와 불의한 자에게 내려주심이라"(마 5:45)고 말씀하신다. 만일 하나님이 모든 사람에게 축복을 내리신다면, 그리스도인들도 동일하게 행해야 한다. '그리스도처럼 살아가는 것' 은 신자들이 소원하는 바다. 그리스도인의 삶은 '나와 내 관심사' 에 집중하는 삶이 아니라 '하나님과 그분의 관심사' 에 마음을 쓰는 삶이다. "너희는 원수를 사랑하고 선대하며 아무 것도 바라지 말고 꾸어 주라 그리하면 너희 상이 클 것이요 또 지극히 높으신 이의 아들이 되리니 그는 은혜를 모르는 자와 악한 자에게도 인자하시니라 너희 아버지의 자비로우심 같이 너희도 자비로운 자가 되라"(눅 6:35-36). 산상수훈은 우리가 대접받은 대로 사람들을 대접하지 말고, 그들이 우리를 대접해주기를 바라는 대로 그들을 대접해야 한다고 가르친다(눅 6:31). 당신의 어머니를 얕보거나 남동생에게 해를 입힌 사람에게 보복하고 싶은 것이 인지상정이지만 그 심판과 처벌은 국가에 맡기고, 당신이 가해자에게 바라던 모습으로 그들을 대해야 한다. 사랑스러운 사람을 사랑하고 당신에게 보답할 수 있는 사람들에게 베푸는 것은 쉽지만, 사랑스럽지 않은 사람을 사랑하고 아무것도 보답으로 받으리란 기대 없이 베푸는 것은 거룩한 것이다(눅 6:32-34).

이 땅 위의 천국은 사회적 기준과는 맞지 않는다. 그런 천국의 존재는 수치감을 자주 불러일으키는 세상에 꼭 필요한 선물이다. 이것은 자기 이익만을 좇아 살아가는 믿음 없는 세상에 주어진 하나님의 은혜며, 우리는 이런 천국을 위해 세상에서 선택된 대사들이다(고후 5:17-20). 하나님은 이방인이나 유대인, 부자나 가난한 자 모두에게 공평하게 복음을 주셨고(행 10:35) 그리스도 안에서 모든 사람을 유익케 하기 위한 하나님의 겸손을 세상에 보여주셨다(빌 2:5-9). 우리가 누구인데 그분보다 행함이 부족한가? 용서받은 자들은 받을 자격이 없음에도 은혜를 받았고, 그리스도는 그들을 하나님의 가족으로 받아들이셨다. 그들의 새로워진 선한 양심으로는 다른 사람에게도 자신과 동일한 축복이 내려진다는 사실을 부인하지 못한다(엡 4:32).

산상수훈은 사람들에게 돌이킬 수 없는 해를 입히려는 사람들을 제지하지 못하게 막으시는 것은 아니다. 다른 뺨을 돌려 대라는(눅 6:29) 말씀은 연약함을 드러내 보복에 대처하려는 이기심 없는 태도를 반영한다. 이는 가루가 되도록 으스러지는 방법이 아니다. 예수님의 말씀은 사람들이 우리에게 나쁜 말을 하더라도 참을성 있게 끝까지 옳은 일을 행하고, 그들을 위해 기도할 것을 요구하시는 것이다(롬 12:14-18). 우리는 원수, 즉 우리가 미워하는 이들을(시 5:4-6) 인자하게 대하며 사랑해야 한다. 그렇게 할 때 우리는 하늘 아버지의 성품을 정확히 나타낼 수 있다.

55

예수님은 '죽은 자들로 장사하게 하라'는 말씀을 통해 어떤 교훈을 주시는가?

"죽은 자들로 자기의 죽은 자들을 장사하게 하고"(누가복음 9:60).

그리스도인이 된다는 것, 즉 예수 그리스도의 제자가 된다는 것은 가볍게 받아들일 문제가 아니다. 예수님은 그런 헌신의 대가는 아주 크며 제자도가 그들 인생의 우선이 되어야 한다고 되풀이해서 말씀하셨다(마 4:19-20, 16:24, 19:21). 제자도는 다른 모든 사회, 문화, 가족의 의무보다 우위에 있다. 누가복음 9장 57-62절에서는 예수님과 장차 제자가 될 세 사람과의 조우를 통해 이런 사실을 세 번 강조하신다. 이런 맥락에서 예수님은 죽음과 장례에 대해 대단히 예리한 언급을 하신다.

가족이 죽었을 때 그를 바르게 매장하는 것은, 유대교에서는 지금까지도 아주 중요한 행사다. 죽은 자를 묻는 일은 대단히 긴급하고 중요한 종교적 의무였고 율법 공부보다 더 우선되는 일이었다(창 50:5, 레 21:1-3). 제대로 장례를 치르지 못하는 것은 크게 물의를 빚을 일이었다. 누가복음 9장 59절에는 제자의 아버지로 생각되는 사람이 이미 죽었는지, 막 임종하기 직전인지 확실한 언급이 없다. 아버지가 이미 돌아가셨다면 그 아들은 벌써 장례 절차를 치르고 있는 중이었을 것이다. 그러므로 아들은 아마도 아버지의 죽음을 기다리고 있었을 것이며, 그 후에야 장례를 치르고 필시 유산을 받게 될 것이다. 그는 예수님의 제자가 되어 그분을 따르기 전에 좀 더 시간을 달라고 요구하는 중이었다.

죽은 자를 장사하는 데 대한 예수님의 수수께끼 같은 반응은, 영적으로 죽은 자들에게 육체적으로 죽은 자를 장사케 하라고 말씀하시는 일종의 언어 유희다. 성경은 비그리스도인들은 영적으로 죽은 것이라고 가르친다(요 5:25, 롬 6:13, 엡 2:1, 5:14). 예수님은 이런 요청을 한 젊은이가 이미 영적으로 깨어 있어서 예수님이 메시아이심을 이해했다는 것을 아셨다. 그분은 이제 복음을 선포하는 일이 그의 새로운 우선순위가 되어야 한다고 말씀하고 계신다. 제대로 가족을 장사 지내고 싶은 갈망은 제자의 길을 미루는 아주 타당한 이유였지만, 만족스런 답이 아니었다. 신자가 아닌 다른 가족들이 장례를 주관할 수도 있었다. 예수님은 한 사람의 종교적, 문화적, 가정적 기대치를 인정해주기보다, 그리스도인에게 새롭고 더 위대한 우선순위를 부여하신다.

작가이자 변증가인 C. S. 루이스는 이렇게 말했다. "영원하지 못한 것들은 결국 언젠가는 시대에 뒤떨어지기 마련이다." 예수님은 누가복음 9장 59-60절의 만남에서 앞으로 제자가 될 사람들에게 이러한 우선순위와 긴박감을 전달하고자 하셨다. 누군가 그리스도인이 되면, 다른 모든 일들은 재조정되어야 한다. 예수 그리스도에 대한 헌신은 친구와 일, 문화적 기대, 심지어 가족을 포함한 삶의 다른 모든 요소들보다 우선된다. 이 모든 요소들도 중요하지만, 예수 그리스도를 따르는 것만큼 중요하지는 않다. 하나님과 다른 요소(그것이 어떤 것이든) 사이에 결정을 내려야 한다면 하나님이 우선 되어야 한다.

56

요나의 표적이란 무엇인가?

"무리가 모였을 때에 예수께서 말씀하시되 이 세대는 악한 세대라 표적을 구하되 요나의 표적 밖에는 보일 표적이 없나니"(누가복음 11:29).

이 대목은 마태복음 12장 39절과 16장 4절에 나온다. 16장 4절에서는 예수님이 이 말에 더 부연하지 않으시고 그냥 무리를 떠나신다. 이 구절과 다른 곳(막 8:11, 요 2:18, 4:48, 고전 1:22)에서 예수님이 말씀을 전한 사람들 가운데 그 말씀을 그대로 믿는 사람은 별로 없었다. 그들의 불신은 너무나 깊었다. 자신들이 보거나 들었던 기적들 외에, 그분이 비유와 말씀을 통해 선포하신 바로 그 인물이라는 증거로 또 다른 표적을 요구했다(마 12:22, 눅 16:14-16). 주님은 그 세대를 사악하고 음란한 세대라고 여기셨다. 하지만 쉽게 그 세대가 우리 세대보다 열등하다거나 더 잘못되었다고 판단해서는 안 된다. 지금도 여전히 사람들은 "증명해보시오!"라거나 "성경이 말하는 사실을 뒷받침할 수 있는 성경 외적 증거들을 보여주시오"라고 그리스도인에게 요구한다. 그때나 지금이나 믿을 만한 증거가 없는 것이 아니라 믿지 못하는 불신이 문제가 된다. 어떤 표적도 그들의 성에 차지 않을 것이므로 예수님은 그들에게 요나의 표적 외에는 표적을 주지 않으려 하셨다.

마태복음 12장 40절이 본문에 늦게 추가되었다고 생각하는 해석가들은 이 표적을 "회개의 가르침"이라고 이해한다. 하지만 만일 이 구절이 진짜라면("요나가 밤낮 사흘 동안 큰 물고기 뱃속에 있었던 것 같이 인자도 밤낮 사흘 동안 땅 속에 있으리라"), 누가복음 11장 30절에서 누가가 좀 모호하게 언급한 대목과("요나가 니느웨 사람들에게 표적이 됨과 같이 인자도 이 세대에 그러하리라") 일치한다. 예수님이 마태복음 12장 39절과 누가복음 11장 29절에서 말씀하신 표적은 미래에 일어날 일이다. 그분은 이전 가르침, 즉 그분이 이미 보여주신 표적이 아니라 앞으로 일어날 어떤 일을 언급하시는 것이다. 요나는 순종으로 심판의 재앙을 극복했고, 예수님도 순종하심으로 모든 인류를 대신하여 심판을 이기고 다시 부활하실 것이다. 요나의 구원은, 더 위대하지만 아직 실현되지 않은 구원을 가리키고 있다. 그의 개인적 구원은 전 우주적인 구원의 전조가 된다.

요나를 통해 예수님은 그분 자신을 가리키고 계신다(눅 11:30). 그리스도 안에서만 구원이 가능하다! 믿음 없이 표적만 구하는 바리새인들과 서기관들, 그들의 추종자들에게 예수님은 자신만이 그들이 얻을 수 있는 유일한 표적이라고 말씀하고 계시는 것이다(요 2:18-19). 하지만 요나를 믿었던 니느웨 사람들과, 솔로몬을 믿었던 시바의 여왕과는 달리 예수님 당시의 세대는 오히려 그들 자신의 멸망을 전하는 사자 중의 사자를 의심할 것이다(마 12:41-42, 눅 11:31-32). 예수님은 모든 세대에 말씀하신다. “오히려 하나님의 말씀을 듣고 지키는 자가 복이 있느니라”(눅 11:28). 비록 말씀이 표적은 아니지만, 말씀이야말로 표적과 동일하신 바로 그분이다!

57

예수님은 평화를 주러 오신 것이 아닌가?

"내가 세상에 화평을 주려고 온 줄로 아느냐 내가 너희에게 이르노니 아니라 도리어 분쟁하게 하려 함이로라"(누가복음 12:51).

종종 사람들은 "우리 그냥 잘 지낼 수 없을까?"라고 말한다. 다문화 세계에서 경쟁하며 살아가다보면, 자연히 정직성의 논란부터 이유 없는 파괴에 이르기까지 여러 가지 다양한 수준의 갈등을 겪게 된다. 사람들에게 스스로를 통제하고 다스릴 만한 한 가지 기준이 없다면, 그들은 권력과 영향력을 얻으려고 경쟁하고, 어떤 이들은 자신에게 개인적인 이익을 줄 수 있는 지도자에게 모여들 것이다. 오늘날은 '진리나 최선을 결정하는 것이 누구인가? 즉 (세속적이고 종교적인 철학을 지닌) 인간인가, 여호와 하나님인가?' 하는 문제가 논쟁의 중심이 된다.

예수님이 태어나셨던 세상은 사람들이 여러 신들과 그들의 대표자들

속에서 진리를 찾던 때였다. 진리는 많은 사람에게 이해할 수 없는 것으로 여겨졌고, 본디오 빌라도 역시 그랬다. "진리가 무엇이냐?"(요 18:38). 그러나 대체로 진리란 철학자들과 신학자들이 동일하게 자신의 인생을 바칠 만한 그런 절대적인 것이었다. 물리적인 세계에 대한 연구가 진척되면서 과학자들은 인본주의자들과 손을 잡았다.

그러고나서 20세기 후반을 거쳐 지금 21세기에 들어와서는 진리란 문화에 근거한 것으로 기준이 없는(결국 하나님이 없음을 뜻하는) 것이 되어버렸다. 끊임없이 축소되고 가까워지는 세상에 수반되는 불가피한 충돌을 피하기 위해, 인류는 '관용'을 그들의 절대적인 미덕으로 내세웠지만, 오히려 더욱 심한 분열과 갈등을 초래했다.

그럼에도 불구하고 진리란 오로지 한 가지 근원이 필요하며 이것이 절대적인 것이 되려면 이 근원은 신적인 것이어야 한다. 또한 사람들에게는 그들 최고의 관심사인 진리가 신이라는 존재와 적절한 관계 속에서 발견된다는 것을 아는 본성이 분명히 있다. 바로 여기에 문제가 있다. 창조의 초기에 인류는 자신의 자유 의사로 잘못된 방향을 선택했다(창 3:1-7, 갈 5:13-15). 하나님을 따르기보다 인류는 스스로의 관심사를 따랐고, 그런 경우는 하늘의 별만큼이나 많았다. 그때부터 지금까지 실제로 심판을 싫어하시는 은혜로우시고 긍휼하신 하나님은 추적자가 되셨다(출 34:6-7, 욘 4:2, 벧후 3:9). 하지만 그분이 매번 진리를 선포하실 때마다 거짓이 판을 치는 부정적인 사회와 사람들의 반응은 그분의 상처에 소금을 뿌린 듯했다. 성부 하나님은 세상에 아들을 보내실 때도 그런 반응이 나오리라는 것을 아셨으며, 이는 결국 하나님의 아들을 죽이는 결과를 낳게 되었다(눅 12:49-50). 거짓 진리를 꿰뚫는 진정한 진리는 늘 폭풍우를 실은 구름을 형성하지만 그 폭풍의 구름 속에서 내리는 비는 생명을 소생시킨다.

많은 사람이 그토록 바라던 평화와 연합은 그리스도의 십자가 아래서만 찾아올 것이다(고전 1:18-25). 우리가 하나님과 그 아들에게 순종한다면, 진리의 증거와 그에 합당한 평화는 교회 안에서 발견될 것이다. "형제들아 내가 우리 주 예수 그리스도의 이름으로 너희를 권하노니 모두가 같은 말을 하고 너희 가운데 분쟁이 없이 같은 마음과 같은 뜻으로 온전히 합하라"(고전 1:10). 이 땅에 오신 그리스도의 목적은 그분과 함께하는 이들과 연합하는 것이며, 그 외 다른 사람들은 그분과 그분을 신뢰하는 사람들에게 끊임없이 거슬리는 존재일 뿐이다(눅 12:52-53, 요 15:18-21).

58

예수님도 성경을 잘못 인용하신 적이 있는가?

"나를 믿는 자는 성경에 이름과 같이
그 배에서 생수의 강이 흘러나오리라 하시니"(요한복음 7:38).

신약 성경의 거의 10퍼센트 가량이 구약의 인용이나 인유로 구성된다. 예수님은 자주 그분의 삶과 사역 가운데 구약 성경을 인용하셨고, 그분의 이런 구약 성경 인용은 사복음서에 걸쳐 기록돼 있다.

그러나 이때 신약의 인용이 구약의 원문과 일대일로 맞아떨어지지 않는다 해도 신약의 화자가 실수한 것은 아니다. 실수라기보다는 좀 더 신중하고 주의를 요하는 어조와 기술을 사용해 그 구절을 다시 인용한 것이다. 이것이 바로 예수님이 요한복음 7장 38절에서 말씀하실 때 사용하신 방법이다.

예수님은 하나님이 이스라엘 백성들을 애굽에서 이끌어내실 때 그들을 위해 식량을 예비하셨던 것을 기념하는 연중 7일간의 초막절(레 23:33-36)을 지켜보시며, 그분이 성취하신 구약 성경의 구절을 인용하셨다. 축제 기간 동안 제사장들은 매일 실로암 연못에서 물을 길어다가 성전의 제단에 붓는다. 그들은 일을 하는 동안 이사야 12장 3절을 낭송했다. "그러므로 너희가 기쁨으로 구원의 우물들에서 물을 길으리로다." 이런 의식은 하나님이 이스라엘 백성이 광야 생활을 할 때 목마른 그들을 위해 물을 공급하신 것을 기념하며 앞으로도 그들을 위해 축복하시기를 기대하는 것이었다.

절기의 마지막 날 예수님은 그분을 믿는 사람들에게 "생수의 강"이 그들에게서 넘쳐나는 경험을 하게 될 것이라고 말씀하셨다. 이것은 성령의 사역을 의미하신 것(요 7:39)으로 이 연중 종교 의식을 지속적인 영적 평화와 축복의 이미지로 사용하신 것이었다. 예수님이 "성경에 이름과 같이"라고 말씀하셨을 때, 어떤 특정한 구약의 구절과 동일한 말을 하거나 어떤 구절을 염두에 둔 것이 아니었으며, 그분의 말씀과 정확히 맞아떨어지는 구절도 없었다. 그분이 인용했음직한 가장 근사한 구절은 시편 78편 15-16절과 이사야 44장 3절, 58장 11절, 스가랴 14장 8절 말씀 정도다. 교리적으로 어떤 특정한 구절을 정할 수는 없지만, 예수님의 말씀은 성경에서 공통적으로 등장하는 물과 영적인 축복의 상징을 반영한다. 그분의 말씀을 들었던 사람들은 즉시 그분의 말씀을 이해했을 것이다.

신약 성경의 저자들은 구약 성경을 250번에서 300번 정도 인용했으며, 그 인용구는 신약의 거의 모든 책에 나온다. 문자 그대로 인용한 것도 있지만, 때로는 원문을 풀어서 해설하거나 요약한 것도 있다. 그리고 따로 떨어져 있는 구약 성경의 구절들을 결합하거나 문법을 바꾸고 특정 부분을 생략한 것도 있다.

인유를 한 경우는 더욱 많은데, 그 수는 400번에서 4000번까지 다양하다. 여기에는 구약 성경의 사건과 사람들, 구절들이 언급돼 있다. 신약 성경의 기자들은 많은 이유로 구약 성경을 인용했다. 그들은 구약 성경의 예상이나 예언이 이루어졌음을 인정했다(사 7:14, 마 1:22-23). 또 다른 경우는 신약 성경과 구약 성경의 사건들 사이에서 병행 관계를 이끌어냈다. 또 신약 성경의 인물이 구약의 용어나 개념과 연결된다는 것을 청중에게 강조하려고 인용하기도 했다. 성경 구절이 사용되는 방식은 어떤 경우든 주의해서 살펴보아야 한다.

신약 성경 내에 인용된 구약의 성경 구절을 공부하는 것은 풍부한 보상이 따르는 노력이다. 복잡한 퍼즐이나 수수께끼를 풀어나가듯이 여기에는 특별한 도전이 뒤따른다. 하지만 신약 성경 안에 구약 성경이 인용되었다는 사실은 성령님이 말씀에 영감을 주시고, 성경의 저자들을 인도하신다는 명백한 증거가 된다. 여러 세대에 걸쳐 있는 두 언약 사이에서, 하나님이 하신 약속의 흐름과 연속성은 구약이 신약 성경에 인용될 때마다 재확인된다.

59

예수님은 인간을 신이라 가르치셨는가?

"너희 율법에 기록한 바 내가 너희를 신이라 하였노라 하지 아니하였느냐"
(요한복음 10:34).

예수님은 설교를 하시거나 가르치실 때 구약 성경을 자주 인용하셨다. 그렇게 함으로써 그분은 성경 속에 있는 하나님의 계시의 진보와 연속성 그리고 예언의 완성을 보이셨다. 요한복음 10장 34절에서 화난 군중들이 그분의 생명을 위협할 때, 그분은 자신의 주장을 뒷받침하기 위해 구약 성경을 사용하신다. 그분은 시편에서 한 구절을 가져와 이를 "너희 율법"이라 부르시며 그렇게 인용하신다.

율법이란 단어는 보통 성경의 첫 다섯 권을 가리키지만, 예수님 시대에는 주로 구약 성경 전체를 가리키는 말이었다. 시편 82편 1절과 6절의 문맥에서 "신"이란 신성을 말하는 것이 아니라 권위를, 특히 이스라엘의 지도자들을 설명하는 말이었다. 시편 기자 아삽은 불의한 재판관들이 역할상 생사를 가르는 판결을 내리는 까닭에 신이란 이름은 달고 있지만, 다른 사람들처럼 언젠가는 죽게 될 것이라고 선언한다. 그들은 자기 지위와 책무를 찬양했다. 그들은 신이라 선언하지만, 끝내는 죽을 존재였다.

예수님이 "나와 아버지는 하나이니라"(요 10:30)고 선언하신 후에, 유대인들이 그분을 신성모독으로 몰아 돌로 치려 했을 때, 그분은 이 구약성경의 구절을 근거로 논지를 펴셨다. 신이라고 불렸던 재판관들의 경우는 이 말이 문자 그대로의 진실은 아니었지만, 예수님의 경우는 사실이었다. 그분은 하나님이셨기 때문이다. 구약의 재판관들은 하나님의 말씀의 도구였기 때문에 "신"이라 불릴 수 있었다. 그렇다면 예수님의 자격은 더 이상 말할 필요가 없다. 그분은 참 하나님이시며 성육신하신 하나님의 말씀이 아닌가?(요 1:14) 구약의 그들이 이름뿐인 신이었다면, 예수님은 본질상 신이셨다. 예수님은 당대의 랍비들이 사람들을 가르칠 때 흔히 사용했던 방법대로 약한 쪽에서 더 강한 쪽으로 주장을 펴나가는 방식을 사용하셨다.

성경을 주의 깊게 읽고 해석하지 않고 건성으로 읽다보면 금세 오해하고 혼동하며 교리적으로도 실수를 하게 된다. 이는 요한복음 10장 34절에서도 마찬가지다. 문맥에서만 보면 이는 사람을 신이라고 지칭하는 것 같다. 이렇듯 창조주와 피조물 간의 구별이 흐릿해지는 것이 이교와 비기독교적 사상의 공통점이다. 내면의 신적 불꽃이나 내적 빛, 또는 인류에서 신으로의 진보는, 누가 그런 얘기를 하든 간에 모두 비성경적인 것이다. 모든 인간들은 하나님의 형상을 닮도록 창조되었기에 내적 위엄과 가치를 지니지만, 그렇다고 신이 될 수는 없다. 언젠가는 그리스도인들이 예수님의 부활 후의 몸과(요일 3:2) 같은 영광된 육신을 갖게 될 것이지만, 성경은 결코 그리스도인이 신이라거나 신이 될 것이라고 가르치고 있지는 않다.

60

모든 사람이 구원받는가?

"내가 땅에서 들리면 모든 사람을 내게로 이끌겠노라"(요한복음 12:32).

이 구절에는 두 군데 흥미로운 대목이 있다. 다음 구절에서 드러나듯 "내가 땅에서 들리면"은 예수님이 (십자가에 달려서) 돌아가실 방법을 가리키는 것이다. 그리고 군중들도 이런 의미를 받아들인다. 그러나 메시아의 통치가 영원히 계속된다(요 12:34)고 알고 있었기에 죽음이 임박했다고 하신 그분의 말씀은 혼란을 일으켰다. 두 번째 부분인 "모든 사람을 내게로 이끌겠노라"는 때로 무한하신 은혜의 하나님이 그리스도의 죽음을 통해 과거와 현재의 모든 사람을 구원하신다는 뜻이라고 잘못 이해되기도 한다(이 개념은 보편주의와 포괄주의로 알려져 있다). 하지만 이런 해석은 성경의 기록과는 일치하지 않는다.

"이끈다"는 단어는 "끌다, 끌어당기다, 불러들이다"라는 뜻이다. 여기에서 예수님은 돌아가시고 부활하시고 승천하시는 과정에서 그분께로 "모든 사람"을 부르신다. "바다가 그 가운데에서 죽은 자들을 내주고 또 사망과 음부도 그 가운데에서 죽은 자들을 내주매 각 사람이 자기의 행위대로 심판을 받고 사망과 음부도 불못에 던져지니 이것은 둘째 사망 곧 불못이라"(계 20:13-14, 마태복음 25장 41절, 베드로후서 3장 1-7절, 10-13절도 보라). 하나님이 강제로 모든 사람들을 그분의 나라로 이끄시며, 그들이 하나님과 하나님의 아들을 노골적으로 경멸하고 거부하는데도 아무도 영원한 형벌을 경험하지 않는다는 것은 성경의 명백한 가르침에 반대된다. 주님은 분명히 모든 사람이 구원받기를 원하시지만(벧후 3:9), 많은 사람들이 그분을 돌이킬 수 없을 만큼 거부할 것이다(마 18:6-7). 사람들은 많은 것에 이끌리고 유혹될 수 있지만(신 30:17-18), 이 말이 유혹되는 사람이 미끼를 물려는 의지가 있다거나 반드시 그 미끼를 물어야 한다는 뜻은 아니다.

그래서 "모든 사람을 이끈다"는 말은 보편적인 구원을 언급하는 것이 아니라, 모든 나라와 민족에게 그리스도의 복음이 차별 없이 전해질 것을 가리킨다. 예수님은 그분의 말씀이 헬라권 청중들의 관심에 부응할 것을 잘 알고 계셨다(요 12:20). 그분은 구원이 비록 유대인의 것이지만, 유대인들의 전유물이 아니라 차별 없이 "모든 사람"에게 주어진다는 것을 그들에게 확신시켜주고자 하셨다(행 19:8-10, 20:21, 롬 1:16, 2:9-11, 10:11-13).

대량 참사가 발생한 후 이를 이기기 위해 놋뱀이 장대 위에 들렸던 것처럼(민 21:5-9, 요 3:14-15), 그리스도도 그분을 바라보는 모든 사람이 죽음을 이길 수 있도록 승리를 가져다주시기 위해 십자가 위해 "들리실" 것이다(요 12:23-24, 27). 만일 하나님이 사람들을 빛으로 이끄시거나 부르시지 않는다면, 모든 사람이 어둠 속에 남게 된다(요 6:44, 45). 예수님은 복음을 받아들이는 모든 이들에게 죽음으로 구원의 은혜를 베푸심으로써, 모든 나라의 각 사람들이 시대의 지배자인 사탄과 악한 무리의 광범위한 영향력을 성공적으로 무효화시킬 수 있도록 통로를 열어주신다(요 12:31). 십자가는 사탄의 패배를 확인해준다. 십자가에서 죽으시고, 다시 부활하사 하늘에 오르신 일을 통해 예수님은 문을 만드시고 우리가 그 문을 두드리도록 이끄신다. 두드려라, 그러면 그분은 그 문을 여시고 그분의 영원한 나라로 들어가는 입구로 당신을 인도하실 것이다.

61

오순절 날에 실제로 무슨 일이 일어났는가?

"불의 혀처럼 갈라지는 것들이 그들에게 보여
각 사람 위에 하나씩 임하여 있더니"(사도행전 2:3, 11).

어떤 사람이 유엔에서 연설을 하면, 그곳에 있는 사람들은 통역에게 연결된 수신기를 통해 각자 자신의 언어로 동시에 그 연설을 듣는다. 1세기 예루살렘의 오순절에 일어난 사건을 이해하는 데 도움이 되는 이미지긴 하지만, 현대적인 기술 문명의 기적은 고대에 일어난 하나님의 기적과 비교하면 무색하기만 하다. 제자들은 성령의 세례를 통한 하나님의 강력한 임재의 즉각적인 증언자들이 되었다(행 1:4-8, 11:15-16). 놀랍게도 모든 제자들이 그들 각자의 언어로 하나님을 찬양하는 소리를 들었다.

불과 함께 바람처럼 임한 것이 인상적이었다. 하나님의 영을 의미하는 데 사용된 히브리어와 헬라어는 바람, 호흡 또는 영을 가리킨다. (그들에게 생명을 불어넣어) 사람들을 영적으로 회복시키기 위해 그들에게 임한 하나님의 영이라는 개념은 유대적 사고에서 동떨어진 것이 아니다. 성령에 의한 이스라엘의 회복은 그들의 희망이었다(겔 37:9-14). 불은 하나님의 임재(출 13:21-22, 19:18, 40:34-38, 신 4:36), 여호와 하나님의 천사(출 3:2-6) 그리고 (세례 요한에 의해) 성령(마 3:11)과 연결된다. 바람과 불은 하나님의 능력과 임재를 묘사하는 것으로 여기서는 특히 그 가운데서도 성령 하나님을 뜻한다(행 2:4).

"불의 혀처럼 갈라지는 것들"이라는 구절은 이를 목격한 증인 누가의 사건 묘사(눅 1:1-2)로 나중에 상황을 다시 설명한 것이다. 목격자들은 필시 문자 그대로 혀가 그들 주위를 날아다니는 것을 본 것이 아니라, 다만 불길 같은 것이 그들 주위를 움직여 다니다가 그들 위에 내려오는 것을 보았을 것이다. 사도들이 여러 지역 방언으로 말하는 능력을 보고, 누가가 이때를 회상하며 방언의 은사를 받는 것과 하나님의 영이 그들 위에 내려온 순간을 연결시키켰을 것이다.

외국어를(알려진 언어들, 사도행전 2장 4절, 6절, 8절에 "방언"이라는 단어가 사용된 것을 보라) 말하는 능력이 성령 세례에 동반되었고, 이는 소리와 시각적 표현의 가장 주된 수단이 되었다. 방언을 말하는 능력은 하나님이 어떤 특정한 순간에 임하셨다는 적절한 표징이었다. 여러 나라에서 온 유대인들(행 2:5, 9-11)은 세 번의 대순례 중 두 번째 즉, 축제의 주간(수장절)을 기념하기 위해 예루살렘으로 돌아왔으며, 이는 유월절이 지나고 50일 후에 있는 기념일을 말한다. 이들 청중들에게는 한 때의 갈릴리 사람들이 여러 나라에서 온 그들이 모두 알아들을 수 있게 각각의 언어(행

2:11)로 하나님의 경이로우심을 유창하게 전하고 있는 광경보다 더 대단한 장관은 없었을 것이다. 대부분의 사람들은 하나님이 이 일에 관여하고 계셨음을 알았다.

하나님은 그리스도께 돌아오는 사람들에게 성령으로 세례를 주심으로써 신자를 하나님의 능력으로 무장시키신다(엡 1:13). 그런 능력을 활용하는 법은 신자의 신실함과 하나님이 그 사람에게 주고자 하시는 역할에 좌우된다. 자신이 알지 못하는 방언을 말하는 능력은 다만 하나님이 그분의 뜻대로 베푸시는 많은 은사 가운데 하나일 뿐이다. 신실하게 즐거운 마음으로 임하라. 하나님은 옳다 여기시는 대로 당신을 사용하실 것이다.

62

왜 아덴 사람들은 알지 못하는 신을 위해 단을 쌓았는가?

"내가 두루 다니며 너희가 위하는 것들을 보다가 알지 못하는 신에게라고 새긴 단도 보았으니 그런즉 너희의 알지 못하고 위하는 그것을 내가 너희에게 알게 하리라"(사도행전 17:23).

대부분의 사람들은 "만반의 대비를 하다" 또는 "분산 투자를 하다"라는 말이 어떤 의미인지 알 것이다. 한 개인은 하나의 수입에 모든 것을 걸고 위험을 감수하기보다는, 할 수만 있다면 여러 가지 선택 사항을 두고 위험 부담이나 이득을 골고루 분산시킬 것이다. '만에 하나' 라든가 '혹시 모르니 확실히 해둔다' 는 태도는 재정 전략이나 도박, 다른 일상적인 회계 활동의 공통점이다. 하지만 사람들은 신앙 생활에서도 알게 모르게 그렇게 행동하고 대비한다는 생각은 하지 못할 것이다. 물론 사람들이 영적인 문제에 더 많은 확신을 가지고 헌신하리라 생각하고 싶지만 현실은 그렇지가 못하다. 사도 바울이 2차 전도 여행 중 아덴을 방문

해서 그곳의 종교 지도자들과 지성인들에게 설교했을 당시 그가 목격한 것이 바로 이것이었다.

헬라 사람들에게는 앞선 바벨론 사람들과 뒤이은 로마 사람들, 그리고 많은 다른 문화에서 그렇듯이 많은 신들을 숭배하는 다신론의 관습이 있었다. 성경에서는 우상숭배를 비난하지만, 다신론은 여전히 흔하게 볼 수 있다. 과거나 동시대나 어떤 형태로든 이런 사람들이 신실하게 보일지도 모르지만, 이것은 잘못된 믿음이다.

무지하고 영적으로 눈먼 아덴 사람들은 만신전의 다른 모든 신을 위해 신전과 제단을 세운 후, 혹시 하나라도 빠진 것이 있을까봐 확실히 하기 위해 이름도 없고, 얼굴도 없는 신을 위한 단을 세웠다. 그들은 우상숭배에서도 기회 균등을 실천했다.

그런 제단이 있다는 사실과, 다른 여러 가지 환경들이 그리스 역사에 잘 부합된다. 바울이 1세기에 아덴을 방문한 지 백 년이 지나서 지리학자인 파우사니아스(Pausanias)와 철학자인 필로스트라투스(Philostratus)가 아덴에 있는 그런 제단들에 대한 글을 남겼다. 바울이 보았던 그 제단은 아마도 600년 전에 아덴에 전염병이 돌던 때 세워졌을 것이다. 아덴 사람들은 병이 퍼지는 속도를 제어하기 위해 많은 제단을 세우고 많은 희생을 올렸지만, 모두 소용 없는 짓이었다. 그때 에피메니데스(Epimenides)라는 사람이 아덴 사람들이 어떤 알지 못하는 신을 화나게 했을지 모른다고 말했고, 그때 하나의 단이 더 만들어졌다. 그리고 결국 전염병은 끝이 났다. 바울이 보았던 것은 아마 이 이교적 기념물이었을 것이고, 그는 아덴 사람들에게 설교하면서 이것을 연관된 접점으로 삼았다.

바울은 아덴 사람들의 이교적 신앙 체계와 접하면서 그들에게 성경의 참된 하나님과 예수 그리스도가 베푸신 구원을 선포했다(행 17:24-34). 그는 담대히 아덴의 지성인과 지도자들, 회의주의자들에게 그의 믿음을 명확히 설명하고 변호했다. 그렇게 함으로써 그는 우리의 문화와 사회에 적용할 탁월한 모델을 제공한다. 잘못된 가르침에 기만당하지 말라. 단상이든 지휘단이든, 방송 매체나 범퍼 스티커든 어디서 그런 가르침을 접하든 상관없다. 당신의 문화를 알고 당신의 믿음을 알아, 성경의 가르침 위에 굳게 서라.

63

왜 유대인들이 먼저인가?

"내가 복음을 부끄러워하지 아니하노니 이 복음은 모든 믿는 자에게 구원을 주시는 하나님의 능력이 됨이라 먼저는 유대인에게요 그리고 헬라인에게로다"(로마서 1:16).

이 질문에 대답하려면 두 가지를 더 알아야 한다. "바울이 편지를 쓰는 대상이 누구인가?"와 "이 구절은 무엇을 뜻하는가?"이다.

바울은 분명 로마 시에 사는 성도들에게 편지를 쓰고 있지만(롬 1:7) 그 대상은 교회 내의 어떤 특정 청중이다. 바울이 이들을 향해 이방인들에게 복음을 전하는 중요성에 대해 말하고 있는 것에 주목하라(롬 1:6, 13-14). 이들은 유대인 신자들이다. 이 편지의 목적은 믿음 또는 공로 없는 믿음으로만 의롭다 하심을 얻는 것의 중요성을 지지하기 위함이 아니라, 구원에 대한 본질적 가르침을 사용하여 유대인과 이방인 양편 신자들의 하나 됨을 북돋우기 위한 것이었다(롬 2:9-13, 4:16, 10:12, 여기는 공평하심이 주된 주제다).

로마서 1–11장은 이방인들을 신자에 포함시킨 하나님의 의도를 확실히 보여주고 있다(롬 3:9, 20, 28–30, 4:16, 5:12–18, 9:22–24, 30–33, 11:7–11). 11장의 중반부에서 바울은 직접 이방인들을 향해 말을 걸며, 그들이 신자들의 대열에 들어온 것이 이스라엘이란 한 민족이 끝장났다는 의미는 아니라고 충고한다(롬 11:13–16). 이스라엘 민족의 마음이 일시적으로 굳어진 것은 사전에 예정된 일이라는 것이다(이방인들이 하나님께 돌아오는 동안 이스라엘의 대환란은 정점에 이른다, 롬 11:25). 이스라엘의 불순종으로 이방인들에게 하나님의 자비가 옮겨졌듯이, 마찬가지로 이방인들의 불순종은 하나님의 자비를 다시 이스라엘 민족에게 돌려놓을 것이다(롬 11:28–32). 유대인들의 회복은 대환난 시기의 144,000명 유대인들의 사역과 더불어 시작되며, 천 년 왕국에서 정점에 달한다. 이런 희망은 하나님이 아브라함에게 하신 약속을 잊지 않은(창 12:1–3) 로마 청중들에게 대단한 격려가 되었을 것이다.

예수님은 사마리아 여인과 얘기를 하시면서 “먼저는 유대인에게요”라는 구절의 의미를 풀어주신다(요 4:22). 하나님의 의도는 언제나 모든 민족들에게 구원을 확대하는 것이었지만, 그분은 한 민족, 즉 유대인들을 통해 그들을 구원하기로 선택하셨다. 예수님은 유사한 종교에 대해 성의를 다해 말씀을 나누시며 사마리아 여인의 다문화 상대주의에 대해 말씀하신다. 예수님은 그녀에게 사마리아인의 예배는 하나님께로 오는 구원의 통로가 아니라고 말씀하신다. 하나님의 구원은 예수님의 죽음과 장사, 부활로 정점에 달하는 유대인들의 희생 제사 제도를 통해서 이루어진다. 하나님께 드리는 진정한 예배는 성령의 역사와 예수 그리스도의 성품에서만 발견되는 진리에 의해 성취된다(요 4:20-24). "구원이 유대인에게서 남이라"는 말씀과 "먼저는 유대인에게요"라는 말씀은 한 민족이 다른 민족보다 우월하다거나 우선시 된다는 뜻이 아니다. 이것은 역사적 사실을 진술한 것일 뿐이다. 하나님은 이스라엘 민족을 선택하셔서 만국 백성들을 위한 통로가 되게 하셨다(롬 3:1-2).

바울은 예수 그리스도의 복음으로 하나가 되는 것, 즉 한 믿음 안에서 모든 사람들이 한 분이신 참 하나님을 섬기려는 목표를 발전시키고 옹호하겠다는 유일한 목적으로, 먼저 로마에 있는 유대인 지지자들을 향해 말한 것이다. 모든 사람과 민족에게 하나님은 한 분이시며, 그분은 아브라함과 그의 씨를 통해 드러나고 다윗의 자손, 즉 우리 주 예수 그리스도를 믿는 그 믿음을 통해 발견된다(마 1:17).

64

구원은 어떤 방법으로 각 사람에게 임하는가?

"그런즉 우리가 믿음으로 말미암아 율법을 파기하느냐 그럴 수 없느니라 도리어 율법을 굳게 세우느니라"(로마서 3:31).

이 질문에 대한 답은 1세기부터 지금까지 그리스도인들 사이에 분파가 생겨난 이유가 되었다. 어떤 사람들은 하나님의 율법을 지키기 위해 노력(일)하고, 그 노력이 신실하고 지속적이면 하나님의 노를 누그러뜨리고 그분의 심판을 중단시킬 수 있다고 결론을 내렸다. 한 사람의 구원을 위한 노력에 그리스도의 공로와 개인의 공로가 다 포함되어 있으므로 이것은 당연히 사람들에게 성취감을 주었다. 이런 신학적 견지에서는 필시 십자가와 인간의 노력을 통해 하나님의 율법이 유효하게 되고 충족될 것이다.

또 다른 사람들은 개인적으로 그리스도의 희생적이고 대속적인 죽음과 장사, 부활을 받아들임으로써 율법의 요구를 만족시키며, 신자들에게 영원한 구원이 보장된다고 주장해왔다. 그렇다면 믿음의 법이 율법을 무효화시키고 폐하는가? 바울은 대답이 생생히 울려퍼진다. "그럴 수 없느니라" 믿음은 율법을 굳게 세우고 효력 있게 한다. 율법은 내게 나 자신의 결함을 보여주며 그리스도의 온전하심을 보게 만든다. 나 자신의 힘만으로는 율법을 완전하게 달성할 수 없다는 사실(의인이 되거나 의롭다 칭함을 받을 수 없다)을 깨닫게 한다. 율법은 나는 나 자신을 신뢰할 수 없지만, 예수님을 신뢰함으로써 나의 의를 이룰 수 있다는 확신을 갖게 한다. 율법은 나의 몽학선생(갈 3:24-26)이고, 의로우신 하나님만 의지하고 자랑하도록 격려하며(롬 3:27, 엡 2:8-9), 스스로를 구원할 수 없는 나의 무능력을 항상 기억하게 하고, 내가 죄로 가득해서 혼자서 의를 획득하기엔 늘 부족함이 많다는 사실을 일깨운다(롬 3:10-20, 7:8-12, 약 2:10).

의로우신 한 분 하나님은 수많은 율법의 의의 요구를 만족시키기 위해 죄를 알지도 못하신 아들을 보내셨다(고후 5:21). 그리고 그 아들이 인간의 불의함을 덮으시려고 십자가에서 기꺼이 피를 흘리시고, 그분의 죽음이 자기 자신의 죄 때문이라고 믿는 사람들을 "의롭다"(롬 3:26) 해주셨다. 그러므로 '믿음의 율법' 은 행위의 율법이 할 수 없는 일, 즉 인간의 영혼을 영원한 죽음과 하나님과 분리된 상태에서 구원한다. 그리스도의 죽음에 대한 믿음은 율법을 굳게 세운다. 믿음은 율법의 요구를 만족시키고 그리스도를 믿는 누구에게나 거저 하나님의 의를 선물로 나누어준다(롬 3:22-24).

하지만 선한 행위는 그리스도인이 반드시 행해야 하는 것이다. 이것은 믿음으로 얻은 하나님의 은혜에 대한 신자들의 반응이다(엡 2:10, 약 2:14-25). 참된 신자라면 하나님이 거저 주신 구원의 은혜에 감사하며 당연히 매일매일 거룩하고 의로운 삶을 추구해야 한다. 이것은 선하게 행하지 않았을 때 하나님께 징계받거나 구원받지 못하리라는 두려움에서 비롯되는 것이 아니다. 그리스도 안에 있는 신자라면 무엇을 하든 그것으로 충분하다. 어떤 아버지도 아들의 행동이 기대치에 미치지 못한다고 해서 아들을 버리지는 않는다. 성부 하나님도 당신의 자녀를 그렇게 버리지 않으신다(요 1:12, 10:27-30). 믿음으로 한 영혼이 구원되고 의롭다 함을 입으며 의롭게 된다. 선행은 이렇게 분수에 넘치는 신분에 대한 깨달음과, 그 보답으로 하나님을 사랑하고자 하는 개인의 갈망을 반영한다. 구원의 믿음에는 감사의 행위가 늘 뒤따라야 한다(딛 1:16, 2:11-14, 3:1, 8).

65

어떻게 땅이 신음하며 고통받는가?

"피조물이 다 이제까지 함께 탄식하며 함께 고통을 겪고 있는 것을 우리가 아느니라"(로마서 8:22).

때때로 아이를 낳아본 여성들은 출산이 "쉽다" 거나 "어렵다"고 말한다. 출산의 고통에 대한 상대적인 용어들은 바울이 로마에 보내는 편지에서 사용한 이미지와 비슷하다.

하나님이 세상을 창조하셨을 때, 그곳은 보기에 좋았고 죄도 없었다(창 1:31). 하지만 에덴동산에서 아담과 하와가 타락함으로써 죄가 세상에 들어왔으며 창조의 모든 영역에 영향을 끼쳤다(창 3:14-19, 롬 5:12). 인간은 죄 된 본성과 그 부산물에 영향을 받았고, 모든 세상은 부패하고 파괴되었다. 이는 사람뿐 아니라 동물들 사이에서도 질병과 죽음 그리고 자연 재난이 발생하는 이유를 설명해준다.

로마서 8장 19-21절에서 바울은 사람과 물질 세상과의 상관관계를 논한다. 이 구절에서 그는 하나님의 오랜 계획에는 하나님의 백성을 구원하는 일과 관련해서 장차 피조물을 회복시키는 일도 포함되어 있다고 말한다. 하나님은 아담과 하와의 죄 때문에 모든 피조 세계와 사람들을 심판하셨다. 하지만 그 저주는 언젠가 취소될 것이다.

구원을 위한 하나님의 프로그램이 끝나면, 피조물 자체는 썩어짐의 굴레에서 자유로워질 것이다(롬 8:21). 이는 예수 그리스도의 재림 때 재창조와 재질서로 시작되고, 이 땅에서 예수 그리스도의 천 년 왕국의 통치로 이어지며(사 11:5-9, 35:1-2, 5-7), 영원한 나라에서 새 하늘과 새 땅의 창조와 더불어 끝날 것이다(계 21:1, 22:3). 천 년 왕국은 모든 피조물의 화합을 가져오며 에덴동산에서 잃어버렸던 것이 모두 회복될 것이다. 이는 평화와 번영, 건강과 행복, 위대한 영적 각성의 시기가 될 것이다. 사람들이 수많은 세월 동안 "나라가 오게 하시며"라고 기도하며 열망했던 바로 그런 시대가 될 것이다.

로마서 8장 22절은 현재의 피조물에 대한 바울의 가르침을 요약해준다. 아픔과 고통이 탄생의 일부분이듯, 세상은 죄로 인한 고통과 아픔을 계속 겪으며 장차 나타날 구원을 기다리는 중이다.

이 구절의 강조점이 순전히 환경적인 것은 아니다. 오히려 바울은 피조물에 대한 이런 진실은, 그리스도인들이 현재 겪는 고통이 피조물이 겪는 고통처럼 일시적인 것임을 상기시키고 이를 설명하는 것이라고 가르친다(롬 8:18, 23, 28). 하나님은 세상을 위한 계획을 갖고 계시지만, 더 중요한 것은 그분이 사람들을 위한 계획을 갖고 계시다는 것이다. 하나님은 그분의 계획을 성취하시기 위해 사랑하는 자녀들에게 일어날 모든 일을 사용하신다. 정말 큰 위로가 아닌가.

혼돈과 절망, 타락과 폭력, 사나운 악으로 가득 찬 세상에서 천 년 왕국에 대한 확실성과 피조물의 회복은, 하나님이 그분이 말씀하신 계획을 폐기 처분하지 않으셨음을 확신케 한다. 시작부터 불안이나 두려움에 떨 필요는 없다. 모든 것은 하나님의 손안에 있다.

당신에게 일어나는 어떤 일도 하나님이 모르시거나 관심 밖인 것은 없다. 하나님은 당신의 시련과 환난을 아시고 당신의 두려움과 눈물을 이해하신다. 더욱 중요한 사실은 이 세상의 어떤 것도 당신을 하나님의 사랑에서 갈라놓을 수 없다는 것이다(롬 8:37-39).

66

어떻게 유대인 부모에게서 태어났는데 이스라엘이 아닐 수가 있는가?

"이스라엘에게서 난 그들이 다 이스라엘이 아니요"(로마서 9:6).

이 질문에 대한 답은 여기에 나오는 이스라엘이라는 단어가 무슨 뜻인가에 따라 다르다. 인류의 모든 민족은 심판의 가마솥에 뒤섞여 있는 도가니탕 같다. 우리가 솥에서 나올 수 있는 유일한 길은 하나님의 자비의 국자에 담기는 것이다. 그렇다면 이런 자비는 대체로 이스라엘 한 민족에게만 제한된 것인가? 1세기 로마 교회의 유대인 신자들은 하나님의 구원 계획에 이방인도 포함된다는 사실에 고민했다. 구원은 유대인의 것이었다(롬 2:17-20, 3:1-2, 요 4:22). 그런데 어떻게 갑자기 이방인들에게 초점이 맞춰진단 말인가? 이스라엘이라는 말이 혈연보다 더욱 포괄적이고 광범위해진 까닭에, 하나님의 약속이 실패한 것인가?(롬 9:6) 그들의 조상에 의해서만 하나님의 자녀가 누군지 알 수 있는가? 아니다! 하나님의 자녀는 하나님의 뜻에 순종하고 그분의 약속을 믿는 사람들이다(롬 9:8). 하나님의 자녀들은 혈연으로 규정되지 않는다. 그들은 공통의 믿음으로 정의되며, 하나님만이 유대인이든 그리스도인이든 그들을 부를 이름을 결정하신다.

하나님은 아브라함을 선택하셨다. 우르 출신의 다른 사람이나 다른 도시에 사는 사람은 왜 선택하지 않으셨는가? 아브라함이 무엇이 특별하기에? 하나님은 사라가 아들을 낳을 것이며 그의 자손 가운데 메시아가 나오게 될 것이라고 결정하셨다. 왜 그분은 쉽게 이스마엘을 선택하지 않으시고, 한창 때를 지난 사라를 임신하게 하셨는가? 또한 하나님은 관례적인 상속권을 뒤집으시고 형 에서 대신 야곱을 선택하셔서 이스라엘의 조상이 되게 하셨다. 만약 에서를 선택했다면 가족 간에 서로 마찰과 불화가 일어나는 일은 없었을 것이다(롬 9:9-13). 인간이 하나님의 선택에 숨은 이유를 이해할 수 없을 때, 아마 주님은 그 사건들 속에 사랑하는 피조물들이 꼭 주목해야 하는 무언가가 있음을 보시고, 그분의 선택을 다시 고려하실 것이다. 정말이다, 당신은 전지전능하신 하나님이 위원회를 구성하셔서 세상을 다스리시는 광경이 상상이 되는가? 그 무슨 시간 낭비란 말인가!

이스마엘과 에서는 아브라함의 후손이었지만, 그들은 "이스라엘"이 아니었다. 아브라함으로부터 나온 약속의 계보는 이삭으로 나아간다. 왜 그럴까? 하나님이 그렇게 하시기로 결정하셨기 때문이다. 예수 그리스도의 십자가 죽음과 부활 이후에 복음을 전파할 의무는 이스라엘에서 교회로 옮겨졌다. 하나님은 모든 나라에 흩어놓으신 민족들이 연합하여 모든 나라에 복음을 전하게 하셨다. 하나님은 누구를 사용하실 것이며, 어떻게 그들을 사용하셔서 구원과 영생을 가져다주실지 결정하신다. 저주받은 인류의 가마솥 안에서, 하나님은 그분의 자비의 국자를 깊이 넣어 그분이 인류에게 가장 최선이라고 여기는 모든 목적을 위해 그분이 원하시는 사람을 선택하신다(롬 9:15-16, 18, 21-16). 하나님의 자녀가 되는 것은 조상이 누군가에 달려 있지 않다. 이는 하나님의 자비에 달려 있다.

사도 바울은 그가 그리스도께 자신의 인생을 다 바치기 전까지는 '영적' 이스라엘이 아니었다. "무릇 표면적 유대인이 유대인이 아니요 표면적 육신의 할례가 할례가 아니니라 오직 이면적 유대인이 유대인이며 할례는 마음에 할지니 영에 있고 율법 조문에 있지 아니한 것이라 그 칭찬이 사람에게서가 아니요 다만 하나님에게서니라"(롬 2:28-29). 복음을 거부하는 유대인들은 하나님의 가족, 즉 참 이스라엘의 일원이 될 수 없다. 이런 문맥에서 이스라엘이라는 용어는 그리스도의 교회를 가리키는 환유가 된다. 그 회원의 자격은 그리스도를 믿는 모든 사람에게 주어진다. 이것이 아브라함 시대 이래로 하나님이 마음에 품으신 뜻이었다(창 22:15-18). 기억하라. 선한 일과 나쁜 일, 모두를 이용해 하나님은 당신의 계획을 이루실 것이다. 모든 계획을 하나님께 맡기고, 하나님의 지원군으로써 당신은 신실하게 그 역할을 감당해야 한다.

67

왜 사랑은 율법의 완성인가?

"사랑은 이웃에게 악을 행하지 아니하나니
그러므로 사랑은 율법의 완성이니라"(로마서 13:10).

하나님의 율법 전체를 포함해 십계명까지 다음의 두 구절로 요약할 수 있다. "네 마음을 다하고 목숨을 다하고 뜻을 다하여 주 너의 하나님을 사랑하라"(마 22:37), "네 이웃을 네 자신 같이 사랑하라"(마 22:39). 예수님은 말씀하셨다. "이 두 계명이 온 율법과 선지자의 강령이니라"(마 22:40). 바울과 야고보는 두 번째 계명이 첫 번째 계명의 요약임을 잘 이해한다(롬 13:9, 갈 5:13-14, 약 2:8). 이웃을 사랑하는 것은 반드시 하나님을 사랑하는 일에 먼저 헌신하는 것과 연결된다. 각 구절에서 이웃을 사랑하는 것이 '율법의 완성' 임을 사도들이 주장한다는 것에 주목하라.

"사랑이 대체 무슨 상관인가?"라는 티나 터너(Tina Turner)의 질문에는 “아무것도 아니다”라는 의미가 함축돼 있지만, 우리는 확신을 갖고 “전부다”라는 대답을 해야 한다. 사랑은, 하나님이 사회의 중심축이심을 나타내며, 사람들이 서로 다른 사람의 행복과 일치하는 행동을 하도록 보장하기에, 건강하고 생산적인 사회의 기초가 된다. 바울은 갈라디아의 그리스도인들에게 하나님을 사랑하고 성령과 함께 동행하도록 권면하는데, 성령의 열매는 사랑, 희락, 화평, 오래 참음, 자비, 양선, 충성, 온유, 절제다. 성령은 사람들이 사회를 위협하기보다는 보호하도록 행동하는 능력과 경향을 부여한다(갈 5:16, 22-25). 이런 인격의 특성은 하나님께로부터 비롯된 것으로 사람들이 서로를 올바르게 섬기며 하나님의 율법을 완성할 수 있게 한다(갈 5:13-14). 야고보는 하나님의 사랑은 공평한 것이라 본다. 하나님의 메시지는 편애와는 상반되는 것으로, 사람을 편애하는 것은 율법을 어기는 것이다(약 2:9). 공평함을 통해서만 사람들은 하나님의 마음을 진정으로 묵상할 수 있고 형편이 어려운 사람들에게 필요한 자비를 베풀게 된다(약 1:27, 2:13). 공평함은 사랑의 표현이며, 사랑은 곧 율법의 내용을 완성한다.

바울은 로마의 신자들에게 사랑의 빚 외에는 아무에게도 빚을 지지 말라고 말한다(롬 13:8). 사람은 내야 할 세금을 내고 빌린 돈을 모두 성실하게 갚아야 하지만, 사람을 사랑하는 데는 빚을 다 갚을 수 없다. 하나님이 인간에게 주신 사랑에 결코 똑같이 보답할 수 없기 때문이다(엡 5:1-2, 요일 4:10-11). 완전한 사랑은 천국의 산소와 같아 이기심이 사라지는 것이며(요일 3:14), 이것은 모든 신자들이 추구하는 것이다(고전 14:1, 16:14). 우리에게 적용하자면 거룩한 사랑은 일부일처를 따르고, 다른 사람에게 해를 입히는 것을 싫어하며, 정직하게 소득을 얻고 하나님이 주신 복에 만족하는 것이다(롬 13:9, 고전 13:1-8).

이기적으로 감정에 근거해서 사랑을 이해한다면 로마서 13장 10절은 헷갈리는 구절이 된다. 하나님과 배우자, 자녀들 그리고 우리 이웃들과의 관계에 해를 끼치는 행동을 우리가 그렇게 많이 한다는 사실은, 우리가 꽤 이기적이며 생각만큼 그들을 사랑하지 않고 있음을 보여준다. 우리의 성숙함은 우리의 약점을 알고 이를 극복하는 능력에 의해 측정된다. 다른 사람을 사랑하는 데 우리가 지속적이지 않다는 것은 분명히 우리의 결점이다. 하지만 우리가 하나님을 닮아갈수록, 우리는 사랑의 능력이 생긴다. 그러므로 모든 사람의 목표는 하나님을 더 많이 알고 사랑함으로써 그의 이웃이 부당한 취급을 덜 받는 것, 즉 그들을 더 많이 사랑하는 것이다. 성경 전체에 걸쳐 있는 하나님의 율법의 초점은, 하나님과 인간 그리고 인간들 사이에 사랑의 관계를 조성하고 발전시키는 것이다. 이와 같은 사랑이 이루어질 때, 하나님의 율법이 완성된다.

68

사람은 무엇으로 교회를 파괴하는가?

"누구든지 하나님의 성전을 더럽히면 하나님이 그 사람을 멸하시리라 하나님의 성전은 거룩하니 너희도 그러하니라"(고린도전서 3:17).

이기심과 거침없는 야망 그리고 오만은 인류를 위협하는 천벌이다. 18세기의 신학자요 목회자인 조나단 에드워즈(Jonathan Edwards)는 야망이야말로 인간이 하나님의 영광을 훔치려는 시도라고 믿었다. 이기심은 모든 개인과 국가, 국제적 갈등의 근저에 존재하며 예수 그리스도의 교회를 구성하는 목회자와 회중들이 지속적으로 직면하는 가장 주요한 위협이 되고 있다.

각 지역 교회의 성공은 목회자의 카리스마와 성도들의 재산, 건물의 크기나 범위 또는 위대한 목회자들을 배출한 자랑스런 역사로 결정되는 것이 아니다. 이런 이유들 중 어떤 것이든, 교회와 이를 연관 짓는 사람은 누구나 교회를 사람의 기업으로 전락시키는 공범이 된다(고전 3:4). 이런 상황에서 하나님이 주신 섬김의 기회를 얻은 사람들은 기회주의자가 되어, 회중의 칭찬과 아첨을 '겸손히' 받아들이기도 한다(고전 3:5). 문제는 목회자가 훌륭한 연설가가 아니거나, 회중들이 재산의 축복을 받지 못했거나, 교회의 건물이 있는지 없는지가 아니다. 문제는 교회가 구속되고 속량된 지위를 소홀히 하거나 잊어버렸다는 것이다. 그들은 그분으로 충만하기보다는 자신들로 충만했다(고전 3:6-9, 21-23, 6:19-20). 이기심은 모든 사람의 마음에 소리 없이 침입해서 느긋이 숨어 있는다. 우리가 이를 무시하거나 극복했다고 생각해도, 이것은 유독 물질처럼 스며나와 하나님의 사역을 오염시키고 이를 인간의 일로 축소시킨다.

요점은 선한 그리스도인들이 그리스도의 기초 위에 교회를 세울지라도(고전 3:10-11), 그 후에는 야망의 희생자가 될 수도 있다는 것이다. 그것은 그들이 철저하고 더 깊은 성경의 교훈을 통해 그들의 미성숙함을 극복하지 못하기 때문이다. 슬프게도 너무 많은 교회들이 성경적이고 신학적인 절대성에 의해 세워지기보다 문화적 영향으로 형성된다. 특히 유럽과 미국에서는 포용이라는 개념 때문에 절대적인 것이 죄악시되고 오히려 진리에 적대적이 된다. 바울의 말에 따르면 이런 교회들의 노력은 압력에 찌그러지거나 불에 타버리는 나무나 풀이나 짚처럼 일시적인 것이다(고전 3:12-15). 이런 교회는 성령이 거하시며(엡 2:22) 믿음과 순결과 진리의 기둥으로 공동체를 형성하고 있는, 회중들의 복음에 대한 확신이 희미해지며 곧 세상에 동화된다(계 2-3장). 진리를 물들이는 것은 위험한 모험이다. 이런 교회들은 소멸하는 것이 아니라 원래 그들의 참 주인이신 하나님의 손에 파괴될 것이다(고전 3:16-17). 참 되신 하나님이 중심이 아니라 다른 것이 중심인 교회는 더 이상 은혜와 자비의 메시지를 소유하지 못하므로 인간의 영혼이나 하나님의 영광에 유익이 되지 못한다.

교회는 거룩하고 세상의 유익을 위해 세상으로부터 구별되어야 한다. 교회가 존재하는 유일한 이유는 생명을 주시는 삶에 초점을 맞추기 위함이다. 모든 신자는 성도를 세우기 위해(엡 4:11-12) 그리고 아직 택함받지 못한 이들을 위해(딤후 2:10) 그리스도의 복음을 보존하고 제시해야 할 의무가 있다. 이것이 바로 하나님을 영화롭게 하고, 영원한 가치를 지니며, 교회를 보호하는 보석 같은 사역이다.

69

성도나 하나님이 이 세상을 판단한다면, 이 심판은 언제 행해지는가?

"성도가 세상을 판단할 것을 너희가 알지 못하느냐"(고린도전서 6:2).

"거기로부터 살아 있는 자와 죽은 자를 심판하러 오십니다." 이 말은 사도신경에 나오는 말로써, 하나님을 믿고 기독교의 근본 교의를 확인하고자 했던 그리스도인들이 여러 세기에 걸쳐 이 말을 암송해왔다. 정통 신앙의 교의를 선포하는 사람 가운데 하나님과 예수 그리스도가 장차 심판하러 오실 것을 부인하는 사람은 아무도 없다. 하지만 고린도전서 6장 2절에서 바울은 그 믿음을 조금 비틀어 그리스도인들이 미래의 심판에 참여할 것이라고 지적한다.

고린도의 그리스도인들은 그들의 문화와 공동체 내에 산재한 많은 문제들로 씨름하고 있었다. 그 난제들 가운데 하나는 교인들 간에 논쟁이

빈번하고, 이것이 소송과 법적 고소로까지 이어진다는 것이었다. 로마 사회는 우리 사회와 비슷하게 소송하기를 극히 좋아했지만, 그리스도인들이 서로를 고소하는 것은 교회의 하나 됨과 교회의 생존에 해가 되는 것이었다. 여기서 고려되는 대상은 민사상의 재산 분쟁이다. 바울은 다른 곳에서 형사 사건은 국가에서 다루어야 한다고 가르치고 있기 때문이다(롬 13:3-4).

그리스도인들은 그 문화권 안에서 공개적으로 부정적인 평판을 감당할 여력이 없었다. 그래서 바울은 교회 공동체의 울타리 안에서 그런 분쟁을 해결하라고 권면한다. 그러면서 그는 그들이 앞으로 세상을 영적으로 심판하는 데 참여하게 될 것임을 상기시킨다.

바울은 이 사실을 아주 확실한 사실로 제시하며, 아마 이보다 앞서 몇 년 전 그의 2차 전도 여행 당시 고린도교회가 정착되던 시기에 그는 이 사실을 회중들에게 가르쳤을 것이다. 그가 상기시키고자 하는 요점은 만일 그리스도인들이 장차 그런 어마어마한 일에 참여하게 된다면, 분명 지금 일어나는 일상적인 분쟁은 그들 안에서 처리할 수 있을 거라는 사실이다.

많은 성경의 구절들이 장차 그리스도인들이 심판에 참여할 것임을 가르치며(단 7:22, 마 19:28, 계 2:26, 3:21, 20:4), 바울이 고린도전서 6장 3절에서 말하는 것처럼, 여기에는 천사에 대한 심판도 포함될 것이다(사 24:21, 벧후 2:4, 유 1:6). 이 심판은 천 년 왕국(휴거와 대환난, 그리스도의 재림에 뒤따르는 예수 그리스도의 천 년 통치 기간)의 마지막에 일어난다. 예언된 하나님의 계획에는 몇 가지 미래의 심판이 포함되며 고린도전서 6장 2절의 심판은, 요한계시록 20장 11-15절에 묘사된 심판 때에 일어난다.

이는 그리스도인의 삶에서 예언의 가치와 중요성에 대한 좋은 본보기가 된다. 바울은 예언적 사건을 사용하여 인간 사이에 일어나는 관계와 관행에 대한 그의 가르침을 뒷받침했다. 예언은 단지 미래에 일어날 일이 아니라 현재에 대한 것이기도 하다. 우리가 하나님의 말씀을 공부하고 이해하며 일상생활에 적용한다면 우리는 성경의 계명들을 완수할 수 있을 뿐 아니라, 하나님은 물론 다른 이들과의 관계도 성장하게 된다. 마틴 루터는 "성경은 단지 되풀이하거나 아는 대상이 아니라 그대로 살아내고 느껴야 하는 것"이라고 말했다. 이것이 바로 바울이 고린도전서 6장 2절에서 독자들에게 권면했던 것이다.

70

죽은 자들을 위한 세례란 무엇인가?

"만일 죽은 자들이 도무지 다시 살아나지 못하면 죽은 자들을 위하여 세례를 받는 자들이 무엇을 하겠느냐 어찌하여 그들을 위하여 세례를 받느냐"(고린도전서 15:29).

거의 2천 년에 걸쳐 이 구절에 대한 성경 연구가 이루어졌지만 많은 독자들은 혼란스러워했고, (현존하는 것이 거의 없지만) 200개 이상의 해결책이 제시되어왔다.

바울이 이 주제에 대해 간단하게 말하는 것을 보면, 후대의 독자들은 이 구절을 읽으며 당혹스러워하지만 그 당시의 청중들은 바울이 무엇을 언급하는지 정확히 알고 있다는 느낌이 든다. 그리고 그가 한 "죽은 자들을 위하여 세례 받는 자"라는 말이 무슨 뜻이든, 이 구절은 고린도전서 15장 전체의 교훈을 볼 때 아주 사소한 요소라는 것이다. 전체 요지는 예수 그리스도의 부활과 모든 그리스도인이 장차 부활한다는 사실을 성의를 다해 옹호하는 것이다.

고린도에 있는 그리스도인들에게 보내는 첫 번째 편지에서 바울은 여러 가지 문제들 가운데, 그리스도인들의 육체적인 몸의 중요성에 관해 다루고 있다. 교회 안에서 어떤 사람들은 육체적인 몸이 거의 중요치 않다고 생각하고, 방탕한 삶을 살거나(고전 6:15-16), 금욕을 행했다(고전 7:1-17). 바울은 이런 극단적인 견해를 모두 바로잡고 육체의 부활을 옹호한다. 어떤 고린도인들의 육체에 대한 견해는 그리스도인의 육체적 부활을 부인하는 데까지 뻗어나갔기 때문이다(고전 15:12).

바울은 예수 그리스도의 부활이 장차 그리스도인들의 부활의 기초가 된다고 주장한다(고전 15:1-11). 그리고 만일 그리스도가 죽은 자 가운데서 살지 못하셨으면, 그리스도인들은 어리석은 것이고, 그들의 믿음도 아무 소용 없는 것이라고 말한다(고전 15:14, 17). 드디어 그는 만일 죽은 자들이 살아나는 일이 없고 현재의 삶이 전부라면, 모든 사람은 마음대로 살아도 된다고 단언한다(고전 15:32). 이렇게 확대된 논의 가운데 그는 죽은 자들을 위한 세례를 언급한다.

그것이 무엇이었겠는가? 여기에 두 가지 주요 관점이 있다. 어떤 고린도교인들은 그리스도인이 되지 못한 채로 죽은 친구들과 친척들을 대신해서 세례를 거행하였고, 그러면 그 죽은 자들이 신비하게도 구원을 받는다고 믿었다(이는 주변 이교들로부터 비롯된 관행이며 고린도교회에 잘못 파급된 것이다). 하지만 이런 세례를 통해 구원을 얻을 수 있다는 믿음은, 개인의 믿음의 결과로 구원을 받는다는 성경의 가르침에 반대된다(롬 3:28, 10:8-9, 갈 2:16, 엡 2:8-9). 이를 대신할 믿음이나 구원은 없다. 이런 종류의 세례는 구원에 대한 성경의 가르침에 모순된 것이다. 죽은 사람을 위한 세례는 비성경적이다. 이런 것이 정말 관행이었다면, 아마 바울이 언급을 했을 뿐 아니라 비난했을 것이다. 이 구절은 단지 1세기 교회에서 그런 일이 있었다는 언급일 뿐, 아마 널리 행해지던 활동은 아니었을 것이다. 역사상 2, 3세기에 이단 종파들이 비슷한 일을 행했다는 기록이 남아 있지만, 대부분은 이 구절을 잘못 해석했기 때문에 생겨난 일이다.

두 번째로 죽은 자를 위한 세례의 더 그럴 듯한 해석은, 죽은 그리스도인들에게 영향을 받은 새로운 개종자들이 적절히 세례를 받고 있다는 것이다. 이런 관점에서 "죽은 자들"은 "죽은 그리스도인"을 뜻하며, 세례는 죽은 자들을 대신해서라기보다 그들 때문에 받게 된다. 이런 해석은 개인의 믿음만으로 구원을 얻는다는 바울의 주장을 뒷받침한다.

71

그리스도의 고난은 무엇이며 왜 우리가 이를 경험해야 하는가?

"그리스도의 고난이 우리에게 넘친 것 같이 우리가 받는 위로도 그리스도로 말미암아 넘치는도다"(고린도후서 1:5).

고통에는 통제력의 상실, 슬픔이나 비탄, 두려움, 분노, 거부감, 수치, 실망, 애통, 죄책감, 공허감 등의 감정을 포함한다. 이는 오래가는 정서적, 영적 압박감이나 불안이 동반된 아픔이나 상처 또는 가혹한 고민이 될 수 있다. 우리가 고통을 추구하는 것은 아니지만 타락하고 자기 중심적인 세상에서는 피할 수 없는 삶의 결과가 바로 고통이다(창 3:7-10, 14-19). 인류의 반역적인 본성을 생각할 때 고통이 따르리라는 것은 예상할 수 있다. 타락 이전의 순수하고 불멸하던 인간성은 타락 후 부패했으며 죽음을 맛보게 된다. 그러나 하나님은 이런 상태를 역전시키셔서 고통을 제거하신다(고전 15:50-58, 사 25:8-9, 60:18-22, 계 21:3-5). 그때까지 모든 고통은 하나님의 율법에 대한 인간의 반항과 연결된다. 하지만 모든 고통이 가치가 없는 것은 아니다.

바울은 그리스도의 복음을 거부하는 사람들에게 복음을 전하면서 겪게 되는 고통에 대해 말한다(고후 1:7-10). 믿음이 다를 때 사람들 사이에는 종종 충돌이 일어나고 긴장감이 생긴다. 참기 어려운 상황에서 이것은 논쟁으로 이어지며 심지어 압박감이 들기도 한다. 논쟁이 길고 위협적일수록 소수의 의견을 지지하는 사람들의 고통은 더욱 커진다. 예수님이 겟세마네 동산에서 고통당하신 것(막 14:32-36)은 인간의 죄악과 직접적으로 연결된다(그분은 물론 소수의 관점을 지지하셨다). 하지만 그분의 고통은 전 인류에게 구원의 희망을 베풀기 위한 고통이었다. 보편적이거나 영원한 원리를 옹호할 때 고통이 따른다면, 대개 그런 고통은 가치 있는 것으로 여겨진다. 순교자는 정의를 위해 고통과 죽음을 겪었다는 영예를 얻는다. 조롱과 거부를 당하면서도 우리 영혼의 심판자요, 목자이신 하나님께 끝내 충성하셨던 예수님처럼 고통받을 때, 우리에게도 하나님의 은혜가 임한다(벧전 2:19-25, 4:12-19). 이것이 바로 성경적 고통이다.

고통의 원인이 무엇이든 고통에는 인내가 필요하다. 고통은 며칠 동안 계속될 수도 있지만, 평생 갈 수도 있다. 고통을 한풀 꺾어주는 것이 바로 인내다. 의학적 지원과 건전한 상담으로 특정한 종류의 고통은 줄이거나 제거할 수는 있지만, 무자비한 박해의 결과로 야기되는 고통은 해결하기 힘들다. 고통의 이유나 기간이 어느 정도든 고통받는 사람의 가장 좋은 친구는 위로자요, 안위자다. 가장 좋은 것은 고통을 겪어본 사람들이 격려의 말을 해주고, 행동으로 보여주며, 성경 말씀을 나누고 기본적인 필요가 채워졌는지 확인하고 고통받는 사람을 위해 하나님께 중보하는 것이다(고후 1:4, 6-7, 11). 그렇게 하여 위로자는, 예수 그리스도의 십자가의 고통을 통해 우리가 죽음에서 승리할 것을 보장하시고(고전 15:55-57, 벧전 2:24), 성부 하나님을 통해 우리를 구원하사 천국에서 받을 우리의 기업을 보장하시며(벧전 1:3-5), 말로 우리의 깊은 속을 다 표현할 수 없을 때, 성령 하나님을 통해 우리를 대신해서 기도하시는(롬 8:26) "모든 위로의 하나님"(고후 1:3)의 모습을 반영한다. 이러한 하나님이 함께하심으로 우리는 예수님으로 인해 고통을 받은 것만큼, 동일하게 넘치는 위로를 받게 된다.

72

신자와 비신자가 섞일 수 있는가?

"너희는 믿지 않는 자와 멍에를 함께 메지 말라 의와 불법이 어찌 함께 하며 빛과 어둠이 어찌 사귀며"(고린도후서 6:14).

이 놀라운 지침이 잘못 해석되면 슬프게도 많은 신자들을 율법적으로 만들거나, 분리주의자나 격리주의자들의 태도를 옹호하게 만들며, 신자와 비신자뿐만 아니라 신자들 사이까지 구분선을 긋게 될 때가 너무나 많다. 이 말씀의 의도는 정확히 그와는 반대다. 신자나 하나님과 하나가 되도록 관계를 조성하는 것(고전 1:10, 고후 6:16, 13:11)과, 교회와 세상 간의 적절한 수준의 상호작용을 통해 하나님이 사람을 이끄시는 것을 묘사하는 것이다(마 28:19, 고전 5:9-13).

우선 우리는 이 구절이 신자와 비신자 간의 상호작용을 금지한 것이 아니라는 데 주목해야 한다. 분리가 주된 초점이었다면, 예수님이 지상 명령을 내리시지도 않았을 것이고, 바울이 세상으로 나아가는 사도로 부름받을 수도 없었을 것이다. 친밀한 사랑의 관계없이 적당히 굶주린 자에게 식량을 주고 헐벗은 자를 입히는 그런 행위만으로는 믿지 않는 이들에게 확신을 줄 수 없다(롬 12:20). 또 바울은 믿지 않는 배우자들이 이혼하기를 원치 않을 때 믿는 배우자들은 갈라서지 말아야 한다는 단호한 입장을 취했다(고전 7:12-14, 벧후 3:1-2).

고린도후서 6장 14절이 특별히 결혼 제도를 다루지는 않는다. 하지만 그렇다고 결혼 제도에 적용하면 안 되는 것은 아니다. '멍에를 같이 한다'는 말은 '똑같이 멍에를 멘다'고 번역할 수도 있지만, '어울리지 않는 결혼을 했다'는 뜻도 된다. 바벨론에서 예루살렘으로 유민들을 이끌고 돌아온 에스라와 느헤미야가 고심했던 것 가운데 하나는 그들이 주변 국가들로부터 결혼 상대자를 취하는 풍조였다(스 9:1-5, 느 13:23-31). 그런 결혼은 하나님의 백성을 세상 백성들과 동화시켜, 오늘날의 모든 성도들이 그렇듯이 그 민족에게 위임한 하나님의 형상을 타락시킬 것이다(살전 2:3-4, 딤후 1:14). 하나님은 결혼이 삼위일체 하나님의 연합을 나타내도록 의도하셨다. 신앙이 다른 배우자와의 결합은, 그 연합을 약화시키고 하나님의 사랑과 서로에 대한 헌신을 가볍게 여기도록 만든다.

바울이 말하는 것은 정확히 무엇인가? 앞선 구절(고후 6:11-13)에서 바울은 고린도인들이 그가 그들을 향해 마음을 열었듯이 그들도 열려 있기를 갈망하는 마음을 표현한다. 하지만 바울을 비롯한 그의 동역자들과 마음을 터놓고 친하게 교류하려는 고린도인들의 마음을 무언가 방해하고 있었다. 고린도 성도들의 마음이 바울과 연결돼 있지 않았던 것이다.

고린도 교인들은 하나님께 헌신된 종이 되기보다 그리스도의 복음과 모순되고 양립할 수 없는(딤전 6:3-5) 사상이나 관행, 세력들과 결탁함으로써 철학적 다원주의의 헌신적인 종이 된 듯했다. 예수 그리스도의 교회는 유일하시고 살아 계신 하나님의 권위와 보호 아래 보편적이고 통일된 성도들로 이루어져야 한다(고후 6:16). 우리는 믿지 않는 세상의 철학을 이해하고, 이것이 교회의 거룩한 진리를 흐리지 않도록 막아야 한다. 세상과 분리되는 것은 물질적 차원이라기보다는 지적이고 상대적인 차원이다. 건전한 교리를 희석시키고, 하나님과 개인적인 관계를 가로막으며, 신자들 사이의 교제를 방해하는 세상과의 연결 고리는 어떤 것도 유지해서는 안 된다.

73

'예정되었다'는 것은 무슨 뜻인가?

"그 기쁘신 뜻대로 우리를 예정하사 예수 그리스도로 말미암아 자기의 아들들이 되게 하셨으니"(에베소서 1:5).

연구, 학문적 원리, 직업의 모든 영역에는 그 대상물을 정확히 표현하고 규정하는 데 사용되는 전문화된 용어가 있다. 주제가 화학이나 컴퓨터든, 의학이나 음악이든, 음식이나 의상이든, 철학이나 정치든 그것과 관련된 사람들은 그 분야의 고유한 용어와 문구들을 사용한다.

신학과 성경 연구 분야도 예외는 아니다. 컴퓨터를 처음 구입해본 사람이면 누구나 입을 모아 말하겠지만, 정확한 단어와 낯선 개념들을 처음 접했을 때는 위협적이고 당황스러울 수도 있다. 하지만 꼭 그렇게 당황할 필요는 없다. 특히 성경과 기독교 신앙을 연구할 때는 그렇다.

예정(Predestination)이란 성경과 신학 특유의 어휘에 해당된다. 하지만 이것은 매우 중요한 말로 여기에 위협을 느껴서는 안 된다.

성경은 하나님이 우주를 위한 완전한 계획을 갖고 계시며, 그 계획에 관련된 상황과 사건은 반드시 일어난다고 가르친다. 이런 확실성은 사람들의 삶을 움직이며, 예정이라 불린다. 예정과 이 구절에서의 강조점은 '누구인가' 보다 '무엇인가' 에 있다. 하나님은 그리스도인을 하나님의 가족으로 입양하기로 예정하셨다.

선택, 예정, 예지 등의 성경 용어들은 모두 어떤 신비와 관련되어 논쟁을 불러일으킬 뿐 아니라 혼란을 가져올 수 있다. 하지만 그 이유는 이런 말들이 성경 안에 있기 때문이 아니다. 이 말들은 각각 겸손과 확신, 기쁨, 신실함, 거룩한 삶 등을 북돋우기 위해 존재한다. 이는 어려움과 반대 그리고 하나님에 대한 적의로 가득 찬 세상에 살아야 하는 신자들에게 거듭 확신을 준다.

이 구절에서 바울은 이렇게 말한다. '그가 우리를 예정하셨기에 하나님은 우리를 선택하셨다.' 하나님은 예정하심으로 선택하신다. 그리스도인들은 그들이 회심할 때 하나님께 입양될 수 있도록, 영원 전부터 하나님의 아들과 딸로 입양될 것이 예정되었다. 유대교에는 입양의 개념이 없었기에 바울이 이 구절에서 이 용어를 사용한 것은 아마 주로 가족의 성(姓)과 재산, 소유를 물려받는 로마의 관습에 근거했을 것이다. 구원을 얻으면 많은 영적 유익이 있고, 이와 더불어 장차 그들이 부활할 때 하나님의 가족으로 입양이 되었음을 온전히 실감하게 된다. 이렇듯 피입양자에게는 대단한 유익이 주어진다(롬 8:23). 삶을 통틀어 이보다 큰 이득은 없을 것이다.

만일 당신이 그리스도인이라면, 예수 그리스도 안에서 구원의 확실성을 기뻐하고 즐거워할 수 있다. 당신의 죄는 용서받았고, 당신은 영생을 소유했으며, 하나님의 가족이 되었다.

74

예수님이 지옥에 내려가신 적이 있는가?

"올라가셨다 하였은즉 땅 아래 낮은 곳으로 내리셨던 것이 아니면 무엇이냐"(에베소서 4:9).

예수님이 죽으시고 부활하시기 전에 지옥에 내려가셨다는 믿음은 여러 세기 동안 많은 기독교 신조에 나타난다. 가장 알려진 형태는 사도신경 후기본("he descended into hell"이라는 대목은 영문판에만 존재하고 한글판에는 생략돼 있다 – 역자 주)에 들어 있다. 이 가르침을 지지하기 위해 인용된 구절의 하나가 에베소서 4장 9절이다. 하지만 사도신경은 어느 한 사도나 단일 교회 회의에서 작성한 것이 아니다. 외려 이것은 200년에서 750년까지 500년의 기간 동안 점차 발전되었고, 지옥에 내려갔다는 대목은 아주 늦은 후대에 신앙 고백으로 편입되었다. 하지만 이 구절에서 바울은 무엇을 마음에 두고 있었을까?

에베소서 4장에서 바울은 교회 전체의 하나 됨과 다양성을 논의하고 있다. 4장 8절에서 그는 시편 68편, 특히 18절을 요약한다. 이 시편은 영광 속에 귀환하여 선물을 받고 부하들에게 이를 나눠주는 승리의 전사를 묘사한다. 바울은 이런 이미지를 사용해서 죄 된 백성을 구속하심으로써 예수 그리스도가 영적 해방을 베푸시고, 전 우주적 교회에 선물로 그리스도인을 보내신다는 얘기를 하는 것이다. 각 사람은 그리스도의 교회 안에서 특별하며 서로 다른 능력과 책임을 지닌다(엡 4:11-12).

이런 맥락에서 9-10절은 예수님이 하늘로 올라가시기 위해 먼저 "땅 아래 낮은 곳으로" 내려오셔야 했다고 진술함으로써, 예수님이 선물을 나눠주시는 내용에 관한 삽입구적인 언급이 된다. 여행을 하다가 나중에 집으로 돌아오려면 먼저 집을 떠나야 하는 것처럼 예수님도 하늘로 돌아가시기 전에 하늘을 떠나셔야 했다.

그리스도가 어디로 내려가셨던 것일까? "땅 아래 낮은 곳"이라는 바울의 말은 무슨 뜻인가? 어떤 이들은 이것은 그리스도가 오순절에 성령을 통해 교회에 영적 선물을 주시려고 내려오셨던 것을 가리킨다고 해석하지만, 다른 세 가지 중요한 해석도 존재한다. 많은 사람들은 이 구절이 땅보다 더 낮은 곳을 뜻하거나, 땅 아래를 가리킨다고 해석함으로써 예수님이 음부(hades)에 내려가셨다는 설을 지지한다. 어떤 이들은 바울은 예수님이 이 땅에 내려오셨음을 말하고 있으며 이 대목은 '낮은 곳, 즉 땅' 이라고 읽어야 한다고 믿는다. 세 번째 해석은 '땅의 낮은 곳, 즉 무덤' 으로 보고 이것이 예수님의 성육신과 이에 뒤따른 죽음을 가리킨다는 것이다.

이 마지막 관점은 지금 구절의 문맥에 잘 부합된다. 바울은 승천하사 하늘에 올라가셨던 동일한 그리스도가 일찍이 하늘에서 내려오셨던 분이라고 선언하고 있다. 그분은 하늘에서 내려오셔서 인간으로 태어나셨다. 성육신하신 그분은 실제로 십자가에 못 박히시고 죽으셨으며, 장사되셨고 영광스럽게도 죄와 사망을 이기심으로 사흘 만에 다시 살아나셨으며, 모든 이들에게 영적인 해방과 구원을 가져다주셨다.

75

사람이 어떻게 성령을 근심하게 하는가?

"하나님의 성령을 근심하게 하지 말라 그 안에서 너희가 구원의 날까지 인치심을 받았느니라"(에베소서 4:30).

모든 사람이 애통하고 슬픈 순간을 경험한다. 이런 순간들은 개인적으로 상실과 실망을 경험하는 힘든 시기에 다가온다. 근심은 어느 누구도 바라지 않는 개인적이고 강렬한 감정이다. 성경은 삼위일체의 세 위격 모두(성부 하나님, 성자 하나님, 성령 하나님) 감정을 경험하신다고 가르친다. 그 가운데 하나가 근심이다.

사도 바울은 로마에 투옥돼 있던 시기에 신약의 에베소서를 집필했다. 그 안에서 그는 일상생활과 개인의 영적 성장에서 성령의 중요성에 대해 되풀이해 쓴다. 그는 또한 독자들에게 성령을 근심하게 하지 말라고 촉구한다. 이런 권고를 들으면 몇 가지 의문이 떠오른다. 성령을 근심하게 한다는 것은 무슨 뜻인가? 어떻게 그런 일이 이루어지는가? 왜 이것은 잘못된 것인가? 이런 행동의 결과는 어떤 것인가?

성령님은 실재하시는 하나님이시다. 그분은 비인간적인 힘이나 능력, 실체가 아니다. 성령님은 하나님이시므로 모든 것을 다 아시고(고전 2:10-11), 무소부재하시며(시 139:7), 전능하시고(창 1:2), 진리이실 뿐 아니라 모든 진리를 소유하시는(요일 5:6) 신적 특성을 모두 지니신다. 성령의 역사는 개개인의 삶과 세상 속에 다면적으로 나타나며(요 16:8-11, 롬 8:14, 16, 고전 6:19, 12:13, 딛 3:5), 창조 이후로 지속되어왔다.

성령님이 하나의 인격이시기에 사람들에게 대항해서 어떤 행위를 하시듯이, 반대로 우리도 그분을 상대로 어떤 행위를 하거나 대항할 수도 있다. 이런 행동들 가운데는 불순종(행 26:19), 거짓말(행 5:3), 반항(행 7:51), 신성모독(마 12:31), 분노(히 10:29), 근심하게 하는 것(엡 4:30) 등이 있다.

바울이 성령을 근심하게 하지 말라고 에베소 사람들에게 말하는 이 대목에서, 그들은 구원받았으므로 하나님의 입양된 아들딸의 신분에 맞게 당당하고 가치 있는 생활 방식으로 살아가라고 간곡히 권면한다(엡 4:1-3). 일상의 삶은 중요하며 개인의 가치를 반영한다. 에베소 사람들은 영적으로 예전의 그들이 아니었으므로 옛날 방식을 따라 살아가서는 안 됐다.

성령을 근심케 하지 말라는 것은 광야에서 이스라엘 백성들이 반역한 사건을 이야기하는 가운데(출 20장) 구약 성경에 한 번 언급되었다(사 63:10). 구약과 신약에서 모두 성령님은 하나님의 자녀가 죄를 지을 때 근심하시고 아파하신다. 어린 시절에 흔히 했던 "몽둥이와 돌은 내 뼈를 부러뜨릴 수 있지만, 말은 나를 다치게 하지 못하지"라는 조롱의 말은 사실이 아니다. 우리의 말과 대화, 우리가 사용하는 어휘들은 중요하다. 이런 말은 사람들 사이에서도 문제가 되지만, 더욱 중요하게는 하나님께 문제가 된다. 이것은 바로 우리의 내적 자아의 상태를 가리키는 청각적 지표다. 순결한 마음에서 순결한 말이 나오고 불순한 마음에서는 거짓말과 허위가 나오는 까닭에 이는 성령을 근심케 한다. 다윗 왕이 이렇게 기도한 이유가 바로 그것이다. "나의 반석이시요 나의 구속자이신 여호와여 내 입의 말과 마음의 묵상이 주님 앞에 열납되기를 원하나이다"(시 19:14).

76

예수님은 어떻게 자신을 비우셨으며 무엇을 버리셨는가?

"오히려 자기를 비워 종의 형체를 가지사 사람들과 같이 되셨고"(빌립보서 2:7).

우리 문화에서는 주로 상승 운동, 즉 경제적으로나 사회적으로 위를 향해 움직이는 인생의 전진에 대해 얘기한다. 하지만 성경은 우리에게 예수님이 그 반대의 일을 하셨다고 말한다. 그분은 말 그대로 천국에서 이 땅으로 하강하셨다.

예수 그리스도는 늘 삼위일체의 두 번째 위격으로 존재하셨다(요 1:1, 8:58). 성부 하나님(첫째 위격)과 성령 하나님(셋째 위격)과 같이 예수님은 하나님이시다. 그분은 영원 이전부터 구약의 모든 기간을 거치며 존재해오셨다. 하지만 하나님의 계획 가운데 때가 되어 그분은 진짜 사람, 남자가 되셨다(갈 4:4). 수태와 탄생을 거쳐 이 일이 일어났을 때, 그분은 완전한 하나님이자 완전한 사람이셨다. 놀랍게도 그분은 하나님이 아닌 적이 한 번도 없으셨다. 그분은 인간의 육신을 입은 하나님이셨다. 그리스도가 인간이 되신 것이다. 이것은 사도 바울이 빌립보서 2장 5-11절에서 예수 그리스도를 본받아 겸손한 삶을 살라고 그리스도인들을 권면하면서 그가 언급했던 사건이다.

바울은 병을 비우는 이미지를 사용해서 예수님이 자신을 비우셨다고 말한다. 그분은 자신에게 있는 무언가를 내어버리셨다. 무엇을 말인가? 예수님은 일시적으로 자신에게서 하나님과 동등한 존재 방식을 내어버리셨다. 그분은 자신의 신성과 거룩함의 특성을 버린 것이 아니었다.

다만 예수님은 이 땅에 오셨을 때 신적인 자신의 능력을 독자적으로 사용하는 것을 포기하셨다. 성령의 다스리심 아래 있을 때, 그리고 성부 하나님의 뜻에 일치할 경우에만 자신의 신적 특성을 사용하셨다.

바울이 예수님이 종의 형체를 가졌다고 말할 때, '가졌다'는 단어의 어감은 예수님이 무언가 맞바꾸셨다는 뜻이 아니라 무언가를 더하셨다는 의미를 띤다. 그분은 자신의 신성에 인간의 특성을 더하셨다. 신성을 잃으신 것이 아니라 거기에 인성을 더하신 것이다. 예수님은 인간의 한계를 취하시고 일시적으로 그분의 신적 특권을 상당 부분 사용하지 않으셨다(마 24:36). 하나님이 하나님 되시기를 멈추신 것이 아니라 다른 신분을 더하신 것이다. 예수님이 그런 모습을 취하셨다는 것은 그분이 비록 순수한 인간이셨지만, 그분의 인간성의 어떤 면은 절대적으로 다른 사람들과 같지 않았음을 뜻한다. 예를 들어 예수님은 완전한 사람이셨지만, 죄 된 본성을 지니지는 않으셨다(히 4:15).

모든 것을 잃고 비천해지고 굴욕감을 느끼고 싶은 사람은 아무도 없을 것이다. 우리가 그런 상태라면, 우리는 하찮고 보잘것없고 무시당하는 당혹스러운 기분을 느낄 것이다. 하지만 인간의 관점에서 보면 이것이 바로 예수님이 겪으신 일이다. 천국의 신분과 특권을 포기하시고, 모든 사람들을 섬길 수 있게 기꺼이 인간의 육신과 피를 입으시고 죽으셨다. 베들레헴에서 탄생하신 일부터 예루살렘에서 십자가에 못 박혀 돌아가신 일까지 예수님은 겸손히 자신을 낮추셨다.

예수님은 십자가의 굴욕을 위해 하늘의 광휘를 떠나셨다. 찬송가 작사가인 찰스 웨슬리(Charles Wesley)는 바로 이런 생각을 훌륭히 묵상하고 포착해내 다음과 같은 멋진 가사를 지었다. "놀라운 사랑! 어찌 나의 하나님이신 당신께서 나를 위해 죽으셨나요!"

77

구원받은 후 우리는 어떻게 살아야 하는가?

"그러므로 나의 사랑하는 자들아 너희가 나 있을 때뿐 아니라 더욱 지금 나 없을 때에도 항상 복종하여 두렵고 떨림으로 너희 구원을 이루라"(빌립보서 2:12).

바울이 빌립보인들에게 그들의 구원을 이루라고 말했을 때, 구원을 얻기 위해 일하라거나 자신의 노력으로 구원을 얻으라는 뜻으로 한 말은 아니었다. 사실 그들은 자신의 믿음과 구원에 이미 확신이 있었다(빌 1:1). 구원은 하나님께로부터 오는 선물이기에(엡 2:8-9) 어느 누구도 열심히 일해서 구원을 얻을 수는 없지만, 우리의 영적 상태를 위해 뭔가 노력을 할 수는 있다(엡 2:10). 구원받음으로써 죄의 형벌과 영원한 결과로부터 자유로워질 수는 있지만, 모든 그리스도인은 스스로 영적인 발전을 이루고 매일 죄 많은 본성에서 비롯되는 결과와 분투해야 할 의무가 있다. 성령님이 우리의 삶 가운데서 능동적으로 일하시지만, 성공이나 실패는 우리에게 달린 것이다(롬 8:9, 14, 16).

바울은 빌립보인들에게 성령의 도우심을 힘입어 하나님께로부터 그들이 받은 구원의 결과를 실행에 옮기라고 말했다. 하나님이 그들을 도우시겠지만(빌 2:13), 영생을 얻고 경건한 삶을 사는 것을 비롯해 여러 가지 차원을 적극적으로 추구해나갈 필요가 있었다. 이는 한 사람이 그리스도인으로 다시 태어나도록 열심히 일하는 것이다. 바울은 하나님이 그의 삶 속에서 그를 통해 일하셨던 것처럼 빌립보인들의 삶 속에서도 일하시리라 확신했다(빌 1:6, 4:9). 하나님이 함께하시기에 그들의 삶은 매일매일 기쁨이 넘쳤겠지만, 예수 그리스도를 섬기는 지대한 의무와 책임도 충분히 이해해야 한다. 그들과 우리는 "두렵고 떨림으로" 그분을 섬겨야 한다. 기뻐하면서 두려워하는 것은 모순처럼 보일지 모르지만, 그렇지 않다.

바울은 여러 번 "두렵고 떨림으로"라는 문구를 사용해서 하나님을 향한 열망을 이해하는 긍정적인 감정적 반응을 가리킨다(고전 2:3, 고후 7:15, 엡 6:5). 이는 두려움이라기보다는 순종과 경외의 태도다. 하나님이 주신 최고의 삶을 경험하기 위해서 우리는 우리 각자의 삶에 그분이 품으신 특별한 계획과 함께 그분을 온전히 신뢰해야 한다. 우리가 하나님과 동행할 때, 우리는 성화의 삶을 이루어가며 그분이 우리에게 주신 어마어마한 선물을 충만히 깨닫게 된다. 호화 자동차 선물을 충분히 이해하고 즐길 수 있는 것은 새 주인이 차를 운전할 때인 것처럼, 구원은 매일 하나님의 계획과 그분의 말씀에 따라 살아갈 때 더욱 온전히 이해된다. 좋은 자동차를 차고에 넣어두기만 해서는 안 된다. 마찬가지로 구원이 휴면 상태거나 정적이어서는 안 된다.

78

영원하신 예수님을 왜 "먼저 나신 이"라고 부르는가?

"그는 보이지 아니하는 하나님의 형상이시요
모든 피조물보다 먼저 나신 이시니"(골로새서 1:15).

얼핏 보면 이 구절은 성부 하나님이 예수님을 존재하게 하셨다는 의미를 함축한 것처럼 보인다. 그런데 예수님이 창조되셨다면 성령님도 그렇단 말인가? 사실 아리우스(Arius)와 그의 추종자들은 교회사의 초기에 이 구절과 유사한 구절들(요 1:14, 3:16, 18, 요일 4:9)을 근거로 예수님이 존재하지 않으셨던 시간이 있었다고 가르쳤다. 그러던 중 325년에 니케아공의회에서 아리안주의라 불렸던 그의 이단설을 비난했다. 그리스도인들은 그 후로 니케아 신조를 암송하고 확인해왔다. 삼위일체 안에는 어떤 열등한 위격이 존재하지 않는다. 성부와 성자, 성령님은 시작이 없으시다.

고대 관습에 따르면 장자는 고유의 권한과 특권을 가졌다. 유산 외에 가문에서 지도력과 권위를 발휘하는 것도 그 권한에 포함된다. 구약 성경에서 에서가 자신의 장자권을 팥죽 한 그릇과 바꾼 이야기는 그런 특권을 교환한 것을 말한다(창 25:29-34, 신 21:17).

예수님을 "모든 피조물보다 먼저 나신 이"라고 말할 때, 바울은 예수님이 존재하지 않았던 때가 있었다거나 어느 순간에는 하나님이 아니었음을 가르치려는 것이 아니었다. 성경은 되풀이해서 예수님의 신성과 영원성을 모두 강조한다(요 1:1, 8:58, 20:28). 예수님은 인간으로 나시기는 했지만, 늘 하나님이셨다. 바울은 예수님이 많은 신들 가운데 처음이라고 가르치지도 않는다. 그보다 바울은 "먼저 나신 이"라는 용어를 시각적으로 사용해서 모든 창조물 위에 계신 예수 그리스도의 고유한 규칙과 역할을 강조한다. 예수 그리스도는 창조물 중에서 먼저 나신 자가 아니라, 창조물 위에 먼저 나신 이다. 예수님은 창조의 일부가 아니라 이를 만드신 분이다. 그래서 예수님이 창조된 세상의 근원이요 머리가 되신 것처럼, 그분은 우주적 교회의 원천이며 머리가 되신다(골 1:15-20). 찬송시의 두 연처럼 바울은 먼저 나신 이와 지도자로서 예수 그리스도의 이미지를 병치하고 있다.

오늘날 터키에 위치한 에베소 동쪽으로 약 160킬로미터 떨어져 있던 상업 도시 골로새의 그리스도인들은, 기독교와 그 영성을 파괴하는 율법주의, 신비주의, 철학적 성찰 등의 혼합으로 인해 분투하고 있었다. 바울은 이런 그들에게 예수 그리스도의 주권과 충족성을 강조하며 편지를 썼다. 편지에서 그는 창조주시며 교회의 머리이신 그리스도의 중요성과 그분의 희생적인 죽음 때문에 그리스도인들이 그분과 하나 되었다는 사실을 강조했다.

이교의 신화는 보통 신들과 여신들에게 태어난 신의 자녀나, 인간에게서 태어나 어떤 식으로든 신이 된 존재들을 내세운다. 이런 믿음은 오늘날의 사회에서도 여전히 많은 거짓 교훈과 종교, 거짓 영성의 일부가 되고 있다. 하지만 성경은 분명히 반복해서 이런 관점을 거부하며 그리스도인들이 이런 것에 설득되지 않도록 경고한다. 하나님의 유일하고 영원한 아들이신 예수 그리스도는 당신을 사랑하사 십자가에서 당신을 위해 죽으셨다. 범퍼 스티커에 인쇄되어 있든 설교로 전파되든, 성경과 다른 가르침과 교훈에 현혹되지 말라.

79

"신성의 모든 충만"이란 말은 무슨 뜻인가?

"그 안에는 신성의 모든 충만이 육체로 거하시고"(골로새서 2:9).

바울과 다른 저자들이 이와 비슷한 구절과 사상들을 다른 곳에서 사용하지만, 용어 자체는 이곳에서만 발견된다(요 1:16, 골 1:19).

바울이 편지를 쓴 한 가지 목적은, 골로새의 상당수 그리스도인들에게 영향을 미치고 있던 영지주의(Gnosticism) 가르침을 논박하기 위함이었다. 이 이교적 신앙에 따르면 모든 물질은 본질적으로 악하며 오직 영혼과 정신만이 선한 것이다. 이 영지주의는 논리적으로 예수님이 인간의 몸을 입고 성육신하셨음을 부정할 뿐 아니라 하나님이 세상을 창조하신 것도 부정하는 데 이르렀다. 영지주의자들은 예수님이 인간이셨고, 육체적으로 죽으셨으며, 말 그대로 무덤에서 부활하셨다는 것도 부정했다.

이 편지에서 바울은 이런 가르침을 공격하고 하나님이신 예수님이 온 우주를 창조하셨고(골 1:16), 십자가에 죽으셨으며(골 1:20), 인간의 몸을 입으셨다고(골 2:9) 주장한다. 하지만 여기에 덧붙여 예수님은 인간이셨던 동안에도 하나님의 모든 특성과 성품을 갖고 계셨다고 그는 선언한다.

본질적으로 하나님이신 그분이 예수 그리스도 안에 존재하셨다. 하나님의 사랑과 자비, 용서의 본성은 예수 그리스도의 삶과 죽음으로 나타나고 증명되었다. 그분은 성육신하신 하나님이시다. "나를 본 자는 아버지를 보았거늘"(요 14:9).

골로새서 2장 9절에서 바울은 단순히 기술적이거나 추상적인 가르침을 뛰어넘는 이야기를 하고 있다. 그는 골로새의 그리스도인들과 이 편지를 보게 될 모든 사람들에게 예수님은 하나님이시므로 그리스도인들이 그분과 특별한 관계를 맺으면, 그들도 은혜를 입고 어마어마한 축복을 받게 될 것임을 상기시킨다(골 2:10, 엡 1:3). 영지주의자들은 보통의 기독교가 보유한 신앙 지식 이상의 비밀스럽고 신비한 지식에 도달하려고 애썼고, 이러한 지식을 근거로 영적 계급제도를 발전시켰다. 그들은 또한 어떤 사람이 하나님께 접근하려면 천사와 많은 매개체들을 통해 일해야 한다고 가르쳤다. 하지만 성경은 이런 관점 역시 거부한다. 하나님의 충만하심이 예수 그리스도 안에 존재하며, 그리스도인들은 홀로 모든 믿는 자들의 중개자요 변호자로 일하시는 예수 그리스도 안에서 온전해진다(딤전 2:5). 그리스도인들 사이에는 어떤 우월함이나 열등함이 없다. 어떤 사람도 다른 사람보다 못하거나 더 위대하지 않다. 모든 그리스도인들은 평등하다(갈 3:26-28).

80

어떻게 사람이 쉬지 않고 기도할 수 있는가?

"쉬지 말고 기도하라"(데살로니가전서 5:17).

이 구절은 그리스도인의 행해야 할 필수 의무 열여덟 가지를 제안하는 세 가지 항목 가운데 두 번째 항목에 나온다. 첫 번째 항목은 타인에 대한 신자들의 의무(살전 5:12-15)이고, 두 번째는 자신에 대한 신자들의 의무(살전 5:16-17)며, 세 번째는 순결에 대한 신자들의 의무다(살전 5:18-22).

두 번째 항목은 항상 기뻐하고, 쉬지 말고 기도하며, 범사에 하나님께 감사하라고 신자들에게 권면한다.

여러 세기에 걸쳐 교회는 마냥 행복한 동화 세계에서 살아온 것이 아니다. 교회가 절망하고 근심할 허다한 이유들만 안겨주는 세상 속에서 살았다. 박해와 질병, 죽음이 도사린 이 현실 세계에서 바울은 신자들에게 이런 세상과의 충돌을 초월해서 일어설 것을 요구하며 그럴 이유도 충분하다고 말한다. 희망의 메시지는 우리가 매달려서 그럭저럭 견뎌낼 수 있는 환상이 아니라, 필연적인 것이다. 이것은 하나님이 그분의 자녀들에게 하신 약속이다(벧전 1:3-5). 사람들이 슬픔 중에 기뻐할 수 있는 것은(고후 6:10) 죽음을 정복하신 그분께(고전 15:55-56) 쉬지 않고 기도하며 그리스도 안에서 생명을 소유한다는 특권으로 인해 그분께 감사하기 때문이다(고전 15:56, 빌 1:18-20). 지속적인 기쁨, 기도 그리고 즐거움과 고통 가운데서 감사하는 일은, 인내하며 주님의 오심을 기다리는 신자들에게(살전 5:1-11) 거룩한 평화의 삶을 가져다준다(빌 4:4-6).

쉬지 않는 기도는 매일 매 순간 기도하는 것을 말하는 것이 아니다. 아무리 위대한 기도의 전사라 해도 살다보면 시간과 주의가 필요한 다른 삶의 의무들이 있게 마련이다. 예를 들자면, 공부, 일, 가족, 취침 등이 여기에 해당한다. 쉬지 않는 기도는 끊임없는 마음 상태나 내적 태도를 말하는 것도 아니다. 기도에 대해 생각하고 신경 쓰는 것과 정말 하나님께 기도드리는 것은 전혀 다른 것이다. 바울이 기도를 말할 때는, 성도의 영적 필요에 대해 하나님과 대화를 나누고 그분이 그들의 인생에 해주신 일에 대해 감사하는 것을 말한다. 기도는 은혜를 베푸는 자와 수혜자 사이의 '일대일' 대화다.

먹는 것에 대한 유추는 바울이 말한 쉬지 않는 기도의 의미를 이해하는 데 도움이 된다. "먹는 것을 그만두지 않는다"는 것은 한 끼 식사는 끝낼 수 있지만, 매일의 식사는 계속됨을 뜻한다. 사람들은 건강을 유지하기 위해서 일생에 걸쳐 균형 잡힌 식사를 계속해야 한다. 바울은 '기도를 멈추지 말라' 든가 '건강한 기도 생활을 하라' 는 식으로 일종의 일과를 나타내는 쉬운 표현을 쓸 수도 있었을 것이다. 신자들은 삶의 일과에 치인 나머지, 식사 시간처럼 정기적으로 하나님과 대화하는 일을 중단하지 않도록 조심해야 한다. 문제는 많은 사람들이 며칠 계속해서 하나님과 대화하는 일이 드물고, 어떤 사람들은 그들에게 고민이 있거나 뭔가 원하는 것이 있을 때만 하나님께 말을 건넨다는 것이다. 솔직히 당신이라면 며칠 동안 계속해서 배우자나 자녀들과 대화하지 않을 수 있겠는가? 우리가 어떻게 하늘 아버지와의 대화를 몇 주, 몇 달 계속해서 중단할 수 있겠는가?

81

'성령을 소멸한다'는 것은 무슨 뜻인가?

"성령을 소멸하지 말며"(데살로니가전서 5:19).

데살로니가전서 5장 19-22절에서 바울은 하나님의 뜻과 성품을 반영하기 위해 세상과 구별되는 정화, 즉 성화에 관심을 둔다. 그는 독자들에게 성적 순결에 대한 하나님의 관점을 거부하는 것은, 하나님과 성령을 거부하는 것이나 마찬가지라고 경고한다. 성령의 기능은 신자들이 진리 안에서 경건하게 살아가도록 인도하고 교훈하는 것이다(살전 4:7-8, 겔 36:27, 느 9:20, 요 14:16-17, 26, 15:26, 16:7-13).

바울은 데살로니가인들에게 성령의 사역이 개인과 교회의 영적 안녕에 얼마나 필요한 것인지 상기시키며, 이렇게 훈계한다. '성령을 소멸치 말라!' 소멸하다라는 단어는 "끄다" "진압하다" "억제하다"로 번역될 수도 있다. 성경은 때때로 성령의 사역을 불과 연관시킨다(행 2:3). 이 정결케 하는 불을 끄는 것은, 다만 삶을 변화시키는 성령의 사역을 방해하는 정도가 아니라 아예 중지시키는 것이다. 불순종은 내주하시는 하나님의 영에 대한 큰 공격이지만, 그럼에도 그분은 우리와 함께 머무르시며 그 분을 밀어내는 이기적인 행동을 보며 슬퍼하신다(엡 4:20-30, 사 63:10-14). 이렇게 성령을 억누르는 일을 방지하기 위해 바울은 네 가지 행동 과정(COA)을 제시한다. 1) 예언을 멸시치 말며, 2) 범사에 헤아려, 3) 좋은 것을 취하고, 4) 악은 모든 모양이라도 버리라(살전 5:20-22).

성령의 사역 가운데 한 가지는 각 신자들에게 은사를 나누어주시는 것이다(롬 12:3-8, 고전 12:7-11, 20-31). 은사의 절반은 하나님의 말씀을 공개적으로 전하는 것으로 교회의 초창기에는 가장 바람직한 것이 예언이었다. 이는 덕을 세우며 권면하며 위로하는 것이었기 때문이다(고전 14:1-4). 아직 성경이 완성되지 않았고, 많은 교회들이 신약을 접해보지 못했기에 초기 교회의 예언자들의 역할은 중요했다. 성령님이 예언자들을 통해 앞날의 일을 예견하셨을 뿐 아니라(행 11:27-30), 하나님의 말씀을 받아 가르치게 했다(행 13:1-5). 그러나 분명히 데살로니가인들은 많은 거짓 선지자들을 보았을 것이다. 그리고 스스로 진짜 선지자라 생각하는 사람들을 경멸하고 무시한 까닭에 결과적으로 그들 가운데 계시는 성령의 사역을 없애거나 소멸시켰다. 오늘날 성령을 소멸시키지 않기 위해 해야 할 행동의 첫 단계는 성령님이 교회의 구성원들에게 주신 모든 은사를 밝히고 사용하는 것이다. 이제는 하나님의 말씀이 완성되었으므로 성령님은 (예언이나 방언처럼) 실제로 필요하다고 여기는 특별한 상황이 아니라면 몇

몇 은사들은 활용하지 않으실지도 모른다.

바울은 거짓 가르침과 예언이 창궐하고 있음을 모르지 않았기에, 모든 것이 신뢰할 만한지 시험해보라고 교회에 권고한다(COA 2, 고전 12:1-3, 딤전 4:1-5, 요일 4:1-6, 렘 6:27-30). 그리고 오늘날 우리에게는 성령이 계시고 완성된 하나님의 말씀이 있기에 악한 것과 좋은 것을 구별할 수 있다. 우리는 성령 안에서 행하며 하나님의 말씀을 중히 여김으로써, 성령의 열매를 맺으며 선하고 유익한 일을 할 수 있다(COA 3, 롬 12:9-18, 갈 5:16, 22-26, 엡 5:9, 딤후 3:16-17, 약 3:17). 그러나 우리가 그리스도 안에 있는 자유를 잘못 사용한다면, 우리는 자신의 소원을 따라 육체 가운데 행하며 모든 악한 일에 정복되고 말 것이다(COA 4, 롬 8:6-8, 12:21, 갈 5:17, 19-21, 엡 4:25-32). 그분을 사랑하고 함께 동행하며 귀히 여길 때, 그분은 당신의 영혼에 영원히 꺼지지 않는 불로 거하실 것이다.

82

'휴거'는 언제 일어날 일인가?

"누가 어떻게 하여도 너희가 미혹하지 말라 먼저 배교하는 일이 있고 저 불법의 사람 곧 멸망의 아들이 나타나기 전에는 그 날이 이르지 아니하리니"(데살로니가후서 2:3).

데살로니가는 마게도냐의 주요 항구요 로마 제국의 중요한 상업과 군사 중심지였다. 바울이 이곳 그리스도인들에게 51년 여름에 편지를 쓴 것은 장차 올 사건에 대해 그들이 혼란스러워했기 때문이다. 그들은 믿음 때문에 핍박을 받고 있었으며 거짓 가르침에도 노출되어 있었다. 그 결과, 그곳의 몇몇 그리스도인들은 자신들의 경험을 예언된 "그 날"의 사건과 동일시하게 되었다. 그래서 그들은 그리스도의 재림을 이미 놓쳤다고 생각하고, 더 이상 자신들의 믿음을 성실하게 유지할 필요가 없다고 믿었다. 바울은 편지를 통해 예수님은 아직 재림하시지 않았음을 알려주며 비록 그들을 향한 핍박과 고통이 극심하지만, 이것은 마지막 날의 현상이 아니라고 말했다.

데살로니가후서 2장 1절에서 바울은 편지를 읽는 독자들에게 장차 예수 그리스도와 그리스도인들이 '모이게 될 것'을 상기시킨다. 이것은 바울의 초기 편지에서 그가 같은 그리스도인들에게 가르쳤던 교회의 휴거를 가리키는 것이다(살전 4:13-18). 2절에서 그는 자신이 이를 상기시키는 것은 주의 날(7년 대환난)에 대해 데살로니가인들이 받았던 가짜 말씀과 거짓 가르침 때문이라고 말한다. 이어서 3절에서는 그 환난은 "배교하는 일"이 있은 후에 나타나며, 그 후에는 적그리스도가 통치하게 될 것이라고 선언한다.

이 구절에서 주된 해석 문제는 이 문맥에 나타난 "배교"의 사전적 의미다. 이 구절에 대한 다양한 성경 번역과 신학적 제설은 거의 일치하지 않는다. 그리고 세월이 흐르면서 다음의 네 가지 관점이 나타났다. 배교는, 1) 이 구절의 후반에 언급된 적그리스도를 말한다. 2) (고백교회나 대환난 시기의 유대인들, 비신자들 중 한 부류에 의해) 마지막 시기의 신앙적 변절과 믿음에서 떨어지는 것을 가리킨다. 3) 하나님에 대한 적극적인 반항이나 반역을 가리킨다. 4) 휴거, 즉 적그리스도와 대환난의 도래에 앞선 교회의 이탈을 가리킨다.

대체로 마지막 세 가지 견해가 받아들여졌다. 분명 성경은 다른 여러 곳에서 교회가 마지막 시기에 믿음에서 떨어지지 않도록 분명히 경고한다. 일곱 개의 주요 구절이 그런 영적 이탈에 대해 우리에게 경고한다(딤전 4:1-3, 딤후 3:1-5, 4:3-4, 약 5:1-8, 벧후 2장, 3:3-6, 유 1-25). 이 구절에서 배교는 분명히 교리적 변절이지만, 그 단어의 의미론적 범주를 살펴보면

은유적 이탈(반역이나 타락)보다는 육체적 이탈(휴거)을 의미한다.

이들 견해 가운데 어떤 것도 결정적이지 못하므로 데살로니가후서 2장 3절에서 하나의 교리적 해석을 끌어내는 것은 지혜롭지 못하다. '타락' 이나 '반역' 이라는 더욱 일반적인 견해로 이해한다면, 바울은 (다른 구절에서 확증되는) 적그리스도의 발흥에 앞서 교리적 이탈이 있을 것이라고 말하는 것이 된다. 이 단어가 교회의 육체적 휴거를 가리키는 데 쓰인다면, 바울은 (여러 곳에서 가르친 바 있는) 적그리스도의 도래에 앞서 휴거가 일어날 것이라고 말하는 것이 된다. 두 가지 견해 가운데 하나는 적그리스도와 대환난에 앞서 휴거가 있다는 사실을 뒷받침한다.

바울이 지지하는 중요한 진리는 그리스도인들이 (그의 시대나 오늘날이나) 휴거나 (휴거와 대환난 후에 올) 그리스도의 재림을 아직 놓치지 않았다는 것이다. 그러므로 우리의 상황이 어떠하든지 위로와 희망은 변함없이 존재한다.

83

하나님은 왜 배고픈 사람에게 음식을 주지 말라고 하셨는가?

"누구든지 일하기 싫어하거든 먹지도 말게 하라"(데살로니가후서 3:10).

가난한 사람들에 대해 미국은 관대한 입장을 취한다. 즉 가난한 사람들은 그 빈곤을 초래한 이유나 원인에 관계없이 더욱 부유한 시민들의 조력을 받을 만하다는 것이다. 2005년 9월, 허리케인 카트리나로 생겨난 빈곤층에 대한 미국의 즉각적인 반응은 이런 일반적인 태도를 증명한다. 얼마나 많은 재정이 사용될지, 얼마나 많은 비용이 실제로 필요한지도 모르면서 미국인들은 전국에서 수백만 달러를 카트리나 기금에 보냈다. 그러나 연방 정부가 희생자들에게 현금 2천 달러씩을 내주면서 재정을 남용했다는 사실이 부각되었다. 며칠 만에 희생자들이 그 돈을 술과 담배, 포르노 테이프를 사는 데 써버렸다는 이야기들이 표면에 떠오르기 시작했다.

세계 곳곳에는 많은 빈곤층이 있으며, 그 이유도 제각각이다(마 26:11). 대부분 그들의 필요는 타당한 것이고, 우리는 이를 만족시켜주어야 한다. 그렇게 하는 것이 진실한 믿음의 본을 보이는 것이다(약 1:27, 2:14-16). 그러나 일하기를 거부한 까닭에 가난해진 사람들도 있다. 그들은 자선 단체나 정부가 당연히 그들을 도와주리라는 것을 안다. 바울은 특별히 교회 안에 이런 부류의 사람들이 있다는 사실에 대해 언급한다. 만일 어떤 사람이 일할 수 있는데도 너무 게으르거나 자기중심적이라면, 그런 사람은 도움을 줄 필요가 없다. 이 사람들은 의도적으로 법과 원칙을 무시하며 살아간다(살후 3:6-7, 11). 그들은 모든 것을 원하는 게으름뱅이들이지만, 원하는 것을 얻기 위해서는 거의 아무 일도 하지 않는다(잠 6:6-11, 13:4). 이런 사람들을 지원하는 것은 그들의 배보다 그들의 약점을 키우는 것이며, 결과적으로 그들에게 전혀 도움이 되지 않는 행동이다. 따라서 그런 원조는 그들을 사랑하는 것이 아니다.

알렉산더 해밀튼(Alexander Hamilton)은 이 원리를 이해했다. 그는 화가일 때 동료 랠프 얼(Ralph Earl)이 빚을 갚지 못하는 상황에 처해 스스로 감옥에 갇혔다는 걸 알았다. 그러나 해밀튼은 그냥 그의 빚을 갚아주기보다 얼이 스스로 돈을 벌어 자신의 존엄성을 되찾도록 도와줄 계획을 세웠다. 얼도 화가였기 때문에 해밀튼은 그의 아내 엘리자베스(Elizabeth)를 권면해서 초상화를 그릴 사람들을 찾도록 했다. 얼은 이 일을 하게 되면서 빚을 탕감했고 자유를 찾았다.

기독교의 노동 윤리는 신자들에게 부지런히 일하되 욕심을 부리지 말라고 권한다. 일하기를 거절하는 것은 옳지 않은 일이며 좋지 않은 믿음의 본이 된다(약 2:17). 바울은 무언가를 답례로 돌려주지 않고서는 교회로부터 무언가를 거저 받으려 하지 않았다. 데살로니가에서 바울과 그의 동역자들은 밤낮으로 일해서 자신들이 필요한 것을 마련함으로써 교회에 짐이 되지 않으려 했다. 그는 부지런하고 욕심 없이 끈기 있게 일하는 본이 되고자 했다.

사람은 결코 "선을 행하다가 낙심하지"(살후 3:13) 말아야 한다는 것은, 건전한 노동 윤리 없이 이루어질 수 없는 가치 있는 연습이다(살후 3:5, 7, 11). 교회나 국가는 게으르거나 이기적인 사람들에게 자원을 낭비하지 말아야 한다. 그 자원은 정말 도움이 필요하고 급박하며 장기적인 도움이 필요한 사람들을 위해 쓰여야 한다. 열심히 선을 행하는 것은 스스로 일할 수 없는 사람들의 유익을 위해 열심히 일하는 것과 마찬가지로 칭찬받을 일이며, 이것이 곧 주님을 섬기는 일이다(마 25:34-40).

84

그리스도인들은 포도주를 마셔도 되는가?

"이제부터는 물만 마시지 말고 네 위장과 자주 나는 병을 위하여는 포도주를 조금씩 쓰라"(디모데전서 5:23).

포도주에 관한 이 구절은 바울이 앞서 디모데에게 했던 "네 자신을 지켜 정결하게 하라"(딤전 5:22)는 권면과 관련해 삽입구처럼 들어간 듯하다. 바울은 디모데의 건강을 염려하며 그에게 조금씩 포도주를 마시는 것이 그의 "자주 나는 병"을 어느 정도 조절하는 데 도움이 될지 모른다고 알려준다. 어떤 이들은 이 구절은 일반적으로 술을 마셔도 된다는 허가를 한 것이 아니라, 다만 치료 차원에서 사용하라는 것이었다고 주장한다. 마약이 보통 금기시되지만, 의약 처방용으로 사용될 때는 여러 가지 고통을 막아주고 경감시키는 역할을 하는 것과 동일한 경우다. 또한 이런 사용처에 동의하지 않을 사람은 거의 없다.

소화기 계통에 기생충이나 박테리아가 있을 때 몸이 불편한 반응을 나타내는 이질은, 식수 공급원이 인간의 배설물로 오염되었을 때 생긴다. 오늘날 세계에서 70만 명 이상의 사람들이 매년 아메바성이나 간상균 이질로 죽는다. 이런 위협을 피하거나 경감시키려면, 물을 대치할 알콜 음료수가 반드시 있어야 한다. 알콜은 수명을 연장시키고 심장을 보호하며, 대머리를 치료하고 이와 벼룩을 죽이며, 피로를 풀어주고 치통을 완화시키며, 구강염을 치료하고 식욕을 북돋우며, 황달을 치료하고 당뇨병과 싸우며, 부은 가슴의 통증을 가라앉히고 상처를 소독한다.

디모데전서 5장 23절은 치료용으로 술을 사용하는 것을 분명히 허용한다. 그럼에도 우리는 이것이 적절한 사용이라고 결론내릴 수는 없다. 술을 의료용으로 사용하는 데 대해 디모데의 마음을 편하게 해주기 위해 바울은 이전에 자신이 디모데에게 썼던 말을 상기시킨다. “하나님께서 지으신 모든 것이 선하매 감사함으로 받으면 버릴 것이 없나니 하나님의 말씀과 기도로 거룩하여짐이라”(딤전 4:4-5).

그리스도인들은 술의 사용과 소비에 대해 성경을 정직하게 바라보아야 한다. 많은 그리스도인들이 조금이라도 술과 연관되는 것을 거부하지만, 이것은 건전한 성경적 금지가 이유라기보다 문화적 배경으로 인해 거부감을 나타낸다. 술에 대한 성경의 입장은 세계 역사상 문명국들이 취했던 중립적인 입장과 비슷하다. 성경에서는 우리를 지배하는 것들에 관심을 가지므로 우리 삶 속에서 성령의 사역을 억제하는 것은 어떤 것이든 남용하지 못하도록 엄격히 금한다(엡 5:18).

사람이 문화적 이유에서 술을 마시는 것은 성적인 문란과 술주정, 방탕함과 연결되기 때문에 마땅히 그만두어야겠지만, 문제는 술 자체에 있는 것이 아니라 문화적 관계에 있다. 이런 입장에는 논쟁의 여지가 있다(롬 14장). 하지만 정말 문제가 되는 것은 지나치게 사용하는 것이다(잠 20:1, 23:20, 29-30, 전 10:17, 사 5:11, 28:1, 합 2:15, 눅 21:34, 롬 13:13, 고전 6:10, 갈 5:21, 벧전 4:3).

많은 사람들이 여러 가지 이유로 술을 마시지만, 죄 많고 영적이지 못한 비그리스도인처럼 보여서는 안 된다. 우리가 진정한 복음의 증거자라면, 감정적인 입장에서 벗어나 좀 더 성경적으로 이 문제를 바라봐야 한다.

85

그리스도인들은 부자가 되는 것을 피해야 하는가?

"돈을 사랑함이 일만 악의 뿌리가 되나니 이것을 탐내는 자들은 미혹을 받아 믿음에서 떠나 많은 근심으로써 자기를 찔렀도다"(디모데전서 6:10).

자, 모든 그리스도인들이 최대한 빨리 주식 시장에서 손을 떼고, 확실하게 이자가 붙는 양도성 예금 증서나 당좌 예금은 물론이고 저축성 예금도 개설하지 말아야 한다고 하자. 그리고 신용카드며 직불카드도 모두 다 버려야 한다! 이런 카드를 잘못 사용하면 잠재적 파장이 너무 크기 때문이다.

이런 태도는 조지 워싱턴(George Washington) 정부의 재무성 장관 알렉산더 해밀튼이 미국 중앙 은행을 설립하려 했을 때, 토마스 제퍼슨(Thomas Jefferson)과 제임스 매디슨(James Madison)이 끈질기게 투쟁했던 때의 태도와는 사뭇 다르다. 사람들이 뜻밖의 횡재에는 촉각을 곤두 세우면서, 은행에서 시민들에게 주는 정직한 이자에 마음이 닫혀 있을 때 일어날 수 있는 불행을 그들은 제대로 파악하고 있었다. 인간들은 정말 이기적이고 욕심이 많다. 그러나 단순히 비양심적인 사람들이 악용할지도 모른다는 이유로 정당한 이득을 추구하지 않겠다는 건 편협하고 해로운 생각이다. 은행에서 보관하고 운영하는 돈은 건강한 경제 활동을 하는데 필수적인 것이며, 대중의 생활의 질을 높여준다. 돈 자체는 악이 아니다.

자본주의는 그러한 이점에도 불구하고 적어도 한 가지 부정할 수 없는 위협적인 단점이 있다. 즉, 사람들이 탐욕으로 치달을 가능성이 언제나 열려 있다는 것이다. 돈이나 재산에 대한 탐욕 또는 정욕이 절약과 건전한 원리를 대신하게 된다. 그렇게 되면 자기 이익을 다른 사람들의 이익보다 우선하게 되고, 평화와 만족 같은 영속적이고 바람직한 특성을 개인적 번영과 권력보다 못한 것으로 여기게 된다. 어떤 자본주의 사회에서든 그 사회의 안전망을 구축할 때, 국가의 이익을 시민들의 개인적인 이익보다 우선한다. 그러려면 욕심이 없어야 하는데 사람들의 타고난 본성이 자기중심적이므로 여기에는 늘 줄다리기가 생기게 마련이다. 무욕은 믿음과 경건함, 공의, 사랑, 인내, 친절, 평화와 만족으로 이어지고(딤전 6:6-8, 11), 탐욕은 의심, 가족의 붕괴, 감옥, 혼전 동거, 위증, 절도, 살인, 전쟁, 영원한 상실로 이어진다(딤전 6:9, 전 5:10-14, 렘 17:11, 약 5:1-3).

하나님은 열심히 일하고(전 5:12), 지혜롭고 분별 있는 투자로 부를 창출하는 데 반대하지 않으신다. 신자들 개인의 재산은 교회와 가난한 지체들에게는 유익이 되며, 인간의 재능이 아니라 하나님의 축복을 반영하는 것이기 때문이다(딤전 6:17-18). 하나님이 걱정하시는 것은 무덤 이편에서만 가치가 있는 일시적 이득 때문에(딤전 6:7, 욥 1:21, 시 49:10, 잠 23:5, 27:24), 믿음과 영원한 유익을 좇는 삶을 위험에 빠뜨리는 사람들이다(딤전 6:13-17, 히 11:26). "바람을 잡는 수고가 그에게 무엇이 유익하랴"(전 5:15-16). 한순간의 목표와 업적이, 영원한 보물을 좇아가는 탐색을 대신해서는 결코 안 된다(딤전 6:12, 잠 8:18).

퇴직금 구좌를 설정하고 기업에 투자하고 연금을 붓고, 양도성 세금 증서를 구입하고 이자성 저축 예금과 당좌 예금을 개설하는 것도 다 현명한 선택이다. 하나님이 당신에게 주신 복은 책임지고 관대하게 사용하라(딤전 6:18, 눅 12:33). 하지만 당신은 계속해서 마음의 보화를 추구해야 하므로 결코 개인의 믿음보다 물질적 번영을 앞세우지 말아야 한다(마 6:19-21). 이 세상에서는 형편이 나아지면 만족하고 감사해야 하지만, 천국에서는 당신의 영적 상태의 진보에 만족해서 주저앉는 일이 없어야 한다.

86

어떻게 우리가 놀라운 구원을 누리게 되었는가?

"우리를 구원하시되 우리의 행한 바 의로운 행위로 말미암지 아니하고 오직 그의 긍휼하심을 따라 중생의 씻음과 성령의 새롭게 하심으로 하셨나니"(디도서 3:5).

이 오래된 질문이 이해되는 순간, 하나님과 그분의 진정 놀라우신 은혜에 대한 감사로 완전히 새로운 세상이 열린다.

여호와 하나님의 영광을 보고자 했던 모세의 갈망은 결국은 맛보기로 끝났다. 하나님은 그분의 영광을 모두 펼쳐 보여 모세를 해치고 싶지 않으셨기에, 모세가 생명을 잃지 않고 견딜 수 있을 만큼만 그에게 보여주신다(출 33:20, 욥 9:11, 23:8, 딤전 6:16, 요일 4:12). 이런 말씀에서 나타나듯이 그분은 모세에게 그분의 선하심과 인자하심만을 보도록 허락하신다. "나는 은혜 베풀 자에게 은혜를 베풀고 긍휼히 여길 자에게 긍휼을 베푸느니라"(출 33:19). 이 맛보기에 대한 충분한 설명(출 34:6-7, 롬 9:15, 여기에서 자비는 은혜로움과 동격이다)은, 하나님의 선하심이 그분의 은혜와 친절, 자비를 통해 표현된다는 사실을 명확히 보여준다. 바울은 하나님이 인간을 구원하시기 위해서 어떻게 움직이셨는가를 표현할 때 바로 이 동일한 특성을 말한다(딛 3:4-5). 희망 없고 불의한 인간의 상태는 하나님의 본질인 선하심을 감동시켰고, 하나님은 인류에게 손을 내밀어 우리의 능력으로는 달성할 수 없는 영원한 영혼의 구원을 주셨다. 그분의 자비가 있으면 모든 것이 가능하지만(딛 3:8, 벧전 1:3-5), 바꿔 말해 그분의 자비가 없이는 우리는 아무것도 할 수 없다!(딛 2:11-14, 3:3)

그분의 선하심(더 구체적으로 그분의 자비)은 성령 사역의 두 가지 측면을 통해 우리를 구원하신다. 먼저는 성령의 깨끗케 하심 또는 다시 태어남을 통한 깨달음(칭의)이고, 두 번째는 그 후 새롭게 하심을 통해 매일 변화되는 것(성화)이다.

자기 영광을 추구하는 우리의 타고난 성향 때문에 우리 내면에는 영적인 것에 대한 고집과 적대감이 싹튼다(출 32:9, 대하 24:19, 행 7:51, 롬 8:7-8). 우리는 영적으로 싸늘한(죽은) 돌 같아서 하나님과 아무 관계도 맺고 싶어하지 않는다. 하지만 하나님은 인생을 사랑하셔서 인간의 치료를 계획하시고 진행해나가신다(딛 3:4, 삼하 14:14, 엡 2:5, 요일 4:10). 그분은 완고하고 고집 센 이스라엘의 마음을 녹여, 순종적이고 바르게 하셨던 것처럼(겔 36:24-27, 롬 11장), 그리스도의 죽음과 장사, 부활 그리고 재생시키는 성령의 사역을 통해 죽어 있는 싸늘한 마음에 온기와 생명을 불어넣으신다(딛 3:5-6, 요 1:13, 6:53, 고전 6:11, 고후 5:17, 엡 2:1-7, 18). 하나님은 성령을 통해 우리의 마음이 진리와 구원에 열리게 하시고, 우리와의 관계를 직접 빚어가신다.

이 관계의 인침을 받는 순간(엡 1:13), 성령은 말씀의 능력으로 우리를 변화시키고 새롭게 하기 시작하신다(롬 1:16, 엡 6:17, 히 4:12). 한때 하나님으로부터 떨어져 더 이상 만족이 없고, 자기중심적이며, 사악함과 질투로 가득 차서 어리석은 가르침과 논쟁에 쉽게 속았던 우리의 이기적인 본성 위에 날마다 말씀이 뿌려진다(딛 3:3, 9, 롬 12:1-2, 엡 4:17-30, 골 3:9-11, 히 12:1-3). 그리고 성령이 새롭게 하심으로 그분께 감사하는 자녀들의 선행을 통해, 우리를 구원하시는 하나님의 선하심이 드러난다(엡 2:10, 딛 1:8, 2:7, 14, 3:1, 8, 14). '칭의'는 우리에게 영적인 삶을 부여하고, '성화'는 우리가 어떻게 삶을 살아가야 하는지 가르쳐준다.

87

그리스도인이 타락할 수 있는가?

"한 번 빛을 받고 하늘의 은사를 맛보고 성령에 참여한 바 되고 하나님의 선한 말씀과 내세의 능력을 맛보고도 타락한 자들은 다시 새롭게 하여 회개하게 할 수 없나니 이는 그들이 하나님의 아들을 다시 십자가에 못 박아 드러내 놓고 욕되게 함이라"(히브리서 6:4-6).

이 놀라운 문장은 오랫동안 성경을 배우는 학생들을 당황케 했던 경고다. 이 논쟁은 주로 구원의 영속성 문제를 둘러싸고 반복된다. 어떤 사람이 은혜의 복음을 받아들인 후 죄를 지었는데 회개치 못할 수도 있는가? 이 구절에 따르면 그 답은 '그렇다' 가 된다. 하지만 회개가 불가능하다는 것은, 그리스도인이 배반으로 단절된 관계를 새로이 하지 못한다는 것인가? 아니면 죄가 하나님이 그 사람의 마음에 행하신 구원의 사역을 지워버린다는 것인가?

후자의 입장은 신자들에 대한 성경적 기록과 일치하지 않는다. 구원은 모든 자녀들에게 완성하리라 약속하신 하나님의 사역이다(요 6:37,

10:25-29. 롬 8:1, 31-38, 고전 3:15, 엡 1:13, 빌 1:6, 히 6:19, 벧전 1:3-5, 요일 5:11-12). 히브리서 기자는 여기서 유대교에서 기독교로 개종한 신자들 가운데 영적으로 건강한 수준의 성장을 하지 못한 사람들을 언급한 것이다 (히 5:11-6:3). 그는 그들이 더 깊고 의미 있는 믿음을 찾는 일을 내켜하지 않다가, 진리와 상반되는 교리들에 혹하여 결국 믿음에서 돌아서서 다른 신앙을 갖고 배교하게 될까봐 두려운 것이다.

배교하는 사람들은 두 종류로 나눌 수 있다. 첫 번째, 어떤 사람들은 기독교적 가르침에 영향을 받고 마음의 감동을 받아 헌신을 고백하지만, 참된 믿음의 고백은 없다. 또한 그들은 한두 가지 이유로 믿음에 불만을 표하거나 동의하지 않는데, 그렇게 되면 그들은 그리스도의 가르침을 부인하므로 회개와 구원의 수단이 없는 상태가 된다. 이 사람들은 그리스도인이라 고백하지만 사실은 그렇지 않다(삼상 3:14). 그러나 히브리서 6장은 이런 사람들을 언급하는 것이 아니다.

두 번째, 어떤 사람들은 순전한 믿음의 고백을 하고 기독교의 기본 가르침을 잘 받아들이며(히 5:12, 6:1-3), 그들 삶 속에 성령님이 역사하심으로 유익을 얻고 하나님과 다른 사람들과 교제를 즐기며, 죄와 동떨어진 삶을 경험하기도 한다(히 6:4-5). 하지만 그들은 아주 제한된 수준 이상은 믿음에 대해 알고 싶어 하지 않는다. 사실 그들은 기독교의 어떤 면은 너무 엄격하고, 배타적이어서 일반적으로 받아들이기 힘들다고 믿기 시작할지도 모른다. 얼마 지나지 않아 그들은 자신의 삶 속에서 성령의 사역을 축소시키며(엡 4:30, 살전 5:19) 기독교와 양립할 수 없는 잘못된 가르침에 마음을 연다. 진짜 신자이긴 하지만 이런 사람들은 결국 그들이 받은 선물을 버리고 잘못된 믿음으로 빠지게 된다. 그리스도에 대한 그들의 헌신은 끊어지고 더 이상 자신의 부당한 행위에 대해 스스로 회개하고 마음을 바꾸지 못한다. 구속받았던 그들의 마음이 다시 굳어진다. 문제는 하나님이 그들의 회개와 새로이 교제하는 것을 기뻐하시지 않는다는 것이 아니라, 타락한 마음 상태로 인해 그들이 회개하고 예전으로 돌아갈 수가 없다는 것이다. 성경 지식이 부족하거나 이를 거부해도 신자는 돌이킬 수 없는 배반(구원의 상실은 아니지만)에 이를 수 있다.

88

'선행'이 먼저인가, '믿음'이 먼저인가?

"영혼 없는 몸이 죽은 것 같이 행함이 없는 믿음은 죽은 것이니라"(야고보서 2:26).

선행이 중요하다는 사실에 토를 달 사람은 아무도 없다. 선행은 그리스도인의 삶을 규정하는 행위다. 여기서 논의해야 할 문제는 '선행이 구속의 능력이나 구원의 자질이 있는가?' 하는 것이다. 야고보서 2장 14-16절은 "행함이 없는 믿음은 죽은 것"이거나 쓸모없으며(약 2:17, 20, 26), "행함으로 의롭다 하심을 받고 믿음으로만은 아니니라"(약 2:24)라는 언급으로 이런 가열찬 논쟁에 더욱 불을 붙인다. 한편, 바울은 예수님이 구주이심을 믿을 때, 하나님이 주시는 선물이 구원임을 독자들의 마음에 확실히 심어준다. 그는 구원은 "행위에서 난 것이 아니니 이는 누구든지 자랑치 못하게 함이라"(엡 2:9, 로마서 3장 28절, 10장 9절, 13절, 디모데후서 3

장 15절, 디도서 2장 11절, 3장 5절도 보라)고 강조한다.

바울과 야고보는 신학적으로 상반되는 견해를 가진 것인가? 물론 아니다. 바울은 믿음에 이르는 방식에서 믿음이 행위보다 앞선다는 것을 주장한다. 반면 야고보는 구원받은 사람은 정말 진실되게 행동해야 하며, 행위는 믿음의 증거라고 말하는 것이다. 바울과 야고보는 둘 다 자신의 주장을 뒷받침하기 위해 아브라함을 인용한다(롬 4:3, 약 2:23, 창 15:6). 바울은 아브라함에게는 여호와 하나님에 대한 믿음이 있었으며, 하나님은 그의 믿음을 공의로 보답하셨다고 주장한다. 야고보는 아브라함은 자신이 하나님께로부터 받은 공의가 진짜라는 증거로 기꺼이 하나님께 순종해서 자신의 아들 이삭을 희생 제물로 드리려 했다고 말한다(창 22:2). 여기서 아브라함의 순종의 행위는 여호와 하나님에 대한 그의 믿음이 의로 여기심을 받은 후(창 15:6)에 이루어졌다는 사실을 주목하라. 바울의 강조점은 의를 베푸시는 분에게 있었고, 야고보의 강조점은 의로 인해 열매 맺는 것, 즉 아브라함과 라합이 보여준 것 같은 선하고 자비로운 행위에 있었다.

바울과 야고보는 의와 믿음을 바라보는 시각이 각각 달랐다. 야고보는 하나님의 한쪽 측면만을 믿고 믿음을 일차원적인 것으로 바라보는 사람들에게 맞선다. "네가 하나님은 한 분이신 줄을 믿느냐 잘하는도다 귀신들도 믿고 떠느니라"(약 2:19). 이 사회에는 하나님을 믿지만 자신들의 다른 관심사보다 하나님을 늘 뒷전으로 돌리는 사람들이 부지기수다. 그런 믿음은 무용지물이다(약 2:20). 한편 바울은 야고보가 자신의 편지를 읽는 독자들이 이해하기를 원했던 그런 믿음을 설명한다. 이는 분명히 입으로 그리스도를 주라 시인하는 믿음이며, 그분의 죽음과 장사, 부활하심을 진심으로 믿으면 의와 구원에 이르게 되는 믿음이다(롬 10:9-10). 이런 믿음을 지닌 사람들은 시련을 견뎌내고(약 1:2-6), 의를 좇으며 부양자를 잃은 가족을 도우며(약 1:27), 예배당을 편애 없이 활용하고(약 2:1-13), 그들의 이웃을 입히고 먹일 것이다(약 2:14-15).

바울과 야고보는 '칭의' 나 '의롭다 하심' 같은 용어를 다르게 사용한다. 바울은 하나님이 믿음으로 회개하는 죄인들에게 어떻게 하시는지 설명하기 위해 그 단어를 사용한다. 그분은 그들을 의롭게 하신다(롬 4:5, 5:1, 8:33, 갈 3:24). 야고보는 믿는 자들의 행함의 증거를 설명하기 위해 그 단어를 사용한다. 그들의 행함은 하나님께 의로다 하심을 받았다는 증거가 된다(약 2:21, 24-25). 믿지 않는 자들은 믿음으로 의롭게 되며, 믿는 자들은 행함으로 자신의 의로움을 보인다. 행함과 믿음의 관계는 호흡과 우리 몸의 관계와 같다(약 2:26). 사람은 타인 없이 존재할 수 없다. 이것이 야고보가 말하고 싶은 주제다. "나는 행함으로 내 믿음을 네게 보이리라"(약 2:18). 행함은 믿음의 자연스러운 결과요, 이는 믿음의 호흡이다.

89

예수님은 왜 맹세하지 말라고 하셨는가?

"무엇보다도 맹세하지 말지니 하늘로나 땅으로나 아무 다른 것으로도 맹세하지 말고 오직 너희가 그렇다고 생각하는 것은 그렇다 하고 아니라고 생각하는 것은 아니라 하여 정죄 받음을 면하라"(야고보서 5:12).

'인내를 가지고 마음을 강하게 하고 서로 불평하지 말라. 하지만 무엇보다 주님이 오실 때까지 그렇다고 생각하는 것은 그렇다 하고 아니라고 생각하는 것은 아니라 하라' (약 5:7-12). 이 단순한 구문이 뜻하는 것은 무엇이며, 주님이 재림하신다는 차원에서 이것이 왜 그렇게 강조되는가? 물론 하나님께 비난받을 일은 피하고 싶을 것이다.

맹세는 우리 주변에서 꽤 일상적으로 볼 수 있는 일이다. 미국인들은 역사적으로 법정에서 성경에 손을 얹고 하나님의 도우심으로 진실을 말하겠다는 선서를 해왔다. 미 대통령의 위임을 받은 군 장교는 국내외의 모든 적에 대항해서 미국 헌법을 수호하겠다는 선서를 한다. 미국 대통령도 취임식 때 이와 비슷한 맹세를 한다. 이러한 맹세를 하는 이유는 고도의 성실성을 요하는 막중한 책무가 부여되었음을 개개인에게 일깨워주고, 어떠한 비난 속에서도 이 책임을 유지하기 위함이다. 쉽게 말해 맹세는 우리에게 어떤 일의 심각성을 깨닫게 한다.

야고보의 생각은 예수님의 생각에서 나온 것이다(마 5:37). 주님은 그분의 말씀을 듣는 청중들에게 맹세의 심각성을 환기시키신다. "또 옛 사람에게 말한 바 헛 맹세를 하지 말고 네 맹세한 것을 주께 지키라 하였다는 것을 너희가 들었으나"(마 5:33, 레위기 19장 12절도 보라).

불성실은 오만과 같은 것으로 하나님의 인격을 모독하는 것이며, 십계명의 세 번째 계명을 어기는 것이다. "너는 네 하나님 여호와의 이름을 망령되게 부르지 말라"(출 20:7). 예수님은 이런 기준을 세우신다. "나는 너희에게 이르노니 도무지 맹세하지 말지니"(마 5:34). 왜 그런가? 예수님은 성실의 중요성을 강조하시며, 이것은 신자들에게는 너무나 당연한 것이다. 하나님의 자녀는 진실을 말하는 것이 제2의 천성이 되어야 하므로 어떤 맹세도 할 필요가 없다. 그리스도인이 그렇다고 말하는 것은 그런 것이며, 아니라고 말하는 것은 아닌 것이다.

신자들은 어떤 것으로든 맹세를 할 필요가 없다. 그들은 늘 하나님의 존전에서 그분의 진리를 증거하거나 선포하므로 하늘이나 땅이나 성경이나, 다른 어떤 것으로도 맹세할 필요가 없다(마 5:34-35). 신자가 자신의 입을 열 때 그는 단지 눈앞에 있는 사람들에게 말하는 것이 아니라, 그가 진리를 다루는 태도를 눈여겨보시는 하나님 앞에서 말하는 것이다.

이 땅의 법정은 결코 하나님의 법정보다 무섭지 않으며 하나님의 법정은 늘 개회 중이다.

맹세가 필요하다는 사실은 곧장 인간이 지닌 본질적 문제를 증명한다. 진실이 말뿐인 경우가 너무나 많다. 사람들은 그들이 말하려는 사실에 대해 진실성이 의심받을지도 모른다는 생각에 맹세를 통해 자신의 말이 진실임을 주장한다. 만약 맹세 없이 그의 말을 믿을 수 없다면, 맹세를 해도 그의 말은 믿을 수 없다. 진실은 인격의 문제며 신학적인 건전함을 의미한다. 진실이 부족한 것은 어떤 것이든 악에서 비롯된 일이며 하나님의 보응을 받아 마땅하다(약 5:9, 12, 마 5:37).

욥의 인내를 갖고 진리를 추구하라. 오래 참는 선지자의 인내로 진리를 선포하면 하나님이 다시 오실 때 당신은 복을 받을 것이다(약 5:10-11). 신자의 의무는 인류의 가장 심오한 필요인 진리를 손상시키지 않고 하나님을 나타내는 것이다. 농부가 참을성 있게 사계절을 기다려 풍성한 수확을 거두는 것처럼 모든 신자들은 환난이 닥쳐올 때면 인내함으로써, 주님이 오실 때까지 항상 온전함으로 신실하게 섬겨야 한다(약 5:7-9). 온전한 진리, 오로지 진리만을 말하라(딤후 1:13). 만일 하나님이 나의 증인이시라면 어떤 맹세도 필요치 않다!

90

'아스쎄네오'와 '캄노'가 가리키는 것은 무엇인가?

"너희 중에 병든 자가 있느냐 그는 교회의 장로들을 청할 것이요 그들은 주의 이름으로 기름을 바르며 그를 위하여 기도할지니라"(야고보서 5:14).

야고보는 그의 독자들에게 시련과 시험 가운데서 기쁨을 발견하고(약 1:2-4, 12), 하나님께 순종하고 어려운 사람들을 섬김으로 이기심을 억누르며(약 1:21-27), 부한 자나 가난한 자나 공평히 대하고(약 2:1-13), 선한 행실을 통해 믿음을 표현하라고(약 2:14-26) 말한다. 또한 사람이 하나님과 다른 사람의 덕을 세우거나 없애는 데 그의 말을 사용할 때, 교훈에는 자기 통제가 필요하다는 것을 알고(약 3:2, 9-10), 거룩한 지혜를 얻기 위해 애써 더 큰 의에 이르며(약 3:17-18), 삶의 모든 면에서 겸손을 추구하고(약 4:1-17), 하나님의 썩지 않는 풍성함을 좇으며(약 5:1-6), 주님이 다시 오실 때까지 마음을 강하게 하고 믿음에 굳게 서라고(약 5:7-12) 권면한다. "너희 중에 고난 당하는 자가 있느냐 그는 기도할 것이요 즐거워하는 자가 있느냐 그는 찬송할지니라 너희 중에 병든 자가 있느냐 그는 교회의 장로들을 청할 것이요"(약 5:13-14).

영적 전투를 시작한 신자들에게 가장 큰 위협이 되는 것은 육체적인 질병이 아니다. 오히려 유혹과 죄 그리고 죽음에 영향받기 쉽게 만드는 요인은 연약한 믿음과 마음의 곤고함(낙망)이다(약 1:13-16). 야고보는 질병과 육체적 치유에 대해 말하는 것이 아니라, 영적인 전투를 하는 동안 연약함을 극복할 수 있는 더할 나위 없이 확실한 절차를 설명하고 있다.

이 구절의 전체 맥락은 육체적 치유보다 영적인 치유를 논하고 있다. 14절과 15절에서 "병든"으로 잘못 번역된 두 헬라 단어(astheneo, kamno)를 적절히 번역한다면, 이 구절의 의미에 명확한 초점이 맞춰지고 질병과 싸우는 수백만의 사람들에게 잘못된 희망을 주는 함정에 빠지지 않을 것이다. 이 서신서의 어느 곳에도 야고보가 말한 비슷한 방식을 장로들이 사용했거나, 그것을 사도가 제안한 적은 없다. 바울은 에바브로디도(빌 2:25)나 병으로 밀레도에 남겨둔 드로비모(딤후 4:20)가 교회 장로들을 청해서 자신들에게 기름을 바르며 하나님의 손길로 그들이 치료될 수 있게끔 기도해달라고 했다는 말은 하지 않았다. 또 바울 자신의 육체적 고통을 경감시키기 위해서도 이런 방식을 따르지는 않았다(고전 12:7-10). 사실 성경에서는 육체적 불행은 일시적인 것이며 우리의 영적 성장에 필수적인 것으로 본다(욥 1-2장, 롬 8;18, 고후 4:16-18, 12:9-10).

아스쎄네오(Astheneo)는 신약 성경에 서른네 번이나 나타난다. 복음서에서 이 단어는 분명 육체적 질병을 가리킨다. 하지만 그때 이후로 이 말은 에바브로디도와 드로비모를 언급할 때 사용된 경우를 제외하고는 영적인 연약함과 곤고함을 가리킨다. 14절에서 야고보가 아스쎄네오를 사용해서 영적인 연약함을 언급한다는 것은, 그가 15절에서 캄노(kamno)를 사용함으로써 더욱 확실히 드러난다. 이 단어가 비록 병을 가리키는데 사용될 수 있다 하더라도, 대체적으로는 피곤을 설명하는 말로 사용된다. 히브리서 기자는 정확히 야고보처럼 캄노를 사용한다. 우리는 "피곤하여 낙심하지 않기 위하여"(히 12:3) 예수님의 삶과 분투, 승리에 집중한다. 우리가 영적인 삶을 영위해나갈 때, 우리의 영적인 교사들(장로들)과 함께하는 것은, 성숙하고 하나 된 신자들의 공동체를 형성하는 데 꼭 필요한 일이다. 하나님은 늘 거룩한 지혜와 영적인 통찰, 하나 됨을 구하는 기도에 응답하실 것이다. 확실히 믿어라!

91

영적 사망의 위험에 처한 동료 신자들이 있는가?

"내 형제들아 너희 중에 미혹되어 진리를 떠난 자를 누가 돌아서게 하면 너희가 알 것은 죄인을 미혹된 길에서 돌아서게 하는 자가 그의 영혼을 사망에서 구원할 것이며 허다한 죄를 덮을 것임이라"(야고보서 5:19-20).

야고보는 시련을 성숙을 연마하는 도구로 받아들이고(약 1:1-12), 자신의 죄 된 경향성을 하나님 탓으로 돌리지 않으며(약 1:13-17), 의와 일치하지 않는 행위는 제쳐두고(약 1:21), 편애하지 않으며(약 2:1-13), 믿음에는 선행이 없어도 된다는 거짓에 빠지지 말고(약 2:14-26), 혀를 함부로 놀리지 말며(약 3:1-12), 질투와 이기적인 야망을 피하고(약 3:16), 겸손히 하나님의 뜻에 복종함으로써 욕망을 내려놓으며(약 4:1-17), 세속의 이득보다 하늘의 풍성함을 선택하고(약 5:1-6), 효과적인 기도를 통해 영적으로 곤고하지 않게 서로를 지키라고(약 5:7-18) 신자들을 훈계한다(약 1:19). 야고보는 그리스도인들에게 죄 많은 행동을 피하거나 극복하라고 타이른다. 하지만 야고보가 그런 행위를 극복하지 못하면 영원한 비난과 영적인 죽음, 즉 구원의 상실이라는 결과를 낳을 수 있다고 말하는가?

사망은 하나님께로부터 영원히 분리되거나(영적 죽음) 육체로부터 분리되는 것(신체적 죽음)을 말한다. 그리스도인이 영적 성숙을 향해 매일 '옛 자아'와 싸우며 성장한다는 사실은, 어떤 죄가 추가되면 영적인 죽음이나 영원한 저주를 낳는다는 해석과는 반대되는 주장이다. 물론 이로 인해 하나님이나 다른 사람들과의 교제가 종종 심각하게 약화될 때가 있지만 말이다. 성경의 입장은 분명하다. 그리스도인이 영원한 저주에 처하는 것은 불가능하다(롬 8:1). "또 그리스도께서 너희 안에 계시면 몸은 죄로 말미암아 죽은 것이나 영은 의로 말미암아 살아 있는 것이니라"(롬 8:10). 영생은 그리스도 안에 거하는 무조건적인 복을 말한다.

헬라어 '프시케(psyche)'는 영혼, 인격, (육체적인) 생명, 또는 자아(내적 존재)를 가리키는 말로 다양하게 해석된다. 생각해봐야 할 점은 프시케가 영적이고 육적인 죽음 둘 다를 가리키는 데 사용된다는 사실이다. 예수님이 자신의 죽음을 예고하실 때 베드로는 그 일을 막기 위해서 "주를 위하여 내 목숨(영혼)을 버리겠나이다"(요 13:37)라고 맹세했다. 베드로가 기꺼이 자기 영혼이 영원히 저주받아도 좋다는 말을 하는 것인가? 그럴 리가! 그는 주님을 위해 육신의 죽음을 기꺼이 불사하겠다는 선언을 하는 것이다. 사도 바울은 빌립보 교인들에게 에바브로디도를 영접하고 귀히 대하라고 했다. "그가 그리스도의 일을 위하여 죽기에 이르러도 자기 목숨(영혼)을 돌보지 아니한 것은 나를 섬기는 너희의 일에 부족함을 채우려 함이니라"(빌 2:30). 바울은 그리스도를 위해 목숨을 걸면 영원한 저주를 받을 수도 있다고 넌지시 돌려 말하는 것인가? 생각도 못할 일이다. 에바브로디도는 자신의 육신을 희생하려고 했을 만큼 그리스도를 기꺼이 섬기고자 했다. 그래서 야고보서 5장 20절에서도 야고보가 육체의 죽음에서 사람들을 구원하는 것을 말한다는 것이 일관성 있어 보인다.

영적으로 성숙해야 할 의무를 가볍게 여기는 그리스도인들은 영적으로 성숙한 신자들이 피할 수 있는 유혹과 실패에 빠지기 쉽다. 그들도 주님의 고통이 견딜 수 없는 고통이었음을 안다. 그러나 영적인 이해가 부족한 까닭에 그들은 인내와 오래 참음도 부족하다(약 5:7-11). 그런 미성숙한 신앙은 결과적으로 타락으로 이어지고(히 6:4-6), 여기에는 죄 많은 행실과 낙담, 갑작스런 죽음으로 이어질 수 있는 위험한 행동과 질병이 동반되며(약 5:13-16), 하나님의 징벌인 죽음까지 초래할 수 있다. 죄의 결과는 육체적으로, 영적으로 쇠하는 것이다. 그래서 그리스도인들은 서로에 대한 책임이 있다. 중보 기도와 상호작용 그리고 교훈을 통해 우리는 위험한 죄의 행위에 가담한 사람들을 돌이키는 것을 도울 수 있다. 효과적인 교회 공동체는 그 구성원들이 확실히 하나님 말씀을 알고 널리 적용할 수 있게 한다. 이런 공동체는 하나님과 넘치는 교제를 나누고(약 1:21), 너무 이른 죽음으로 이어질지도 모르는 죄의 행동을 제한한다(약 5:20).

92

예수님은 언제 감옥에서 영들에게 전파하셨으며, 그들은 누구인가?

"그가 또한 영으로 가서 옥에 있는 영들에게 선포하시니라"(베드로전서 3:19).

예수님의 가르침에 대해 베드로가 언급한 말이, 그리스도인의 삶에서 고통의 의미와 목적을 이야기한 연이은 구절에서 발견된다(벧전 3:13-4:19). 예수님의 가르침에 대해 이야기한다. 이 구절에서 베드로는 부당한 죽음으로 인한 예수님의 고통과 그 죽음의 결과를 독자들에게 상기시킨다. 십자가는 패배가 아니라 모든 믿는 자에게 구원을 가져다주는 영적 승리였다. 죽음과 부활을 통해 예수님은 죄와 죽음과 사탄을 이기시고 승리하셨다. 더욱이 예수 그리스도의 힘과 지배력을 뛰어넘어 그리스도인들을 대적할 것은 아무것도 없다(벧전 3:22).

십자가 죽음과 부활에서 예수님이 승리하셨음은 의심할 나위 없이 명백하다. 여러 세기에 걸쳐 논쟁이 된 것은 예수님이 언제 어떻게 옥에 있는 영들에게 전파하셨는가 하는 것이다. 종교개혁자 마틴 루터조차 이 구절의 정확한 의미를 알려고 고심했지만, 결국 기이하고 낯설다는 것을 발견했을 뿐이다.

첫 번째 견해는 사도신경(하지만 더 길고 상세한 니케아 신조에는 없다)에 나오는 "지옥에 내려가셔서"("he descended into hell"이라는 대목은 영문판에만 존재하고 한글판에는 생략돼 있다 - 역자 주)라는 문구와 관련이 있는 것으로, 이 대목은 십자가상의 죽음과 부활 사이에 예수님이 지옥에서 옥에 갇힌 영들에게 말씀을 전하셨다는 해석을 담고 있다. 이 영들은 아마 창세기 6장에 나오는 타락한 천사들이거나 노아나 다른 구약 시대의 인간들로 이 시대의 마지막에 하나님의 최후의 심판을 기다리고 있었을 것으로 이해된다. 그렇다면 전파한 내용은 대개 죄의 선고로, 결과적으로 예수님이 "내가 그렇게 말했지 않았느냐!"는 말씀과 죄와 죽음에 대한 그분의 승리를 선언하시는 것이었으리라 여겨진다. 이 견해와 연관되면서도 또 다른 해석 방식은 죽은 후에 두 번째 구원의 기회를 준다는 것이다(20절을 보면 그 청중들은 노아 시대의 사람들로 한정된다). 이 구절이 종종 예수님의 내려가심을 뒷받침하는 근거로 자주 인용되지만, 그런 활동을 하셨다고 확인할 수 있는 구절은 발견되지 않는다(에베소서 4장 9절에 대한 설명을 보라, p 232 참조). 또 성경에는 사후에 구원의 두 번째 기회가 있다는 증거도 전혀 없다(히 9:27).

두 번째 견해는 예수님이 타락한 천사들에게 그분의 승리를 선언하셨다는 해석이다. 이 일이 일어난 시점이 그분의 죽음과 부활 사이가 아니라 (기록에는 없지만) 그분이 하늘로 승천하실 때라고 본다(행 1:9). 신약 성경 시대의 유대교에는 타락한 천사들이 옥에 갇혀 있다는 강력한 전래 신앙이 있었다(예를 들어, 외경 에녹일서 10-16, 21절을 보라). 예수님 시대에는 천사에 대한 관심이 상당히 많았지만, 베드로 서신서의 독자들이 에녹일서의 기록과 전통을 알고 있었는지는 확실치 않다.

세 번째는 어거스틴(Augustine)과 아퀴나스(Aquinas) 등 종교개혁 시대의 많은 사람들로부터 오랫동안 역사적으로 지지받았던 주된 견해다. 이것은 성육신 이전의 예수님이 노아를 통해 노아 시대의 사람들에게 전파하셨다는 해석이다. 이 해석으로 보면, 성령과 노아의 인격을 통해 예수님이 이 설교를 하신 것이다. 성령님이 다윗 왕의 시대에 그를 통해 말씀하셨던 것처럼(행 1:16, 4:25), 노아의 시대에도 대홍수를 앞두고 노아가 방주를 건조할 동안 그런 일이 있었던 것이다. 성령님이 지금은 지옥에 있는 노아 시대의 불신자들에게 회개를 전파하셨던 것이다. 이 견해 역시 성육신 이전의 그리스도가 구약의 선지자들을 통해 말씀하신다는 베드로전서 1장 10-11절과 잘 부합된다. 이 견해의 한 가지 단점은 이 "영"이라는 단어가 신약 성경에서는 사람들을 가리키는 말로는 한 번도 사용된 적이 없다는 것이다. 이 해석들 가운데 어느 것도 충분히 만족스럽지는 못하다. 세 번째 견해가 현재의 문맥에는 가장 일치하는 것처럼 보이긴 하지만, 사실 모든 견해에 문법적, 사전적 또는 신학적인 결함이 있다.

분명한 것은 예수님의 부활은 구약 성경에서 예언된 모든 사실의 확증이며, 예수 그리스도는 "하늘에 오르사 하나님 우편에 계시니 천사들과 권세들과 능력들이 저에게 복종"(벧전 3:22)한다는 사실이다.

93

세례의 진정한 의미는 무엇인가?

"물은 예수 그리스도께서 부활하심으로 말미암아 이제 너희를 구원하는 표니 곧 세례라 이는 육체의 더러운 것을 제하여 버림이 아니요 하나님을 향한 선한 양심의 갈구니라"(베드로전서 3:21).

베드로는 애매한 고난에 굴하지 않고, 선한 양심을 유지하도록 성도들에게 동기를 부여하기 위해 세례를 은유적으로 사용한다.

세례는 대개 신자들이 보는 앞에서 행해지는 공적인 의식이다. 이는 믿음을 통해 영원한 구속을 은혜로 받은 회개한 죄인과 하나님 사이에 친밀감이 형성되는 순간이다. 이는 구주요 구속자이신 그리스도를 통해 하나님을 믿는다는 상징이며, 이기적인 세상에서 일생을 이기심 없이 살아가려 애쓰겠다는 헌신을 공적으로 증거하는 것이다.

그러나 물 세례가 사람을 구원하지는 못한다. 사실 물은 죽음의 위협을 상징한다. 노아는 물을 피해 그가 믿음으로 만든 방주 안으로 들어왔다. 하나님을 믿는 믿음이 믿는 모든 사람을 구원했고 앞으로도 그러하듯이, 하나님을 믿는 노아의 믿음이 그를 구원했다. 물 세례는 그리스도와 함께 장사됨(죄에 대해 죽음)을 상징한다. 물에서 다시 올라오는 것은 우리가 그분과 함께 부활하여 영원한 생명을 얻었음을 상징한다(롬 6:1-7, 골 2:12). 노아는 믿음으로 방주를 만들었고, 우리는 믿음으로 세례를 받고 그리스도와 동화된다. 노아와 그리스도를 믿는 모든 사람이 믿음만으로 물에서 구원을 받았고, 이는 영혼이 구원 받았음을 의미한다. 그래서 세례는 믿음을 받아들였음을 나타내기 위해 공적으로 행하는 믿음 후의 순종의 행위다(막 16:16, 행 2:38). 성령 세례도 우리를 구원하지는 못한다. 믿음으로 구원받는 사건과 거의 동시에 일어나지만 이것 역시 믿음으로 나타나는 산물이다(요 3:5, 고전 12:13, 엡 1:13-14).

베드로가 비신자들을 전도하려는 것이 아님을 주목하라. 그는 편지를 통해 그리스도인들이 믿음 없는 세상에서 믿음을 갖고 살아가다 닥쳐올 불가피한 시련에 대비해서, 믿음을 영원히 붙들 수 있도록 돕고자 했다(벧전 1:3-5). 독자들은 이미 구원받은 신자들이다. 이 문맥에서(벧전 3:13-17), 베드로는 그들의 선행(벧전 3:12, 16)이 해로운 결과를 낳더라도(벧전 3:13) 믿음을 지켜야 한다는 사실을 그들에게 상기시킨다. 조롱과 박해 속에서(벧전 3:14-15) 말과 행실로 그리스도께 끝까지 헌신하면, 일신의 안전을 위해 그리스도에 대한 헌신을 내팽개침으로써 생기는 양심상의 죄의식은 생기지 않을 것이다(이 부분은 베드로가 경험을 통해 잘 이해한 부분이다, 마 26:69-75, 요 21:15-17).

노아의 믿음이 120년간 조롱받은 노아에게 도움이 된 것처럼, 세례로 표현되고 묘사된 당신의 믿음은 복음을 위해 당신이 겪어야 할 어떤 조롱 속에서도 당신을 든든히 지지해줄 것이다. 베드로의 편지를 받은 청중들은 세례의 이미지를 통해 그들이 쇠하지 않는 믿음에 헌신한 것과, 그들을 악한 양심에서 구할 헌신을 떠올렸을 것이다. 분명 이 구절을 염두에 둔 것은 아니겠지만, 그럼에도 존 애덤스(John Adams)는 이 구절의 핵심을 포착했다. "그들(초기 식민지 정착자들)이 역경을 인내와 복종으로 견뎌내도록 끊임없이 그들을 지지했던 시민 사회와 종교와 소망, 기대감을 돌이켜보십시오." 신자들은 그리스도의 죽음과 장사, 부활과 동화됨으로써 닥쳐오는 불의의 역경을 이길 수 있다(딤후 3:12). 세례가 영혼을 구원하지는 못하지만 이를 기억함으로써 양심을 지킬 수 있다. 이는 오로지 경건한 생활 속에 죄책감이 없을 때만 가능하다. 그리고 선한 양심은 하나님을 향한 신실하고 거리낌 없는 헌신을 통해 지속된다.

94

복음이 죽은 자들에게도 전파될 수 있는가?

"이를 위하여 죽은 자들에게도 복음이 전파되었으니 이는 육체로는 사람으로 심판을 받으나 영으로는 하나님을 따라 살게 하려 함이라"(베드로전서 4:6).

히브리서는 "한번 죽는 것은 사람에게 정하신 것이요 그 후에는 심판이 있으리니"(히 9:27)라고 언명한다. 하지만 어떤 독자들은 베드로전서 4장 6절은 복음이 죽은 사람들에게 다시 한 번 전파된다는 의미라고 이해한다. 이 견해를 지지하는 사람들은 이 구절을 베드로전서 3장 19절의 특정한 해석과 결부시켜 예수님이 돌아가신 후 부활하시기 전에 이렇게 선포하셨다고 생각한다(베드로전서 3장 19절에 대한 논의를 보라, p 284 참조). 하지만 베드로전서 3장 19절과 4장 6절은 같은 전파를 가리키는 것이 아니다.

구원받을 두 번째 기회가 있다는 믿음은 심정적으로는 끌리지만, 성경에서 말하는 구원과 영생에 대해 가르치는 모든 부분과는 반대된다. 성경 어디에도 죽은 후에 구원과 개종의 희망이 있다는 얘기는 없다.

베드로전서 4장 5-6절의 강조점은, 죽은 사람이나 산 사람이나 모든 사람에게 심판의 날이 이른다는 것이다. 즉, 죽음 때문에 이 심판에서 한 사람이라도 제외되거나 복음의 약속이 무효화되거나 하지는 않는다. 고대 세계에서는 대체로 모든 이들이 사후에 책임을 져야 한다는 것을 믿지 않았고 이방 종교에서도 이를 가르치지 않았지만, 성경에서는 그렇게 말한다.

그러므로 그리스도인과 비그리스도인 가릴 것 없이 하나님 앞에서 회개해야 할 것이다. 하지만 그리스도인의 심판은 그리스도를 믿기에 다르다. 불신으로 인한 심판이 아니다.

베드로는 이미 죽은 사람들에게 복음이 전파되었다고 말하는 것이 아니다. 오히려 그는 살아 있을 동안에 복음을 듣고 받아들인 사람은, 고인이 된 후라도 영원 속에서 그 은덕을 입게 될 것이라고 단언하는 것이다. 박해와 죽음 등이 있는 현재의 상황과 관계없이 현재와 미래에 구원의 은혜가 존재한다.

베드로전서는 소아시아(지금의 그리스와 터키) 지역에 흩어진 그리스도인들과, 이교에서 기독교로 개종했다는 이유로 박해와 고통을 겪는 그리스도인들을 대상으로 쓰였다. 베드로는 그들을 격려하는 차원에서 그들이 믿음에 굳게 서서 비난을 뛰어넘고 살아가도록 이 편지를 썼다. 베드로는 그들에게 하나님의 용서와 심판의 메시지는 역사를 통틀어 모든 사회의 모든 사람들에게 해당되는 진리임을 상기시킨다.

1세기의 세상은 다문화적이고 복합적이었으며, 오늘날 우리 세상과 공통된 경향이 많았다. 복음과 기독교의 배타성은 많은 사람들의 심기를 불편하게 했지만, 베드로는 그리스도인들이 어떤 대가를 치르든지, 죽음을 불사하고 성경의 진리를 지지하라고 격려했다. “모든 은혜의 하나님 곧 그리스도 안에서 너희를 부르사 자기의 영원한 영광에 들어가게 하신 이가 잠깐 고난을 당한 너희를 친히 온전하게 하시며 굳건하게 하시며 강하게 하시며 터를 견고하게 하시리라”(벧전 5:10).

95

그리스도가 온 세상의 화목 제물이 되셨는데, 왜 모두가 구원받지 못하는가?

"그는 우리 죄를 위한 화목 제물이니 우리만 위할 뿐 아니요 온 세상의 죄를 위하심이라"(요한일서 2:2).

이 질문에 직접적으로 대답하기 전에 우리는 헬라 단어인 힐라스모스(hilasmos, 속죄)를 설명할 필요가 있다. 최근에 어떤 이들이 "속죄하다"(expiate, 죄를 덮거나 씻다)라고 번역하자고 얘기하지만, 헬레니즘과 성경의 증거들은 압도적으로 힐라스모스가 '죄를 덮는 것' 이상의 의미를 내포하고 있음을 보여준다. 힐라스모스는 희생 제사가 회개하는 사람 편에서 신을 달래거나 만족시키기 위해, 즉 신들의 분노를 진정시키기 위해 치러지고 있음을 암시한다. 구약 성경에서 제사장들은 죄를 속죄하기 위해서만이 아니라, 하나님의 은전을 얻고자 하는 희망에서 그분의 진노를 가라앉히기 위해 희생 제물을 바쳤다(창 8:20-22, 삼하 24:17-25, 슥

7:2, 8:22, 말 1:9). 이것이 속죄요, 위무(慰撫)다. 이런 목적으로 이 단어는 80번 이상 사용된다.

하나님이 죄에 분노하신다는 생각이 어떤 사람들에게는 당황스러운 것이기에, 이 말은 "속죄, 또는 죄를 씻는다"라는 뜻으로 번역됐다. 이 말은 논리적으로 하나님이 죄에 화나신 것이 아니므로 그분을 진정시키는 것이 불필요함을 암시한다. 하지만 성경은 이렇게 문화를 고려해 해석된 견해나 여기서 비롯된 해석들을 지지하지 않는다. 죄에 대한 하나님의 분노와 혐오 그리고 이를 실행하는 자는 성경에 넘쳐나므로 이를 빠뜨린다는 것은 상상하기 힘든 일이다(시 5:4-6, 잠 6:16-19, 롬 1:18, 2:5, 8, 4:15, 9:22, 12:19, 13:4-5, 엡 2:3, 5:6, 골 3:6, 살전 1:10). 하나님은 앙갚음으로 지은 죄를 미워하시므로 누구나 그리스도를 통해 그분의 은혜를 얻을 수 있도록(롬 5:9-10), 아들을 보내셔서 자신의 분노를 '달래고 회복하고 진정' 시키셨다. 그분은 거룩하시기에 분노가 일어나고 심판이 요구된다. 그분의 놀라운 사랑은 모든 사람의 유익을 위해 그 심판을 자신의 아들에게 지운다.

그러면 왜 모든 사람이 구원받지 못하는 것인가? 성경은 분명히 예수님이 모든 사람을 위하여 죽음을 맛보았고(히 2:9) 세상을 구원할 자로 보내심받았다고 했다(요일 4:14, 행 4:12). 하나님의 분노를 예수님이 화목하게 하신 사건은 과거, 현재, 미래의 모든 인간의 영혼을 위한 것이며, 구원받은 자와 구원받지 못한 자들에게 동일하게 적용된다. 그리스도인들은 하나님과의 교제를 이어가기 위해 구주요, 변호인 되신 그리스도의 화목케 하심을 입는다(요일 2:1, 롬 8:34). 비신자들은 자신의 영혼을 구하기 위해 하나님과 화목하려 한다. 선택은 그들의 몫이다. "누구든지 그를 믿는 자는 부끄러움을 당하지 아니하리라 하니 유대인이나 헬라인이나 차별이 없음이라 한 분이신 주께서 모든 사람의 주가 되사 그를 부르는 모든 사람에게 부요하시도다 누구든지 주의 이름을 부르는 자는 구원을 받으리라"(롬 10:11-13). 선택권은 누구에게나 주어지지만, 여기에 동참하는 것은 소수의 사람들이다(마 7:13-14, 16:15, 벧전 3:20, 계 22:17).

죄 많은 사람들이 하나님과 그분의 구원 계획에 대해 마음을 결정할 자유가 있는 것이 사실이다. 어떤 사람들은 자기가 좋은 대로 신을 만들어내고, 어떤 사람들은 자신의 죄성을 받아들이지 못하며, 어떤 사람들은 여러 가지 이유로 인해 아예 복음을 듣지도 못한다. 하지만 아무도 강제로 믿음을 소유할 수는 없다. 지구상에 사는 누구든지 믿음을 갖고 그리스도에게 나아온다면, 영원한 구원에 필요한 모든 것을 얻게 될 것이다. 만일 누가 자신의 죄에 대해 하나님께 동의하고 그리스도 안에서 그분의 해결책을 받아들인다면, 하나님의 분노는 사그러들고 그는 하나님의 의를 얻게 될 것이다(고후 5:18-21). 아무도 혼자 남겨질 필요는 없다. 모든 사역은 완수되었다. 이제 남은 것은 믿음뿐이다!

96

그리스도인이 죽음에 이르는 죄를 지을 수 있는가?

"누구든지 형제가 사망에 이르지 아니하는 죄 범하는 것을 보거든 구하라 그러하면 사망에 이르지 아니하는 범죄자들을 위하여 그에게 생명을 주시리라 사망에 이르는 죄가 있으니 이에 관하여 나는 구하라 하지 않노라"(요한일서 5:16).

이 질문에 대한 대답은 요한이 언급하는 사망의 종류에 달려 있다. 그는 영적 죽음(하나님과 영혼의 분리)을 말하는가, 아니면 육체적 죽음(몸과 영혼의 분리)을 말하는가? 요한이 영적인 죽음을 가리킨다고 이해하는 사람들은 요한일서 3장 14절에서 그가 이 단어를 사용한 것을 예로 드는데("사망에서 옮겨 생명으로 들어간", 요한복음 5장 24절도 보라), 여기서는 분명히 영적인 죽음을 가리킨다. 하지만 해석가들이 너무 빨리 이 구절에서 육체의 사망을 제외해서는 안 된다. 그리스도 안의 구원은 우리를 모든 형태의 죽음에서 생명으로 인도한다. 영혼은 하나님과의 교제를 회복하며(영적 회복), 육체는 반드시 죽음을 이기고 부활 시에 썩지 않는 몸이 될 것이다(육체의 회복, 고전 15:20-26, 53-58). 신자들은 그리스도 안에서 새로운 피조물이다(고후 5:14-19).

바로 이런 맥락에서 요한은 이런 매혹적인 언급을 했다. “모든 불의가 죄로되 사망에 이르지 아니하는 죄도 있도다”(요일 5:17). 죄의 삯은 영적이든 육적이든 예외 없이 사망임을 우리는 안다(롬 3:23). 요한이 바울과 모순되는 말을 할 리가 없다면, 그가 언급하는 사망은 무엇인가? 요한이 이미 “사망에서 생명으로 옮긴” 그리스도인들에 대해 말하고 있음을 주목하라. 그는 죄를 지은 모든 이들에게 내리는 저주에 대해 말하는 것이 아니라, 하나님이 죄를 지은 신자들에게 내리는 최고의 형벌을 말하는 것이다. 사망에 이르는 그 죄가 하나님께로부터 신자들의 영혼을 분리하지는 못할 것이다. 만약 그렇게 된다면 결국 구원을 상실하게 되고, 신자들에게 보장된 육체의 불멸은 무효가 될 것이기 때문이다. 그보다 이는 지상에서 신자의 삶을 마감하는 하나님의 권한, 즉 기도로도 무죄방면될 수 없는 사형선고라는 결론이 난다. 하지만 요한은 그런 죄를 저지른 사람들을 위해 기도하지 말라고 제안하는 것이 아니다. 사실 요한일서 5장 16절은 죄가 죽음으로 이어지지 않거나, 처벌받지 않는 이유가 동료 그리스도인들의 지속적인 기도 때문이라고 설명한다. 죄를 짓거나 연약한 성도를 위해 기도하는 성도들은 그들의 생명을 구할 수 있다(출 32:1-14).

그리스도인들에 대한 가장 무거운 심판은 특별한 것이 아니다. 죽음의 벌을 받을 만한 죄에는 다음과 같은 것이 포함된다. 아나니아와 삽비라가 하나님께 헌물로 바치는 그들의 소유에 대해 속인 것(행 4:32-5:11), 교회에 회복 불가능한 해를 입히는 행위(고전 3:16-17), 엄청난 부도덕(고전

5:5, 10:5-10), 성찬을 잘못 다루는 것(고전 10:17-11:34), 그리고 배교(그리스도의 신성이나 그분이 인간의 몸을 입고 오셨음을 부정하는 교리를 수용하는 것)가 여기에 해당되는데, 배교는 요한의 주요 관심사였다(요일 2:18-24, 4:1-3). 어떤 특정한 죄를 지었을 때 하나님이 최고형을 내리시는지는 전혀 그의 관심사가 아니었다. 그래서 요한은 이를 그다지 규명하지 않았다. 하지만 요한은 서로 중보하는 것이 다른 사람들을 구할 수 있다는 사실을 밝힘으로써, 모든 그리스도인들이 곤고함이나 거짓 교훈에 영향을 받아 믿음이 약해지는 사람들(약 5:15-16)을 위해 기도하길 바란 것이다. 이 첫 서신서를 통해 요한이 전하려 한 주된 목적은 하나님이 그들을 사랑하시는 것처럼 그리스도인들이 서로를 사랑하도록 격려하는 것이다. 그리고 이러한 자연스런 사랑을 표현하는 한 가지 방법은 서로의 영적 성장과 전반적인 행복을 위해 기도하는 것이다. 그런 사랑은 동료 그리스도인들의 생명을 구하고, 복음의 증거가 될 것이다.

97

성경 어디에 천사장 미가엘이 사탄과 논쟁했다는 얘기가 나오는가?

"천사장 미가엘이 모세의 시체에 관하여 마귀와 다투어 변론할 때에 감히 비방하는 판결을 내리지 못하고 다만 말하되 주께서 너를 꾸짖으시기를 원하노라 하였거늘"(유다서 9).

사탄을 제외하고, 성경에서 천사의 이름을 언급한 경우는 가브리엘과 미가엘 둘밖에 없다. 다니엘 12장 1절에 따르면 미가엘은 이스라엘 민족의 특별 호위대다. 그래서 요한계시록 12장 7절에서 우리는 대환난의 중간 즈음의 어느 날, 미가엘과 천사들이 사탄과 타락한 천사들을 대적해서 전쟁을 벌이리라는 말을 듣는다. 그리고 유일하게 유다서 9절에 미가엘과 사탄이 모세의 시체를 두고 특이한 대결을 벌였음을 기록한다.

신명기 34장 1-6절에 모세의 죽음이 기록되어 있지만, 여기서는 사탄과 미가엘이 그의 시체를 두고 다투었다는 말은 기록되어 있지 않다. 우리는 단지 그가 비스가 산에서 죽었는데 묻힌 곳은 아무도 모른다는 얘기를 들었을 뿐이다. 모세의 죽음에 대해 많은 얘기가 전해지지만, 정작 성경에서는 여기에 대한 언급이 거의 없다. 그러나 유다의 시대에 "모세에 대한 가정"(The Assumption of Moses)이라는 한 외경의 기록이 이 분쟁에 대해 말해준다. 성령의 영감을 받은 기록은 아니지만, 성경이나 성경적 교리에 어긋나지 않는 한 이 기록은 부분적으로 가치가 있다.

유다는 유다서를 쓸 때 성령의 지도와 영감을 받아 기록했기 때문에 역사적 정보를 구약의 내용에 한정시키지 않았다. 그래서 그와 다른 성경의 저자들이 포함시켰던 구약 이외의 세부 내용들은 하나님의 무오한 말씀의 일부가 되었다. 성경의 저자들은 성령의 영감을 받을 때 성경의 저작만을 인용하도록 제한되지 않았다. 기타 성경의 저작들이 영감을 받지 않았다 해도 진실일 수 있다. 그렇기 때문에 우리가 미가엘과 사탄 사이에 일어난 이러한 갈등의 타당성을 의심할 이유는 전혀 없다.

이 구절에서 유다는 위대한 천사장인 미가엘이 하나님의 주권에 대해 사탄과 논쟁을 하면서도 천사들을 존중하고 사탄에게 조차 욕하지 않는데, 하물며 거짓 교사에 불과한 자들은 얼마나 천사들을 존중해야 하겠느냐고 주장한다. 이 거짓 교사들은 태도도 틀렸고 교리도 잘못된 사람들이다.

유다는 독자들에게 성경의 가르침과는 모순되는 견해와 교리들을 선전하는 거짓 교사들과 개혁자들에 대해 부분적으로 경고한다. 그는 이런 부분을 강력히 비난하고 참된 가르침과 거짓 가르침을 혼합하는 위험에 대해 경고한다. 그는 또한 성경의 진실에 무관심한 것에 대해서도 경고한다. 이 거짓 교사들의 가르침에는 실제 천사들의 모습과 그들의 사역에 대한 거부와 중상모략이 포함된다. 성경에서는 천사들에 대해 많이 가르쳐주지는 않지만 그들의 탄생과 본질, 조직과 사역에 대해 언급하고 있다. 그들은 성경 속에서 오랜 세월 동안 아주 실제적이고 중요한 존재였다. 성경에 있는 어떤 것도 사소하거나 무의미한 것은 없다.

유다의 독자들은 동시대의 세속적이고 비성경적인 견해를 비판 없이 받아들였고, 이러한 견해를 성경의 가르침과 뒤섞었다. 요한은 이런 종류의 혼합주의에 관심을 가졌다. "사랑하는 자들아 영을 다 믿지 말고 오직 영들이 하나님께 속하였나 분별하라 많은 거짓 선지자가 세상에 나왔음이라"(요일 4:1). 1세기의 그리스도인들에게 이것은 심각한 문제였고, 이것은 우리 시대에도 마찬가지다. 모든 가르침을 무비판적으로 받아들이고 모든 관점과 의견, 견해를 가치 있게 여기고 지지하는 것은, 하나님의 말씀과 예수 그리스도의 삶과 사역의 중요성을 훼손시키는 일이다.

98

에녹의 예언은 무엇이며, 이것은 성경의 어디에서 발견되는가?

"아담의 칠대 손 에녹이 사람들에 대하여도 예언하여 이르되 보라 주께서 그 수만의 거룩한 자와 함께 임하셨나니 이는 뭇 사람을 심판하사 모든 경건하지 않은 자가 경건하지 않게 행한 모든 경건하지 않은 일과 또 경건하지 않은 죄인들이 주를 거스러 한 모든 완악한 말로 말미암아 그들을 정죄하려 하심이라 하였느니라"(유다서 14-15).

에녹의 삶과, 죽지 않고 기적같이 하늘로 올라간 일은 성경에서 발견되지만(창 5:19-24, 히 11:5-6), 그의 예언은 그렇지 않다. 위대한 믿음의 인물들을 열거한 히브리서 11장의 '명예의 전당' 에 그가 포함된 것은 그의 영적인 위치를 입증한다. 에녹과 엘리야는 성경에서 죽지 않고 하늘로 올라간 유일한 사람들이다. 그렇다면 그들은 데살로니가전서 4장 16-17절에 묘사된 교회의 휴거의 선구자들이다.

에녹의 예언은 예수님의 탄생 직전 200년의 기간 동안 수집된 책에서 발견된다. 이는 "에녹의 책"(The Book of Enoch)이라고 불리고, 유다서 14-15절에 기록된 예언은 에녹서 1장 9절에 기록된 것이다. 유다서 9절에서 유다가 성경 외 문서를 인용한 것은 이 문서가 위조되었거나 유다가 실수를 했다는 의미가 아니다. 사실 그 정반대라고 할 수 있다. 유다가 성령의 감동과 인도하에서 성경을 쓰면서 이 사건이 진실이라고 말하고 있으므로 우리는 이것이 실제 일어났던 사건임을 확신할 수 있다.

유다가 성경 외전에서 원문을 인용한 유일한 성경 저자는 아니다. 바울도 여러 번 이방 시인들을 인용할 때 그렇게 했다(행 17:28, 고전 15:33, 딛 1:12). 그렇다고 해서 유다와 바울이 성경 외전들을 성령의 영감을 받아 기록된 책이라고는 말하지 않는다. 단지 거기에 인용된 진리와 사건들이 사실임을 보여준다.

에녹이 예언한 심판은 아직 완성되어야 하며 대환난 후 그리스도의 재림과 연결된다(살후 1:7-10). 에녹의 예언이 유다서의 독자들에게 새로운 사실은 아니지만, 에녹이 예언했을 당시는 성경 역사상 아주 초기에 해당되었으므로, 그 예언은 인류 전체에 대한 장차 다가올 하나님의 심판을 잘 요약해주고 있다.

유다서는 강한 메시지를 지닌 짧은 책이다. 이 책은 그리스도인들이 진리를 옹호하고 믿음을 역설하도록 훈계한다. 이 책에서는 구약의 가인과 소돔과 고모라, 애굽인들, 발람, 고라의 반역 등을 인용하여 하나님이 불순종과 불신을 벌하신다는 것을 상기시킨다. 유다서는 에둘러 말하지 않는다. 당신이 믿는 바와 살아가는 방식은 하나님께 중요하며, 그 믿음의 결과는 현세적일 뿐 아니라 영원하다.

99

666은 무엇이며, 그것은 무엇을 뜻하는가?

"총명한 자는 그 짐승의 수를 세어 보라 그것은 사람의 수니 그의 수는 육백육십육이니라"(요한계시록 13:18).

아마 성경이나 지나온 역사상 666만큼 많은 관심을 받고, 추측이 난무했던 숫자도 없을 것이다. 요한계시록 13장 16-18절과 14장 9-10절, 20장 4절은 짐승의 표시에 대해 언급한다. 대환난 동안 모든 사람은 어떤 물건이든 매매를 하기 전에 그 표를 받아야 할 것이다. 모든 사람이 똑같은 표를 받을 텐데, 누구든 이를 거부하는 사람은 박해를 받거나 죽임을 당할 것이다. 이 충성의 표는 사회의 전반에 영향을 끼칠 것이다.

요한계시록 7장 2-4절에 기록된 '인'이라는 단어와 '표'라는 단어가 같지는 않지만, 하나님이 그리스도인을 "인 치심"에 대한 사탄의 대응 방법이 '표'이다. 적그리스도가 하는 모든 일처럼 이 표는 모방과 조롱을 뜻한다. 표를 받는 것은 적그리스도에 대한 헌신과 기원을 의미한다. 그 표시는 적그리스도의 거대한 힘과 온 세상의 권세와 통제에 대한 (개인에게 찍힌) 가시적 상징이다.

표라는 단어는 문신이나 낙인과 의미가 비슷하다. 성경 전체에서 표는 표시를 해서 무언가를 가리키거나 구별한다(레 13:47-59, 14:34-39, 겔 9:4). 종교적 문신은 로마 제국과 고대 세계에 널리 퍼져 있던 것으로, 어떤 신에게 헌신한 사람은 종종 그들의 헌신을 보이기 위해 낙인을 찍거나 표시를 했다. 또한 공문서에 첨부된 인장에 사용되기도 했고, 로마 주화에 황제의 상이나 이름을 표시할 때 사용되었다. 이것은 2차 대전의 대학살 기간에 유대인에게 표를 주었던 것과 비슷했다.

공식 인장, 보이지 않는 표(마이크로칩 이식 같은 기술적 변형 등), 낙인 등 표의 성질에 대해 수많은 의견들이 있다. 하지만 성경은 그것이 사람 속에 있지 않고 사람의 표면에 있다는 사실 외에는, 그것이 무엇인지 쉽게 밝히지 않는다. 이처럼 이 수를 이해하고 확인하는 데 쟁쟁한 해결책들이 많이 제시되어 왔지만, 성경은 적그리스도의 정체를 확인해주거나 그 수를 해석해주지 않는다. 그 대신, 대환난 동안에 적그리스도가 드러날 때 그 이름의 수, 즉 숫자상으로 그 이름에 해당하는 등가물이 666이 될 것이라고 말한다.

이름과 글자에 숫자의 값이 연관되어 있다는 개념은 게마트리아(Gematria)라 불리는 고대 풍습의 일부다. 이는 22개의 히브리 철자가 셈을 할 때 숫자로도 쓰인다는 사실에 근거한다. 첫 번째 9개의 철자는 1에서 9에 해당되며, 다음 9개의 철자는 10에서 90에, 마지막 4개의 철자는

100에서 400까지 해당된다. 모든 히브리 이름이나 단어는 숫자상의 의미를 갖고 있는데, 적그리스도의 이름이 장차 드러난다면 그 숫자상의 등가물은 666이 될 것이다. 하지만 그것을 확인하기란 아직 여의치 않고 적그리스도가 드러나기 전에 그 정체를 생각하는 것은 율법의 예언 해석의 경계를 넘어서는 것이다.

적그리스도는 이 표를 대환난 동안 예수 그리스도의 법을 조롱하기 위한 한 가지 방법으로 사용할 것이다. 그런 점에서 바울이 갈라디아서 6장 17절에서 했던 말에 주목해보는 것도 흥미롭다. "이 후로는 누구든지 나를 괴롭게 말라 내가 내 몸에 예수의 흔적을 지니고 있노라."

100

144,000명의 사람들은 누구를 가리키는가?

"또 내가 보니 보라 어린 양이 시온 산에 섰고 그와 함께 십사만 사천이 서 있는데 그들의 이마에는 어린 양의 이름과 그 아버지의 이름을 쓴 것이 있더라"(요한계시록 14:1).

역사상 가장 위대한 영적 부흥은 아직 오지 않았다. 요한계시록 7장 1-8절과 14장 1-5절에 따르면 144,000명의 특별 증인들, 즉 복음 전도자들이 대환난 기간에 등장해서 하나님의 메시지를 선포할 것이다. 이들은 하나님의 보호하심 가운데 대환난과 적그리스도의 지배 속에서 하나님을 섬기게 될 것이다. 144,000명은 이방인이 아니라, 이스라엘의 각 지파에서 12,000명씩 뽑힌 유대인들이다. 유일하게 빠진 지파가 단 지파인데 이들을 생략한 것은 아마 그 지파 사람들이 우상숭배의 죄를 많이 저질렀기 때문일 것이다(레 24:11, 삿 18장, 왕상 12:28-29).

요한계시록 14장 1절에는 그들의 이마에 인이 있다고 언급하는데, 이는 짐승의 표를 받은 비신자들의 표식에 대한 대응물이다(계 13:16-17). 144,000명을 위한 인은 그들을 적그리스도의 추종자들과 확실히 구별해 준다. 그들은 보이는 것이나 말로나 하나님의 소유다. 하나님이 이 증인들에게 부여하시는 특별한 보호를 보면, 그분이 이 기간 동안 최대한 많은 사람들을 구원하시려고 어느 정도까지 일하시는지 알게 된다(벧후 3:9).

고대 세계에서는 군인들과 하인들, 몇몇 봉사직 사람들은 신들을 향한 자기 헌신에 대해 가시적인 표시를 받았다. 눈에 잘 띄는 이 표는 그들이 어떤 신이나 여신에게 전념하여 종교적으로 헌신하는지를 쉽게 확인할 수 있게 했다. 요한계시록 14장 1절에서 말하는 징표도 비슷할 것이다.

요한계시록 6-19장은 대환난에 대해 성경에서 가장 많은 정보를 제공한다. 무엇보다 대환난은 심판의 때이지만, 하나님은 믿는 자 누구에게나 은혜와 구원의 복음을 베푸실 것이다. 이는 증오와 죄, 하나님에 대한 반역으로 물든 오랜 세계 역사를 향한 징벌의 시기다(사 13:9, 24:19-20). 하지만 이는 또한 전 세계적인 부흥과 복음화의 때이기도 하다(마 24:14). 이 시기 동안 많은 이스라엘 민족을 비롯하여 수많은 사람들이 하나님께로 돌아올 것이다.

이 큰 상처와 비극의 때는 분명히 교회의 휴거에 뒤이어 존재할 것이다. 하지만 이것은 확실히 예수 그리스도를 사랑하는 사람들의 승리다. 현재의 그리스도인들은 그 시대를 살아가는 사람들보다, 지금 이 시대를 살아가는 사람들에게 더 관심을 두어야 한다. 만일 당신이 그리스도인이라면, 지혜롭지 못한 사람이 아니라 지혜로운 사람이 되어 이 세상에서 지혜롭게 행해야 한다. "세월을 아끼라 때가 악하니라"(엡 5:16).

101

새 하늘과 새 땅은 어디를 지칭하는 것인가?

"또 내가 새 하늘과 새 땅을 보니 처음 하늘과 처음 땅이 없어졌고 바다도 다시 있지 않더라"(요한계시록 21:1).

요한계시록에서 요한의 환상은 하나님의 예언적인 계획을 상세하고도 웅대하게 묘사한다. 요한계시록은 세계와 거기 거주하는 사람들의 미래에 대한 구체적인 정보들로 가득 차 있다. 이는 혼란과 논쟁이 아니라 평안과 위로의 원천이 되도록 쓰여진 것이다. 또한 그리스도인들에게 환경에 개의치 않고 그리스도께 헌신하며 거룩히 살고자 하는 동기를 부여하기 위해 쓰였다. 요한계시록에서는 창조 질서의 모든 것이, 하나님의 능력과 성품을 인정할 때를 향해 움직인다는 사실을 우리에게 일깨워준다. 그리고 우리는 이것을 역사라 부른다.

요한계시록 21-22장은 영원의 상태를 묘사하고 있는데, 이는 20장에서 묘사된 천 년 왕국과 예수 그리스도의 지상 통치가 끝나면서 시작된다. 요한계시록 21장 1절에서 요한은 새 하늘과 새 땅을 본다고 말한다. 이것은 지금의 땅과 하늘을 재창조하거나 개조하는 것이 아니라, 완전히 새로운 창조를 말한다. 지금의 창조 세계는 하나님이 작동시킨 큰 시계처럼 점점 느려지고 있다. 하나님의 때에 이 시계는 멈추고 새롭고 영원한 하늘과 땅으로 대치될 것이다(마 24:35, 막 13:31, 눅 16:17, 21:33, 벧후 3:10-13, 계 20:11). 현재의 우주는 죄로 인해 죽어가고 오염되었지만, 영원까지 계속될 새 하늘과 새 땅에는 죄가 전혀 없다.

놀랍게도 바다가 없다는 사실 말고는 새 하늘과 새 땅에 대해 거의 알려진 바가 없다. 새 하늘과 새 땅을 천 년 왕국과 혼동하면 안 된다. 천 년 왕국은 이보다 앞선 것이며 바다도 있다(시 72:8, 사 11:9, 11, 겔 48:28, 슥 9:10, 14:8).

새 하늘과 새 땅에서 상세히 언급된 한 가지 사실은 새 예루살렘의 존재다. 요한계시록 21-22장은 이 도시와 거기 사는 사람들과 영원한 복락을 아주 구체적으로 상세하게 묘사한다. 새 하늘과 새 땅에 대해 미처 다 대답하지 못할 많은 질문이 있지만, 요한의 환상은 영원한 새 예루살렘의 시민들은 이 세상과는 비교할 수 없는 다른 환경에 있게 될 것임을 분명히 보여준다.

천국은 정말 실재한다. 오늘날의 특수 효과, 환상, 신비주의, 제설혼합주의 그리고 영적인 무관심 등은 사람들이 천국을 잘못 인식하게 만든다. 하지만 성경은 천국의 존재와 그곳의 거민들에 대해 분명한 태도를 취한다. 새 하늘과 새 땅은 천국과 영원한 세상의 일부다. 이것은 또한 우리에게 그리스도인들을 위한 최고의 것이 아직 도래하지 않았다는 사실을 떠올리게 한다. 당신의 영혼을 잘 지켜야 한다. 당신의 영혼은 영원까지 당신과 함께 있을 것이기 때문이다.

성경에서 가장 궁금한 101가지 질문

1쇄 인쇄 2009년 10월 13일
1쇄 발행 2009년 10월 26일

지은이 티모시 J. 데미 · 게리 P. 스튜어트
옮긴이 이은영
펴낸곳 주) 도서출판 디모데 <파이디온 선교회 출판 사역 기관>

등록 2005년 6월 16일 제319-2005-24호
주소 서울 강남구 개포동 1164-21 파이디온 빌딩
전화 마케팅실 02) 574-2630
팩스 마케팅실 02) 574-2631
홈페이지 www.timothybook.com

값 12,000원
ISBN 978-89-388-1444-9